众创空间创业生态系统的构建
——以浙江省为研究视域

The Construction of the Entrepreneurial Ecosystem of Mass Innovation Space
— a Perspective of Zhejiang Province

熊琳　著

WUHAN UNIVERSITY PRESS
武汉大学出版社

图书在版编目(CIP)数据

众创空间创业生态系统的构建:以浙江省为研究视域/熊琳著.—武汉:武汉大学出版社,2023.10
ISBN 978-7-307-23950-0

Ⅰ.众… Ⅱ.熊… Ⅲ.创业—研究—浙江 Ⅳ.F279.232.2

中国国家版本馆 CIP 数据核字(2023)第 158533 号

责任编辑:徐胡乡　　责任校对:鄢春梅　　版式设计:马 佳

出版发行:**武汉大学出版社**　(430072 武昌 珞珈山)
(电子邮箱:cbs22@whu.edu.cn 网址:www.wdp.com.cn)
印刷:武汉邮科印务有限公司
开本:720×1000 1/16 印张:18.75 字数:269 千字 插页:1
版次:2023 年 10 月第 1 版 2023 年 10 月第 1 次印刷
ISBN 978-7-307-23950-0 定价:79.00 元

摘　要

众创空间的建设发展是我国实施创新驱动发展战略、建设创新型国家的重要组成部分，对于激发创新活力、加快科技进步、带动经济发展、促进社会就业有着非常重要的意义。自 2015 年以来，从中央到地方出台了一系列政策鼓励创新创业的发展，推动构建创新创业平台，确保创新驱动发展战略的有效实施，从而实现“大众创业，万众创新”的升级发展。众创空间作为创新创业活动的新引擎，已然成为我国“大众创业，万众创新”战略的重要载体，承担着创新发展的重要使命。近年来，众创空间建设已在我国形成席卷之势，各地众创空间不断涌现，创业活动更是随处可见。然而，在众创空间“井喷式”增长的同时也暴露出许多问题，如定位不清晰、运行机制不健全、服务能力不足、运行效率低下、集群效应弱、过度依赖于政府补贴等，出现了众创空间“遍地开花，有店无客”的现象。产生这些问题的主要原因在于众创空间各要素未能形成良好协作以构建起结构合理的创业生态系统并使之顺利运转。基于此，构建高效、健康可持续发展的众创空间创业生态系统就变得重要而紧迫，对其进行理论研究和实践探索就显得尤为重要了。

本书立足于现实需求和学术发展需要，聚焦创业主体，从创业企业视角出发，以创业生态系统理论和价值共创理论为基础，以浙江省为研究视域，以众创空间为研究对象，探究众创空间创业生态系统的构建问题。首先，通过文献研究的方法对众创空间、特色小镇、创业生态系统等核心概念与内涵进行界定，明确本书的研究对象；通过对创业生态系统理论、价值共创理论、开放式创新理论等与本书研究相关的基础理论进行阐述，明确本书的理论基础。其次，通过对浙江省众创空间的发展历程、数量与区域分布、发展类型和特征的探析，阐述众创空间创业生态系统的内涵，分析众创空间创业生态系统的要素、特征与功能，提出众创空间创业生态系统"五星"模型构想，并对"五星"模型中的五大支撑生态圈进行系统的阐述，并在此基础上分析众创空间创业生态系统的整体运行机制。再次，以"五星"模型中各支撑生态圈为问卷设计的基础，以杭州梦想小镇、云栖小镇等为代表开展实证研究，并运用 SPSS 软件对提出的构想模型进行系统分析。最后，结合理论研究与实证研究，对众创空间创业生态系统发展中存在的主要问题进行归纳，并有针对性地提出对策与建议，以期推动众创空间创业生态系统的优化，为众创空间建设与发展提供借鉴和参考。

本书从微观、中观、宏观三个层面对众创空间创业生态系统进行了系统阐述，提出了众创空间创业生态系统"五星"模型构想，进一步丰富了众创空间创业生态系统的相关理论。通过定性和定量研究相结合的方法，对浙江省梦想小镇、云栖小镇等新型众创空间进行实证研究，既为地理学提供了微观尺度下众创空间发展的鲜活案例，也为其他特色小镇的发展提供了有益参考，对于政府制定相关政策、众创空间发展问题的解决和众创空间创业生态系统的优化有着重要的实践价值，对促进浙江乃至全国的众创空间发展都具有重要现实意义。

目　　录

1　绪论 ………………………………………………………………………… 1
1.1　选题背景 ………………………………………………………………… 1
1.1.1　创新创业时代来临……………………………………………………… 1
1.1.2　众创空间蓬勃发展……………………………………………………… 3
1.1.3　众创空间在浙江………………………………………………………… 5
1.1.4　众创空间存在的主要问题……………………………………………… 6
1.2　选题意义 ………………………………………………………………… 7
1.2.1　理论意义………………………………………………………………… 8
1.2.2　实践意义………………………………………………………………… 8
1.3　研究思路与主要内容 …………………………………………………… 9
1.4　研究方法 ……………………………………………………………… 12
1.4.1　文献调研法 …………………………………………………………… 12
1.4.2　实地调研法 …………………………………………………………… 12
1.4.3　问卷调查法 …………………………………………………………… 12
1.4.4　案例分析法 …………………………………………………………… 13
1.4.5　系统分析法 …………………………………………………………… 13
1.5　创新点 ………………………………………………………………… 13
1.5.1　丰富和完善了创业生态理论体系 …………………………………… 13
1.5.2　构建了众创空间创业生态系统的理论模型 ………………………… 13
1.5.3　提出了众创空间创业生态系统的优化策略 ………………………… 14

2 核心概念阐释与文献综述 …… 15
2.1 核心概念阐释与辨析 …… 15
2.1.1 众创空间 …… 15
2.1.2 众创空间创业生态系统 …… 17
2.1.3 特色小镇 …… 19
2.1.4 众创空间相关概念辨析 …… 20
2.2 理论分析工具 …… 23
2.2.1 生态系统理论 …… 23
2.2.2 价值共创理论 …… 25
2.2.3 开放式创新理论 …… 26
2.3 众创空间创业生态系统文献综述 …… 27
2.3.1 国内研究综述 …… 27
2.3.2 国外研究综述 …… 43
2.3.3 国内外研究述评 …… 57

3 浙江省众创空间发展探析 …… 59
3.1 浙江省众创空间发展历程 …… 59
3.1.1 企业孵化器时期 …… 59
3.1.2 新型孵化器时期 …… 61
3.1.3 众创空间时期 …… 62
3.2 浙江省众创空间的数量与区域分布 …… 64
3.2.1 整体数量 …… 64
3.2.2 区域分布 …… 64
3.3 浙江省众创空间主要模式和特征 …… 67
3.3.1 建设类型 …… 67
3.3.2 主要特征 …… 71

4　众创空间创业生态系统的构建与阐释 …………………………… 75
4.1　众创空间创业生态系统分析 ………………………………… 75
4.1.1　众创空间创业生态系统的内涵 …………………………… 75
4.1.2　众创空间创业生态系统的构成要素 ……………………… 77
4.1.3　众创空间创业生态系统的特征 …………………………… 81
4.1.4　众创空间创业生态系统的多元功能 ……………………… 86
4.2　众创空间创业生态系统模型构建 …………………………… 88
4.2.1　模型构建的研究现状 ……………………………………… 88
4.2.2　众创空间创业生态系统“五星”模型构想 ……………… 92
4.3　众创空间的运行机制……………………………………… 118
4.3.1　入驻与资源共享机制……………………………………… 118
4.3.2　资源聚合与成长促进机制………………………………… 120
4.3.3　经验分享与容错试错机制………………………………… 121
4.3.4　评价与退出机制…………………………………………… 122

5　创业企业视角下众创空间创业生态系统调查研究 ……………… 124
5.1　众创空间创业生态系统调查研究工具的编制……………… 124
5.1.1　梳理文献，问卷初稿编制………………………………… 125
5.1.2　专家审阅，问卷二稿形成………………………………… 125
5.1.3　实践审视，问卷三稿完善………………………………… 127
5.1.4　调查试测，问卷四稿完成………………………………… 129
5.2　众创空间创业生态系统调查研究基本情况………………… 130
5.2.1　调查对象的选择…………………………………………… 130
5.2.2　调查实施情况……………………………………………… 132
5.2.3　创业者对创业生态圈重要性体认………………………… 135
5.2.4　创业者对五大创业生态圈满意度分析…………………… 151
5.2.5　创业者对各生态圈存在问题确认………………………… 166
5.3　调查结论…………………………………………………… 171

5.3.1 五大生态圈各要素重要性体认 …… 171
5.3.2 五大生态圈满意度 …… 172
5.3.3 五大生态圈存在的问题 …… 174

6 创业企业视角下众创空间创业生态系统的优化策略 …… 176
6.1 多管齐下，构建创业生态系统人力资源生态圈 …… 176
6.1.1 高校：扎实推进创新创业人才培养 …… 177
6.1.2 科研院所：充分发挥科技创新在创业中的引领作用 …… 178
6.1.3 人才市场：优化创新创业人才服务环境 …… 179
6.1.4 猎头公司：精准推荐创新创业高端人才 …… 180
6.1.5 行业协会：校企合作培养创新创业人才 …… 181
6.2 多方联动，打造创业生态系统金融生态圈 …… 182
6.2.1 银行：发挥中小企业融资的主渠道作用 …… 183
6.2.2 互联网金融机构：为中小企业提供多元的融资选择 …… 184
6.2.3 政府扶持资金：为中小企业提供创业扶持资金 …… 185
6.2.4 风险投资机构：为创业企业提供风险投资 …… 186
6.2.5 民间资本：大力拓展民间投资融资渠道 …… 187
6.3 多措并举，优化创业生态系统政策环境生态圈 …… 189
6.3.1 创业扶持政策：优化创业补贴政策和小额贷款政策 …… 190
6.3.2 税收政策：完善普惠性的税收优惠政策 …… 191
6.3.3 金融信贷政策：优化小微企业金融信贷政策 …… 192
6.3.4 人才政策：完善创业人才政策链条 …… 193
6.3.5 科技政策：提高政策的导向性和针对性 …… 195
6.4 多点发力，培育创业生态系统产业生态圈 …… 196
6.4.1 市场需求：提升企业发展与市场需求的匹配度 …… 196
6.4.2 龙头企业：打造专业型的众创平台 …… 197
6.4.3 上下游配套企业：提升围绕主导产业的配套能力 …… 199
6.4.4 行业协会：发挥协会商会的独特作用 …… 200

6.4.5　孵化器：提升孵化器的专业孵化能力 …… 201
6.5　多维协同，构筑创业生态系统服务生态圈 …… 202
6.5.1　众创空间运营机构：明确定位，提升管理服务水平 …… 203
6.5.2　生活配套与社交平台：以人为本，提升休闲生活品质 …… 204
6.5.3　政府咨询服务机构：需求驱动，匹配创业企业发展 …… 205
6.5.4　第三方服务机构：用户至上，完善创业服务体系 …… 207
6.5.5　电商(物流)平台：开放共享，助力创业价值增值 …… 209

7　总结与展望 …… 211
7.1　研究结论 …… 211
7.1.1　全面阐述了众创空间创业生态系统的内涵 …… 211
7.1.2　系统构建了众创空间创业生态系统模型 …… 212
7.1.3　具体分析了众创空间的运行机制 …… 212
7.1.4　认真调查了众创空间的浙江实践 …… 212
7.1.5　精准提出了众创空间创业生态系统优化的对策与建议 …… 213
7.2　研究不足 …… 213
7.2.1　理论研究不够系统全面 …… 213
7.2.2　实证研究未全面深入展开 …… 214
7.3　未来展望 …… 214
7.3.1　进一步完善现有研究成果，弥补本书研究局限与不足 …… 214
7.3.2　开展案例动态追踪研究，不断优化和完善研究成果 …… 215
7.3.3　深入探索发现众创空间发展实践中的问题，发掘新的研究方向 …… 215

附录 …… 216
附录1　浙江省国家级众创空间名单(2015—2021年) …… 216
附录2　浙江省省级众创空间名单(2015—2021年) …… 233
附录3　创业企业视角下众创空间创业生态系统调查问卷 …… 259

附录 4　浙江省关于众创空间的相关政策文件 ………………………… 265

参考文献 ………………………………………………………………… 266

致谢 ……………………………………………………………………… 290

1 绪　　论

党的十八大以来，我国经济从高速增长转为中高速增长，经济结构不断优化升级，从要素驱动、投资驱动转向创新驱动。在经济转型的关键时期，众创空间作为创业活动的新引擎，已然成为我国“大众创业，万众创新”战略的重要载体，承担着创新发展的重要使命。在各级政府的大力推动下，我国众创空间发展迅猛，建设数量呈现爆发式增长，但其在发展过程中也存在诸多问题。本书从选题背景、研究意义、研究思路、研究内容、研究方法与研究创新点依次进行介绍。

1.1　选题背景

1.1.1　创新创业时代来临

随着科技的飞速发展，纵观全球经济发展趋势，许多国家经济增速放缓，进入经济转型期。全球的经济正在由传统的资源主导逐步转向创新主导，科技创新成为世界经济前进的主要驱动力。2004 年美国国家竞争力委员会提出的一份研究报告《创新美国》指出，21 世纪创新将有一种全新的变化，是创新与创新者本身及其关系的变化，政府、企业、教育家和大众之间需要建立一种新的关系，形成 21 世纪的创新生态系统。① 全球各国积极

① 赵中建．创新引领世界——美国创新和竞争力战略[M]．上海：华东师范大学出版社，2007.

寻找新的经济增长点，西方国家相继提出以科技为支撑的创新战略，如美国的工业互联网战略规划、德国的工业4.0计划等。第四次工业革命以物联网、大数据、人工智能、3D打印、区块链、生物技术等为驱动，正以难以置信的速度改造世界。① 变革和创新成为制造业新的中心词，创新创业能力越来越成为综合国力竞争的决定性要素，大力推进创新创业已经在全球范围内形成共识。

创新是一个民族进步的灵魂，是一个国家兴旺发达的不竭动力。2016年，中共中央、国务院印发的《国家创新驱动发展战略纲要》围绕"四个全面"战略布局，明确了实施创新驱动发展战略的指导思想、总体要求、战略任务和保障措施，提出了到2020年进入创新型国家行列、2030年跻身创新型国家前列、2050年建成世界科技创新强国"三步走"目标。② 党的二十大报告提出了一系列关于促进我国创新创业和经济发展的重要论述：坚持科技是第一生产力、人才是第一资源、创新是第一动力，深入实施科教兴国战略、人才强国战略、创新驱动发展战略，开辟发展新领域新赛道，不断塑造发展新动能新优势；完善科技创新体系，坚持创新在我国现代化建设全局中的核心地位，健全新型举国体制，强化国家战略科技力量，提升国家创新体系整体效能，形成具有全球竞争力的开放创新生态；加快实施创新驱动发展战略，加快实现高水平科技自立自强，以国家战略需求为导向，集聚力量进行原创性引领性科技攻关，坚决打赢关键核心技术攻坚战，加快实施一批具有战略性全局性前瞻性的国家重大科技项目，增强自主创新能力；强化企业科技创新主体地位，发挥科技型骨干企业引领支撑作用，营造有利于科技型中小微企业成长的良好环境。③ 党的二十大报告

① 朱克力. 数据要素市场培育与产业数字化新场景[EB/OL]. [2023-02-22]. https://kjj.huaibei.gov.cn/zwgk/public/21/60359061.html.

② 《国家创新驱动发展战略纲要》政策解读[EB/OL]. [2023-02-28]. http://www.scio.gov.cn/34473/34515/Document/1478593/1478593.htm.

③ 习近平. 高举中国特色社会主义伟大旗帜 为全面建设社会主义现代化国家而团结奋斗——在中国共产党第二十次全国代表大会上的报告[EB/OL]. [2023-02-28]. http://www.gov.cn/xinwen/2022-10/25/content_5721685.htm.

为创新创业提出了目标，明确了要求，指明了方向。

1.1.2 众创空间蓬勃发展

众创空间的建设发展是我国实施创新驱动发展战略、建设创新型国家的重要组成部分，在激发社会创新活力、经济结构调整和产业转型升级中起到重要作用。2014 年 5 月，习近平总书记在河南考察时首次提出了“新常态”的概念。同年 11 月，习近平总书记在亚太经合组织工商领导人峰会开幕式上首次对“新常态”进行了系统阐述，提出中国经济新常态的三个特点：一是从高速增长转为中高速增长；二是经济结构不断优化升级，城乡区域差距逐步缩小，居民收入占比上升，发展成果惠及更广大民众；三是从要素驱动、投资驱动转向创新驱动。“新常态”标志着我们党对经济发展理念和思路做出了及时调整，推动经济发展实现质量变革、效率变革、动力变革，为我国经济发展取得历史性成就、发生历史性变革提供了重大战略指导。① 习近平总书记强调：“创新是社会进步的灵魂，创业是推动经济社会发展、改善民生的重要途径。”实践证明，广泛开展大众创业、万众创新，是培育和催生经济社会发展新动力的必然选择，是扩大就业、实现富民之道的根本举措，是激发全社会创新潜能和创业活力的有效途径。②

2014 年 9 月，时任国务院总理李克强在世界达沃斯论坛上公开发出“大众创业，万众创新”的号召，要在 960 万平方公里土地上掀起“大众创业”“草根创业”的新浪潮，形成“万众创新”“人人创新”的新势态。2015 年 3 月，“大众创业，万众创新”写入政府工作报告中，并且提升到中国经济转型和保增长的“双引擎”之一的高度，显示政府对创业和创新的重视，以及创业和创新对中国经济的重要意义。自此以来，中共中央、国务院就我国实施创新驱动发展战略和建设众创空间发布了多份文件。2015 年 3 月，中共中央、国务

---

① 黄坤明．深刻认识新发展理念的重大理论意义和实践意义[N]．光明日报，2016-07-25(6)．

② 国家行政学院经济学教研部．中国经济新方位[M]．北京：人民出版社，2017：203-206．

院发布的《中共中央国务院关于深化体制机制改革加快实施创新驱动发展战略的若干意见》中指出，创新是推动一个国家和民族向前发展的重要力量，也是推动整个人类社会向前发展的重要力量。同年3月，国务院在《关于发展众创空间推进大众创新创业的指导意见》中指出，到2020年，形成一批有效满足大众创新创业需求、具有较强专业化服务能力的众创空间等新型创业服务平台。2016年2月，国务院发布的《关于加快众创空间发展服务实体经济转型升级的指导意见》，再次指出要继续推动众创空间向纵深发展，通过龙头企业、中小微企业、科研院所、高校、创客等多方协同，打造产学研用紧密结合的众创空间，吸引更多科技人员投身科技型创新创业，促进各类创新要素的高效配置和有效集成，推进产业链创新链深度融合，不断提升服务创新创业的能力和水平。2017年7月，国务院发布《关于强化实施创新驱动发展战略　进一步推进大众创业万众创新深入发展的意见》，继续强调要充分发挥市场配置资源的决定性作用，整合政府、企业、社会等多方资源，建设众创、众包、众扶、众筹支撑平台，健全创新创业服务体系，推动政策、技术、资本等各类要素向创新创业集聚，充分发挥社会资本作用，以市场化机制促进多元化供给与多样化需求更好对接，实现优化配置。2018年9月，国务院发布《关于推动创新创业高质量发展打造“双创”升级版的意见》，再次强调推进大众创业万众创新是深入实施创新驱动发展战略的重要支撑，是深入推进供给侧结构性改革的重要途径。打造“双创”升级版，推动创新创业高质量发展，有利于进一步增强创业带动就业能力，有利于提升科技创新和产业发展活力，有利于创造优质供给和扩大有效需求，对增强经济发展内生动力具有重要意义。

众创空间是我国实施创新驱动发展战略，响应大众创业与万众创新号召，激发社会创新活力和经济转型升级的重要实现途径，是顺应创新2.0时代特点发展的创新创业服务新范式，众创空间作为创新创业活动的重要载体，正逐渐成为创新驱动发展的有力支撑。① 在国家政策的指引下，各

① 熊丽君．创业生态系统视角下众创空间创业环境对新创企业绩效的影响研究［D］．上海：上海大学，2020.

级政府纷纷响应中央号召，结合当地经济社会发展实际，出台了一系列支持众创空间发展的政策和文件，推动构建创新创业平台，确保创新驱动发展战略的有效实施，实现大众创业、万众创新的升级发展。近年来，众创空间建设已在中国形成席卷之势，各地众创空间不断涌现，创业活动更是随处可见，众创空间已经成为大众创业万众创新的重要阵地和创新创业者的聚集地。2022 年《中国火炬统计年鉴》统计：全国各地区众创空间总数达 9026 个，创业团队人员 949114 人(其中应届大学毕业生 119384 人)，总收入达 2296980 万元，提供工位数 1509343 个，创业导师 163042 人，享受财政支持额 367248.4 万元。

1.1.3 众创空间在浙江

浙江省作为我国经济最活跃、创新能力最强的省份之一，一直走在国家改革开放的前列。2015 年 6 月，浙江省政府结合本省发展特色，发布了《关于加快发展众创空间促进创新创业的实施意见》，在积极贯彻落实国家发展众创空间号召的同时，也为本省创新创业工作的开展指明了方向。该意见对建设众创空间提出了十分明确的发展目标：到 2020 年，基本形成开放、高效、富有活力的创业创新生态系统，呈现创新资源丰富、创新要素汇集、孵化主体多元、创业创新服务专业、创业创新活动活跃、各类创业创新主体协同发展的良好局面；培育 1000 家以上有效满足大众创业创新需求、具有较强专业化服务能力的众创空间等新型创业服务平台；聚集创业投资机构 300 家以上，管理资金规模 3000 亿元以上；吸引科技创业创新人才 50 万人以上；孵化培育具有较强市场竞争力的科技型小微企业 30000 家以上、高新技术企业 10000 家以上；培养创业导师 5000 人以上；努力打造创业天堂、创新高地。① 为了指导和推动众创空间健康可持续发展，努力营造良好的创业创新生态环境，激发全社会创业创新活力，打造创业天

① 浙江省人民政府办公厅. 浙江省人民政府办公厅关于加快发展众创空间促进创业创新的实施意见[EB/OL].[2023-02-28]. http://www.gov.cn/zhengce/2016-03/24/content_5057407.htm.

堂、创新高地，2015 年 12 月，浙江省科技厅颁布了《浙江省众创空间管理与评价试行办法》，进一步强调要完善多类型、多层次的科技创新创业孵化服务体系，促进众创空间规范化、专业化发展。为进一步加强众创空间的规范管理，构建良好的创新创业生态，激发全社会创新创业活力，加快高水平创新型省份建设，2021 年 5 月，浙江省科技厅制定出台了《浙江省科技企业孵化器管理办法》和《浙江省众创空间备案管理办法》，进一步引导和推动了浙江省众创空间的高质量发展。

在一系列政策的指引下，浙江省众创空间发展迅猛，吸引了大批“创客”满怀激情地投入创新创业的大潮中来，众创空间数量呈“爆发式”增长，全省弥漫着建设众创空间的气息。浙江孵化器在线网站公布的数据显示：截至 2017 年 6 月，浙江省共有众创空间 256 家，256 家纳入国家火炬统计众创空间数据显示，浙江众创空间平均场地面积 162.7 万平方米，全省累计服务创业团队数 12649 个，其中当年服务创业团队数 8350 个，常驻团队数 5100 个；聘请创业导师 4751 人，其中专职 871 人，兼职 3880 人；当年共有 1190 个团队(企业)获得融资，融资金额 35 亿元。浙江省科技厅和国家火炬中心的最新数据显示：截至 2022 年 5 月，全省纳入省级备案的众创空间达 696 家，纳入国家级备案的众创空间达 212 家，排名位居全国前列，形成了以杭州、宁波、温州“三足鼎立”的浙江众创空间建设发展格局。众创空间已然成为创业团队和创业企业的首选之地和科技型企业、企业家培育的“摇篮”。各地涌现出一大批颇具特色和规模的众创空间，如专注策划线上线下创业活动，为创业者搭建创新创业社会网络的 123 茶楼；以“天使+孵化”为核心，将投资与孵化紧密结合的天使湾、投哪儿等；以浙江大学为依托，为创业者提供创业资源和服务，无缝对接浙大科技园创业孵化服务体系的 e-WORKS 创业实验室等。

1.1.4　众创空间存在的主要问题

自 2015 年以来，各地的众创空间如雨后春笋般地不断涌现，在众创空间“井喷式”增长的同时，其背后的问题也在逐渐显现。如部分众创空间发展定位不清晰、运行机制不健全、服务能力不足、运行效率低下、集群效应弱、过度依赖于政府补贴，甚至由于经营不善而破产倒闭；还有部分众创空间品质不高，在空间建设上仍停留在传统办公服务层面，以办公效率优化为导向的空间设计，难以满足创业者多元化、专业化、个性化的发展需求，出现了众创空间“遍地开花，有店无客”的现象。① 2021 年科技部火炬中心印发的《关于取消国家备案众创空间名单的通知》显示，连续两次未上报相关数据并停止开展创业孵化服务的 160 家众创空间被取消其国家备案资格。究其原因，源于大众和经营主体对众创空间的认识不足，理论研究和实践探索都滞后于众创空间的实际发展速度。

创业是一个极其复杂的过程，是创业者与创业机会的结合体。创业者作为创新创业的主体，与合作伙伴、市场环境、技术创新、风险投资、顾客需求、政府调控、社会革新等多个层面、多类主体相关。因此，我们对众创空间的研究，必须树立系统观念，从创业生态系统的视角出发，研究系统内参与主体、支撑要素、外围环境等诸多方面，剖析众创空间的构成要素、系统模型、特征功能、运行机制以及存在的问题，通过案例分析和实证研究，提出优化众创空间创业生态系统的对策与建议。

基于以上背景，本书立足于现实需求和学术发展需要，聚焦创业主体，以创业生态系统理论和价值共创理论为基础，以浙江省为研究视域，以小镇模式的众创空间为研究对象，通过实地调研，对众创空间创业生态系统进行探究，分析其要素构成和运行机制，构建众创空间创业生态系统模型，并针对调研发现存在的问题，提出相应对策与建议，以期为众创空间发展及其创业生态系统优化提供参考和借鉴。

1.2　选题意义

我国经济进入了新常态，亟须转变经济发展方式，实现经济高质量发

① 徐礼佳. 创新主体视角下众创空间发展特征及策略研究[D]. 南京：东南大学，2018.

展，政府部门也积极制定相应创新创业政策，推动我国“大众创业，万众创新”的实现，众创空间作为孵化创新创业的重要载体，对于提高我国企业创业成功率和创业质量有着重要作用。随着一系列国家和地方政策的叠加，众创空间在全国遍地开花、蓬勃发展。与此同时，众创空间面临的内外部发展环境也愈加复杂，构建高效、健康可持续发展的众创空间创业生态系统就变得重要而紧迫，对其进行理论研究和实践探索具有十分重要的意义。

1.2.1 理论意义

众创空间的建设与发展，不仅为创新创业提供了空间载体，也为学者们提供了丰富的研究案例和素材。自 2015 年以来，国内外学者展开了对众创空间的理论研究并取得了一定的成果，但由于研究历程较短，当前学者们对众创空间创业生态系统的研究还不够深入，理论体系仍然不够健全。国内外学者对众创空间的研究，主要集中在对其概念、类型、特征、功能等进行定性分析；对众创空间创业生态系统的研究，主要集中在对其系统属性、系统的构建、运行机制的厘清等方面。学者们大多认为众创空间需要构建生态圈，也分析了众创空间生态圈的构成要素及其关系，但缺乏从创业生态系统的角度进行全面系统的研究，尤其是对众创空间创业生态系统的实证研究还很不够。因此，本研究将浙江省众创空间视为新兴的创业生态系统，通过研究浙江省众创空间的发展现状、主要模式和特点，分析众创空间的基本内涵、构成要素、主要特征与功能，阐述众创空间创业生态系统结构与运行机制，进而提出众创空间创业生态系统的构建与发展策略，有助于丰富和完善众创空间创业生态理论体系。

1.2.2 实践意义

当前，众创空间市场化趋势越来越明显，随着众创空间的审核标准进一步提高，政府补贴进一步减少，如何实现自我“造血”成为众创空间亟待解决的问题。部分发展状况欠佳的众创空间面临空置率过高和倒闭的风险，还有部分众创空间则面临如何转型升级的困境，它们共同面临的核心问题都是如何更好地为创业企业提供优质专业的服务，助力企业高质量发展。面对发展存在的问题，众创空间需要转变身份，由政府政策追随者、扶持资金依赖者转化为众创空间经营者，围绕创客痛点，进一步提升自己的盈利能力，拓宽和创新自己的经营模式，充分聚合多要素创业资源，构建开放、动态、高效运转的众创空间创业生态系统。一方面，本书从创业企业入手，采用定性和定量研究相结合的方法，对浙江省梦想小镇、云栖小镇等新型众创空间进行深入的调查，有助于深入了解创业企业对众创空间所提出的要求，能够帮助各级政府、众创空间管理者、运营者及企业自身更好地理解众创空间创业生态系统的构成要素和运营方式，这对于政府制定相关政策、众创空间发展问题的解决和众创空间创业生态系统优化有着重要的实践价值。另一方面，梦想小镇、云栖小镇作为“小镇模式”众创空间，有着众创空间和特色小镇的双重身份，选择梦想小镇作为调查对象开展众创空间创业生态系统研究，既为地理学提供了微观尺度下众创空间发展的鲜活案例，也可以为其他特色小镇的发展提供有益参考，对促进浙江乃至全国的众创空间发展都具有重要意义。

1.3 研究思路与主要内容

本书针对众创空间创业生态系统构建问题，在国内外相关文献调研、网络调研、实践调查和问卷调查的基础上，以众创空间创业生态系统理论为指导，借鉴国内外学者的创业生态系统模型，构建众创空间创业生态系统“五星”模型，通过问卷调查，系统分析创业者眼中的“五星”模型，并针对存在的问题提出相应的改进策略。本书遵循“提出问题—分析问题—解决问题”的研究路径，从 7 个章节展开系统研究，主要框架和技术路线如图 1-1 所示。

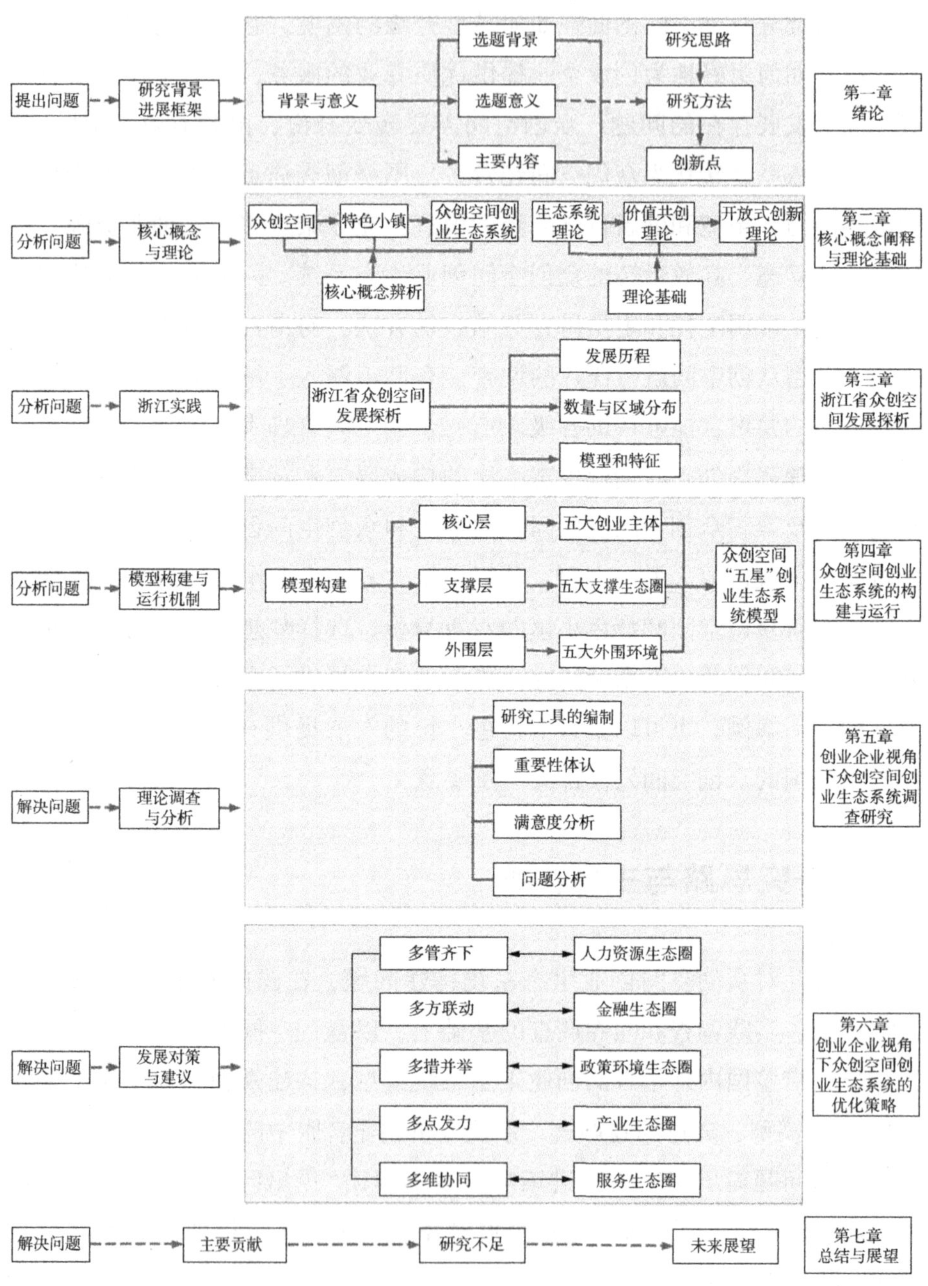

图 1-1　本研究框架和技术路线

第一章是绪论。主要论述本研究的选题背景与研究意义，介绍本研究采用的研究方法，并提出研究的整体思路、主要框架、研究内容和创新点。

第二章是核心概念阐释与文献综述。在背景研究的基础上，通过文献研究的方法对众创空间、特色小镇、创业生态系统等核心概念与内涵进行界定，明确本书的研究对象；对创业生态系统理论、价值共创理论、开放式创新理论等与本书研究相关的基础理论进行阐述，为后续的研究打下理论基础。

第三章是浙江省众创空间发展现状探析。通过文献研究和实地调研，详细介绍了浙江省众创空间的发展历程、数量与区域分布、发展类型和特征。

第四章是众创空间创业生态系统的构建与运行机制。基于创业生态系统理论、价值共创理论、开放式创新理论，阐述众创空间创业生态系统的内涵，分析众创空间创业生态系统的要素、特征与功能，识别出众创空间创业生态系统的构成要素以及要素之间的层级关系，提出众创空间创业生态系统"五星"模型构想，并对"五星"模型中的五大支撑生态圈进行系统的阐述，并在此基础上分析众创空间的整体运行机制。

第五章是众创空间创业生态系统的实证研究。以"五星"模型中各支撑生态圈为基础，设计了调查问卷，对梦想小镇、云栖小镇等众创空间的创客进行了调查；运用 SPSS 软件对第四章提出的构想模型进行系统分析。

第六章是众创空间创业生态系统的优化策略。结合理论研究与实证研究，对众创空间创业生态系统发展中存在的主要问题进行归纳，并有针对性地提出对策与建议，以期推动众创空间创业生态系统的优化，促进众创空间在创新创业过程中的作用发挥和功能体现。

第七章是结论与展望。总结本研究的主要结论与贡献，对研究存在的不足进行分析，并分析造成研究缺陷的主客观原因，对未来的相关研究进行展望。

1.4 研究方法

1.4.1 文献调研法

通过检索国内外文献数据库，结合网络搜索引擎，本书较为全面地搜集众创空间、创业生态系统相关主题的文献资料，通过阅读分析，充分了解已有研究的进展情况和不足之处，把握相关主题的研究前沿与动态，为后续的理论研究与实证研究奠定良好的文献基础，并构建本研究的理论框架。

1.4.2 实地调研法

我们多次前往梦想小镇、云栖小镇展开实地调研，主要开展了三方面的工作：一是实地考察梦想小镇、云栖小镇的建设情况和运营情况，听取关于小镇建设发展情况的介绍，对小镇的基本概况有了较为全面的了解；二是走进小镇内的企业，寻找企业负责人或者企业高管，让受访对象填写调查问卷，并对部分受访对象进行深度访谈，充分了解企业对众创空间创业生态系统的看法；三是对管委会、众创空间运营机构、第三方服务机构等主体开展访谈。通过实地调研，获得了梦想小镇、云栖小镇的第一手资料，并通过企业负责人(高管)了解了创业企业对众创空间创业生态系统的真实评价，这都为后文的实证分析奠定了良好的基础。

1.4.3 问卷调查法

问卷调查中，让梦想小镇、云栖小镇的创业企业负责人(高管)对众创空间创业生态系统各要素的重要程度、满意程度进行了评分，并对不满意的原因进行了调查，应用 SPSS25.0 对调查数据进行定量分析，形成了本研究的定量分析部分。

1.4.4 案例分析法

本书选取杭州市梦想小镇这一发展状态良好且具有典型性的小镇模式众创空间作为案例地，探究众创空间创业生态系统要素构成与运行机制，这不仅对众创空间解决现有问题和进行优化升级有重要意义，同时也可以为特色小镇建设提供一定的指导和借鉴。

1.4.5 系统分析法

本书的研究内容和分析对象是创业生态系统，这一系统内涵丰富、要素多样、结构复杂，无法将其割裂看待，必须要用系统的思维开展研究，因此在写作过程中始终贯穿着系统分析的思想与方法。在文献研究的基础上，通过实地调研获取了大量的数据和资料，运用定性与定量分析、归纳、演绎、比较等方法，构建众创空间创业生态系统模型并进行了实证分析。

1.5 创新点

1.5.1 丰富和完善了创业生态理论体系

通过文献研究、调查研究和实证研究，本书对众创空间创业生态系统的基本内涵、构成要素、主要特征与功能、系统结构与运行机制进行了系统的研究，一方面拓展了创业生态系统理论的应用领域；另一方面丰富和完善了创业生态理论体系的内涵。

1.5.2 构建了众创空间创业生态系统的理论模型

本书以创客为核心，从微观、中观、宏观三个层面将众创空间创业生态系统分为核心层、支撑层、外围层，每个圈层均由五大核心要素(生态圈)组成，提出了众创空间创业生态系统“五星”模型构想，并在此基础上探索众创空间的运行机制，提出了入驻与资源共享、资源聚合与成长促进、经验分享与容错试错、评价与退出等机制，进一步丰富了众创空间创业生态系统的相关理论。

1.5.3 提出了众创空间创业生态系统的优化策略

以梦想小镇作为主要实证研究案例，以创业企业为研究视角，以创客为调查对象，对众创空间创业生态系统各要素的重要程度、满意程度以及不满意的主要原因进行了调查分析，总结了众创空间创业生态系统发展中存在的问题，提出了创业企业视角下众创空间创业生态系统构筑策略，对于优化众创空间创业生态系统，提升众创空间的综合服务能力具有理论意义和实践价值。

2 核心概念阐释与文献综述

我们以特色小镇的视角开展众创空间创业生态系统研究，对众创空间、创业生态系统、特色小镇等相关核心概念进行界定和辨析，并对本研究关涉的生态系统理论等基础理论进行阐述。

2.1 核心概念阐释与辨析

在大众创业与万众创新的背景下，面向社会大众创新创业需求，向创业者提供相关基础服务，构建和打造新型创新创业集聚平台，已经成为鼓励和促进创新创业的重要举措，并形成了潮流。

对“众创空间”“众创空间创业生态系统”“特色小镇”等相关概念术语的界定和辨析，有利于我们更好地通过“特色小镇”的视角分析众创空间生态系统的构建、运行和发展。

2.1.1 众创空间

“众创空间”是在“大众创业、万众创新”背景下诞生的新名词。科技部通过调研北京、深圳等地的创客空间、孵化基地等创业服务机构，在此基础上总结了各地为创业者服务的实践经验，并结合我国的创新与创业精神和现实情况，提出了一个新名词——众创空间。① “众”是主体，体现了参

① 夏春阳，戴力新，孙启新．科技创业实践指南　创业百问[M]．南京：东南大学出版社，2015：4.

与主体的广泛性；“创”是内容，反映了创新创业的特征；“空间”是载体，既可以是实体物理空间，也可以是网络虚拟的空间。

2015年1月28日，时任国务院总理李克强主持召开了国务院常务会议，研究支持发展众创空间、推进大众创新创业的政策，“众创空间”一词正式出现在中央文件中。国务院办公厅2015年3月发布了《关于发展众创空间推进大众创新创业的指导意见》(国办发〔2015〕9号)，对“众创空间”作出了定义：众创空间是顺应网络时代创新创业特点和需求，通过市场化机制、专业化服务和资本化途径构建的低成本、便利化、全要素、开放式的各类新型创业服务平台，是创新与创业相结合、线上与线下相结合、基础服务与增值服务相结合，满足不同创业者需求的工作空间、网络空间、社交空间和资源共享空间。① “众创空间”是在各类创新创业孵化器的基础上打造一个开放式的创业生态系统，提供办公空间、投融资服务、创业培训、创业孵化、社会交流以及众创网络等。

“众创空间”一般具有以下特征：一是面向公众开放，不是私人空间；二是为创新创业者提供相对较低成本的成长环境；三是为公众提供创新创业活动所必需的材料、设备设施以及相关服务；四是提供分享与互助的氛围，通过创业培训、行业沙龙等活动推进创业者之间的交流与合作；五是形成开放式创新创业生态圈，通过网络资源以及相关技术，创建开放式创业平台，实现资源的高效利用，推动创新创业需求与社会资源的对接。②

国内的“众创空间”类型多种多样，按照科技部火炬中心的分类，主要有以下类型：开放办公交流型、创业投融资服务型、创业教育培训型、创客服务型、专业技术领域型、企业开放创新平台。③

虽然科技部对“众创空间”已经有了明确的界定，但在学术领域对其内

① 国务院办公厅关于发展众创空间推进大众创新创业的指导意见[EB/OL]. [2023-05-14]. http://www.gov.cn/gongbao/content/2015/content_2835233.htm.

② 陶秋燕，何勤主编；李立威等编著. 互联网+小微企业成长研究[M]. 北京：中国经济出版社，2019：73.

③ 张伟良，刘长虹，胡吕平. 众创空间广东模式[M]. 北京：光明日报出版社，2017：4-6.

涵仍进行了不同角度的探讨。陈夙等从生态学角度出发，认为众创空间是众多创业活动在特定地理空间的集聚，所形成的复杂创业生态系统，由众创精神、创客生态圈、资源生态圈以及基础平台与创业政策四个维度构成。① 贾天明和雷良海认为众创空间具有广义和狭义之分，广义的众创空间泛指能够为创新创业提供服务的实践平台，包括传统意义的科技孵化器和科技园；狭义的众创空间特指为创新创业服务的新型孵化器。② 董国栋认为"众创空间"是指顺应创新 2.0 时代用户创新、大众创新、开放创新的趋势，把握互联网环境下创新创业特点和需求，通过市场化机制、专业化服务和资本化途径构建的低成本、便利化、全要素、开放式的新型创业服务平台的统称。③

本书以浙江省为研究视域，浙江省科技厅出台的文件《浙江省众创空间备案管理办法》(浙科发高〔2021〕24 号)将"众创空间"定义为：众创空间是指为满足大众创新创业需求，提供工作空间、网络空间、社交空间和资源共享空间，积极利用众筹、众扶、众包等新手段，以社会化、专业化、市场化、网络化为服务特色，实现低成本、便利化、全要素、开放式运营的创新创业平台。④ 本书对"众创空间"的概念界定选用浙江省科技厅所做的定义。

2.1.2　众创空间创业生态系统

众创空间作为服务创新创业的新型创业实践平台，其构成要素包括创业者、创业项目、管理组织机构、创新创业资源等，在创新创业运行实践

---

① 陈夙，项丽瑶，俞荣建．众创空间创业生态系统：特征、结构、机制与策略——以杭州梦想小镇为例[J]．商业经济与管理，2015(11)：35-43.

② 贾天明，雷良海．众创空间的内涵、类型及盈利模式研究[J]．当代经济管理，2017，39(6)：13-18.

③ 董国栋．"三足鼎立"：中国众创空间观察[J]．杭州科技，2015(3)：49-52.

④ 浙江省科学技术厅关于印发《浙江省科技企业孵化器管理办法》《浙江省众创空间备案管理办法》的通知[EB/OL]．[2023-05-19]．http：//kjt.zj.gov.cn/art/2021/6/2/art_1229080140_2300444.html.

中这些要素之间进行着能量、物质和信息的交流和交换，彼此之间的相互作用形成一个统一的整体。众创空间的运行和生物种群的运行具有一定的相似性，以生态系统理论分析众创空间能够更好地阐释创新创业现象以及构成要素之间的关系。①

众创空间是“创客”开展创新创业实践的平台，本质上是创新创业的生态系统。在众创空间里，诸多创新创业活动和相关要素集聚交织、融合发展，形成复杂的生态系统。关于众创空间创新创业生态系统的内涵和构成，研究人员从不同角度出发做出了不同的阐述。戴春和倪良新以美国百森商学院的百森创业生态系统项目框架为基础，提出众创空间生态系统包括政策、市场、人力资本、金融、文化和支持6方面的要素；政府部门、企业、科研院所、中介机构和投融资机构等行为主体是众创空间生态系统相关要素的提供者，在各要素的相互作用下形成相对稳定的生态系统。②向武和黄成兵认为众创空间创业生态系统构成要素主要是人才、技术、资金、服务、政策、市场六个方面。③ 王庆金和周键作认为，众创空间生态系统是多主体、多样化的复杂适应性系统，各要素在交流和互动中同自身之外的外部环境相适应，根据外部环境对主体行动的正反馈或负反馈来进行调整或改进，最终实现基于内外部各因素耦合的动态平衡。④

本书综合现有研究成果及实践，认为众创空间创业生态系统主要包括人才、金融、政策、产业、服务5个生态圈，每个生态圈又包含若干个要素，各自均有相关的功能定位；人才是核心，资金是保障，政策是土壤，市场是导向，服务是依托，共同构成了一个有机的生态系统。

---

① 贾天明，雷良海，王茂南．众创空间生态系统：内涵、特点、结构及运行机制[J]．科技管理研究，2017，37(11)：8-14.

② 戴春，倪良新．基于创业生态系统的众创空间构成与发展路径研究[J]．长春理工大学学报(社会科学版)，2015，28(12)：77-80.

③ 向武，黄成兵．众创空间创业生态系统要素研究[J]．河南教育(高教)，2018，157(5)：102-105.

④ 王庆金，周键作．众创空间生态系统演化及治理研究[M]．北京：中国社会科学出版社，2022：163-164.

2.1.3 特色小镇

"特色小镇"的提法发源于浙江，2014 年在杭州云栖小镇首次被提及。① 特色小镇是在块状经济和县域经济基础上发展出的创新经济模式，是供给侧改革的浙江实践。2016 年，住房城乡建设部、国家发展改革委、财政部联合发布《关于开展特色小镇培育工作的通知》(建村〔2016〕147 号)，计划到 2020 年培育 1000 个特色小镇，推进了特色小镇的建设和发展。②

从内涵来看，特色小镇是以某一特色产业为基础，汇聚相关组织、机构与人员，形成的具有特色与文化氛围的现代化群落；从其内容来看，特色小镇主要以数字经济、信息技术、生命健康、文化旅游、运动休闲、绿色环保、时尚、金融、高端装备制造等产业形态为基础，构建具有地方特色的产业生态系统。③

2015 年 2 月 26 日，时任浙江省省长李强考察杭州市未来科技城梦想小镇时，希望梦想小镇成为"众创空间"的新样板、信息经济的新增长点、特色小镇的新范式，成为全球创业高地；提出"众创空间"就是开放式的创业创新生态系统，是浙江打造整个创业创新生态系统的有机组成部分；它是为大众创新创业者提供了良好的工作空间、网络空间、社交空间和资源共享空间的创业服务社区。④

特色小镇建设和众创空间发展可以实现相互融合、相得益彰。特色小镇是产、镇、人三者有机融合的众创空间，众创空间将有望成为特色小镇

---

① 陈青松，任兵，通振远，宁婧．特色小镇实操指南：策划要点 运营实务 落地案例[M]．北京：中国市场出版社，2018：32.

② 我国将培育 1000 个特色小镇[EB/OL]．[2023-05-19]．http://www.gov.cn/xinwen/2016-07/19/content_5092569.htm.

③ 卫龙宝，史新杰．浙江特色小镇建设的若干思考与建议[J]．浙江社会科学，2016，235(3)：28-32.

④ 叶慧，宦建新．浙江"众创空间"为何活跃[J]．今日浙江，2015(5)：44-45.

的标配。① 在浙江，众创空间在特色小镇建设中已经成为范式和样板工程，并提出特色小镇必须是一个开放共享的众创空间，所有配套设施必须围绕涵养产业服务。②

2.1.4 众创空间相关概念辨析

创客空间、创业孵化器、大学科技园等与众创空间在内涵和功能上有一定的相似性，但也有着明显的差别，以下将对这些相关名词术语进行阐述和辨析。

①创客空间。

“创客”一词英文表述为 Maker、Hacker，源自欧美兴起的 DIY(Do it youself)文化运动。创客热衷于创意、设计以及制造等，以用户创新为核心理念，是创新 2.0 模式在设计制造领域的典型体现。“创客空间”(Hackerspace、Makerspace)的概念同样起源于欧美，指的是一种全新的创新创业组织形式和服务平台，其通过向创客提供开放的物理空间和原型加工设备设施，组织创客交流沙龙和聚会，开设创客技术工作坊等，从而促进知识分享、推进跨界协作，进而实现创意的落地甚至产品化和商业化。早期创客空间可以追溯到麻省理工学院于 2005 年创立的 Fab Lab；而“创客空间”作为一个通用术语，真正始于 2012 年春《创客杂志》(Maker Magazine)的创办发行，该杂志认为：“创客空间是一个真实存在的物理场所，一个具有加工车间、工作室功能的开放交流的实验室、工作室、机械加工室。”③

关于创客空间和众创空间之间的关系，国内诸多学者从不同角度做了阐述。王佑镁指出，众创空间是一个具有中国特色的词，也可以说是创客

---

① “互联网+”思维营造众创空间 特色小镇点亮创客梦想[EB/OL]. [2023-05-19]. http://www.cac.gov.cn/2015-04/09/c_1114916092.htm.

② 范颖华. 众创空间或将成特色小镇标配[N]. 中国企业报，2017-03-14(37).

③ 唐炎钊，等. 科技创业孵化生态系统理论与实践探究[M]. 厦门：厦门大学出版社，2020：27.

空间本土实践的产物；众创空间源自创客空间，其原始形态为车库空间、“兴趣俱乐部空间”和“创新实验室空间”，相对于线上虚拟空间而言，这些空间都是开放式的实体空间；创客空间关注的是如何将创意思想转化为现实，而众创空间还进一步关注创意成果能否实现商业价值，可将众创空间理解为创客空间+创业孵化。① 曾建勋认为，“创客空间”的功能在于供人们分享创意、交流经验与合作创新等，为创新创业者进行动手性探索与参与性学习提供场地、材料、工具、设备和技术等；“众创空间”则是通过市场化机制、专业化服务和资本化途径构建互联网环境下的低成本、便利化、全要素、开放式的新型创业服务平台的统称；创客空间与创业咖啡、创新工厂，甚至科技媒体等，不仅指资源与空间本身，更是一种协作、分享、创造理念，是知识与实践体验的结合，都成为众创空间的具体表现形式。②

②创业孵化器。

孵化器(incubator)，原意是指人工孵化禽蛋的设备，引申至社会经济领域，创业孵化器是指在企业创办初期或者企业遇到瓶颈时，提供办公场地、设备、资金、管理、咨询、资源、策划等支持，从而帮助企业做大或转型。③ 20世纪50年代末，企业孵化器在美国兴起，之后经历了初创、推广、成长和变革四个阶段的发展，业已成熟并形成了一定规模的产业。④ 1987年我国第一家科技企业孵化器武汉东湖新技术创业者中心成立，⑤ 经过30多年发展，科技企业孵化器通过为新创办的科技型中小企业提供物理

① 王佑镁，叶爱敏．从创客空间到众创空间：基于创新2.0的功能模型与服务路径[J]．电化教育研究，2015，36(11)：5-12.

② 曾建勋．从创客空间到众创空间[J]．数字图书馆论坛，2015(6)：1.

③ 杨向荣，沈文青．大学生创业教程[M]．北京：冶金工业出版社，2011：27-28.

④ 李威．美国企业孵化器发展的成功经验与启示[J]．石河子科技，2012，204(4)：12-14.

⑤ 景俊海，靳辉，等．科技企业成长与企业孵化器[M]．西安：西北工业大学出版社，1998：195.

空间及一系列创新创业服务，已经成为培育科技型中小企业、促进科技成果转化、培育企业家精神的重要载体，为促进经济社会发展发挥了重要作用。科技部火炬中心将科技企业孵化器定义为“以促进科技成果转化、培养高新技术企业和企业家为宗旨的科技创业服务载体，通过为新创办的科技型中小企业提供物理空间和基础设施，提供一系列创新创业服务支持，降低创业者的创业风险和创业成本，提高创业成功率，是创新、创业及人才培养基地”。①

创业孵化器和众创空间都是创业平台和载体，以创新创业者作为服务对象，但两者有一定的差异。从场地要求上看，孵化器一般需要有固定的物理空间，不同类型的孵化器有着不同的使用面积要求，如国家级综合孵化器使用面积需要在2万平方米以上；而众创空间则没有明确的物理场地面积要求，甚至可以以网络虚拟空间的形式存在。从入驻对象上看，入驻孵化器一般要求注册企业，如国家级孵化器要求入驻企业必须是初创的科技型企业；而入驻众创空间的对象则相对宽松，可以是企业，也可以是尚未注册公司的创业团队或者个人，面向“草根”创业者。从创新创业的阶段来看，入驻孵化器的企业多数处于创新创业的导入期，希望得到孵化器在技术、法律、金融、市场等方面的帮助和指导；而众创空间里的创业团队或个人一般处于创新创业的早期，相关创业创意或者产品开发还在孕育阶段。

③大学科技园。

大学科技园是产学研用合作的重要载体，对加速高校科技成果转化为生产力，促进产、学、研、用相结合，增强大学自我发展能力，提高办学效益发挥了重要的作用。② 最早的大学科技园可以追溯到1952年美国斯坦福研究园。在我国，国家大学科技园是国家创新体系的重要组成部分，是

① 叶托，周婷，吕杰．政府购买公共科技服务研究——基于中国经验的分析［M］．广州：华南理工大学出版社，2017：50-51.

② 马永霞，等．高校筹资多元化研究［M］．北京：北京理工大学出版社，2013：222-223.

促进融通创新的重要平台、构建双创生态的重要阵地、培育经济发展新动能的重要载体。①

大学科技园是以具有较强科研实力的大学为依托，为高等学校科技成果转化、高新技术企业孵化、产学研结合等提供支撑和服务。而众创空间的建设则不一定要依托于高校。

2.2 理论分析工具

经过前文的分析，我们可知众创空间本质上是创新创业的生态系统，通过激发大众的创新创业活力，创造社会经济价值。本研究将以生态系统理论、价值共创理论、开放式创新理论作为理论工具分析众创空间的构成和运行。

2.2.1 生态系统理论

本书将众创空间的概念纳入生态系统理论（Ecological Systems Theory）的研究框架进行分析和阐述。生态学（Ecology）的概念出现于19世纪60年代，由德国生物学家恩斯特·海克尔（Ernst Haeckel）提出，认为生态学是研究生物与其环境相互关系的科学，尤指动物与动物、植物之间互利或敌对的关系。② 生态系统的概念来源于生态学研究领域，在生态系统中生物个体在自然环境下相互依赖、共同发展、协同演进。生态系统的概念最早由美国生态学家坦斯利（A. G. Tansley）于1935年提出，认为生物体之间以及生物体同有机和无机环境间是一种复杂的交互关系，彼此之间的相互作用形成一个统一的整体。③

① 科技部 教育部关于印发《国家大学科技园管理办法》的通知[EB/OL]．[2023-05-21]．http：//www.gov.cn/xinwen/2019-04/15/content_5382972.htm.

② 颜永才．产业集群创新生态系统的构建及其治理研究[M]．北京：新华出版社，2015：30.

③ Tansley A G. The Use and Abuse of Vegetational Concept Sand Terms[J]. Ecology, 1935, 16(3)：284-307.

生态系统理论是一个开放的理论体系，随着该理论的发展，其研究范围超出了生物学领域，不仅应用在自然科学领域，还在社会科学领域得到应用。在管理学领域，生态系统的视角能够较好地阐释管理行为及其相关要素之间的关系。①

在创新创业活动中，相关参与主体及其创新创业环境要素构成了一个有机整体，具有鲜明的生态系统特征，国内外学者进而研究发展出创新生态系统理论和创业生态系统理论。2004 年 12 月，美国竞争力委员会(Council on Competitiveness)在研究报告《创新美国：在挑战和变革的世界中实现繁荣》(*Innovation America：Thriving in a World of Challenge and Change*)中提出了"创新生态系统"(innovation ecosystem)的概念；② Zahra 和 Nambisan 提出创新生态系统是一个基于长期信任关系形成的松散而又相互关联的网络。③ 同一时期，也产生了创业生态系统的概念。2005 年，Dunn 在分析麻省理工学院案例的基础上讨论了创业生态系统的概念；④ 2006 年，Cohen 提出创业生态系统是特定区域内相互作用的主体形成的群落，通过支持和促进新企业的创建和成长来实现可持续发展，创造社会和经济价值。⑤

众创空间的构成要素及其属性具有生态系统的特征，在众创空间的相关研究中，生态系统理论也得到了应用。贾天明等将众创空间的概念纳入生态系统理论的研究框架中，阐述众创空间生态系统的内涵，认为众创空

① 唐炎钊，等．科技创业孵化生态系统理论与实践探究[M]．厦门：厦门大学出版社，2020：12-13.

② Council on Competitiveness. Innovate America：Thriving in a World of Challenge and Change(Interim Report)[EB/R]．[2023-05-27]．https：//compete. org/2005/05/11/innovate-america/.

③ Zahra S A，Nambisan S. Entrepreneurship and Strategic Thinking in Business Ecosystems[J]．Business Horizons，2012，55(3)：219-229.

④ Dunn K. The Entrepreneurship Ecosystem[J]．MIT Technology Review，2005(9)：23-35.

⑤ Cohen B. Sustainable Valley Entrepreneurial Ecosystems[J]．Business Strategy and the Environment，2010，15(1)：1-14.

间生态系统指的是在某个地理区域内，以创客为中心，众多围绕创新创业紧密联系的组织以及相关环境支撑要素在特定地理空间上的集聚。① 锁箭和张霓提出众创空间的生态系统是众创空间发展的最终形态，在这个生态系统中以平台组织为主，由平台提供商、平台需求用户、平台供给方、平台监管方几者构成。②

本书研究众创空间创业生态系统构成要素之间的关系及其运行机制，引入生态系统理论框架进行阐释和分析具有可行性和必要性。

2.2.2 价值共创理论

价值共创的思想最早可以追溯到19世纪，但作为一个概念正式提出则是在2004年。著名战略管理学者普拉哈拉德(C. K. Prahalad)和拉马斯瓦米(V. Ramaswamy)提出价值共创理论，认为企业未来竞争将依赖于一种新的价值创造方法——以个体为中心，消费者与企业共同创造价值；个性化的消费体验是价值共创的核心，通过价值网络的互动，企业和顾客共同创造消费体验，由此形成共同利用资源、分享共同利益的价值共创过程。③ 价值共创强调企业和消费者能够共同创造价值，加强企业和消费者之间的联系，从而提高企业竞争力。④

在众创空间相关主题的研究中，价值共创理论是研究人员采用的分析理论框架之一。王丽平和刘小龙以价值共创的视角对众创空间的价值创造结构进行构建。⑤ 胡海波等认为，众创空间的价值共创研究为解决不同类

---

① 贾天明，雷良海，王茂南．众创空间生态系统：内涵、特点、结构及运行机制[J]. 科技管理研究，2017，37(11)：8-14.

② 锁箭，张霓．基于共享经济视角的众创空间生态系统构建研究[J]. 当代经济管理，2018，40(12)：12-21.

③ Prahalad C K，Ramaswamy V. Co-creation Experiences：The Next Practice in Value Creation[J]. Journal of Interactive Marketing，2004，18(3)：5-14.

④ 何秀玲，谢锦龙．基于价值共创理论的高校“众创空间”发展模式研究——以安溪茶学院为例[J]. 海峡科学，2021，173(5)：80-81，94.

⑤ 王丽平，刘小龙．价值共创视角下众创空间“四众”融合的特征与运行机制研究[J]. 中国科技论坛，2017(3)：109-116.

型众创空间的价值实现问题提供了有益的思路，进而聚焦在多元主体参与的不同类型众创空间价值共创及其实现机制；① 众创空间在建设和运行过程中，入驻企业或创业团队、外部服务组织与机构等形成的互动关系也是众创空间的价值共创过程。②

本书将对众创空间创业生态系统的构成要素和运行机制进行分析和研究，探求各个要素之间的互动和关联以及价值生成机制，而价值共创理论能够成为重要的分析理论框架。

2.2.3 开放式创新理论

21 世纪初，随着科技进步和全球化发展，网络化和信息化成为社会发展的趋势，创新模式也发生变革。企业通过传统的内部创新模式，已经越来越难以满足高速发展的市场需求，同时也难以维持产品的竞争优势；为此，企业开始向外突破，寻求新的合作方式，并改变传统的创新模式。③在这样的背景下，美国加州大学伯克利分校教授亨利·切萨布鲁夫(Henry Chesbrough)在《开放式创新：进行技术创新并从中赢利的新规则》(*Open Innovation: The New Imperative for Creating and Profiting From Technology*)一书中提出了“开放式创新”(open innovation)的概念。④ “开放式创新”逐渐成为企业创新的主导模式。

开放式创新有别于传统的“封闭式创新”模式，强调打破企业边界，快速适应市场需求，其主要特征包括开放性、全员参与性、全过程性以及创

① 胡海波，卢海涛，王节祥，等. 众创空间价值共创的实现机制：平台视角的案例研究[J]. 管理评论，2020，32(9)：323-336.

② 胡海波，卢海涛，毛纯兵. 开放式创新视角下众创空间创意获取及转化：心客案例[J]. 科技进步与对策，2019，36(2)：10-19.

③ 黄佳佳，陈小慧，宋滔，卢彦君. “互联网+”下的信息、系统、平台与创新[M]. 上海：同济大学出版社，2018：245.

④ 高良谋，马文甲. 开放式创新：内涵、框架与中国情境[J]. 管理世界，2014，249(6)：157-169.

新模式多样性等。① 开放式创新的实践运行模式主要有产学研合作、企业技术联盟、技术购买与技术外包、技术转让等。企业引进开放式创新可以加速创新速度、提高创新成功率，降低研发成本，促进研发的良性循环。

已经有学者将开放式创新理论应用于众创空间及其创业生态系统主题的研究中。胡海波等以开放式创新为视角研究众创空间，从创意获取、创意转化以及开放式创新演化过程 3 个方面进行分析。② 张洁等认为商业模式的构建与形成是创业企业存在和发展的基础，进而分析了开放式创新环境下创业企业商业模式的构建。③ 郭海等以开放式创新视角考察了数字创业企业的绩效，主要分析了技术购买、合作研发两种开放式创新形式的绩效影响机制。④

开放是众创空间及其创业生态系统最重要特征之一，其基本功能和追求目标是为了实现创新，因此，在本书的分析和阐释中开放式创新理论具有较强的适用性。

2.3 众创空间创业生态系统文献综述

2.3.1 国内研究综述

众创空间是创新型孵化器，以服务大众创新创业，促进科技成果转化，优化创新创业生态环境，培育企业家精神为宗旨，面向科技型创业企

① 刘根节．开放式创新多视角研究[M]．合肥：中国科学技术大学出版社，2017：45-47.

② 胡海波，卢海涛，毛纯兵．开放式创新视角下众创空间创意获取及转化：心客案例[J]．科技进步与对策，2019，36(2)：10-19.

③ 张洁，安立仁，张宸璐．开放式创新环境下创业企业商业模式的构建与形成研究[J]．中国科技论坛，2013，210(10)：81-86.

④ 郭海，王超，黄冉．开放式创新对数字创业企业绩效的影响研究[J]．管理学报，2022，19(7)：1038-1045.

业和创业团队，提供物理空间、共享设施和专业化服务的科技创业服务载体。① 以2015年为分界线，国内众创空间相关主题研究可分为两个阶段：2015年之前，主要聚焦创客空间的相关研究，提出其为推动科学普及发展的创新路径，是新型的跨领域创新平台；② 2015年之后，众创空间的概念出现，在“双创”的背景下，众创空间的运行机制、模式以及生态系统成为研究的关注点。

①文献来源与检索策略。

为深入了解国内研究人员关于众创空间创业生态系统主题的研究情况，本书制定了以下文献检索策略：

数据库选择：(1)中国知网学术期刊数据库，涵盖中文学术期刊8500余种，含北大核心期刊1970余种，网络首发期刊2390余种，最早回溯至1915年，共计6070余万篇全文文献；(2)中国知网学位论文库，包括《中国博士学位论文全文数据库》和《中国优秀硕士学位论文全文数据库》，是目前国内资源完备、连续动态更新的中国博硕士学位论文全文数据库；该库出版520余家博士培养单位的博士学位论文50余万篇，790余家硕士培养单位的硕士学位论文540余万篇，最早回溯至1984年。

文献时间：截至2022年12月31日

检索时间：2023年4月9日

检索主题：本书的研究主题为“众创空间创业生态系统”，通过文献分析，为了较为全面地获取该主题文献信息，除了“众创空间”之外，还将“孵化器”“创业空间”“创客空间”“特色小镇”“大学科技园”等作为检索词。此外，众创空间生态系统本质上就是众创空间的创业生态系统，因此，为较为全面地获取相关研究文献，本书将文献检索中的主题确定为“众创空间”和“生态系统”。

---

① 中华人民共和国科学技术部．国家创新型城市创新能力监测报告2019[M]．北京：科学技术文献出版社，2019.

② 徐思彦，李正风．公众参与创新的社会网络：创客运动与创客空间[J]．科学学研究，2014，32(12)：1789-1796.

检索式：（SU %='众创空间' AND SU %='生态系统）OR（SU %='孵化器' AND SU %='生态系统'）OR（SU %='创业空间' AND SU %='生态系统'）OR（SU %='创客空间' AND SU %='生态系统'）OR（SU %='特色小镇' AND SU %='生态系统'）OR（SU %='大学科技园' AND SU %='生态系统'）

②检索结果与分析。

检索获取 712 条文献记录，其中学术期刊数据 424 条，博硕士学位论文数据 201 条(博士论文 28 条、硕士论文 173 条)。经过人工筛选，排除新闻报道、访谈、广告等非学术论文类的记录，获取学术期刊论文数据 424 条、博硕士学位论文数据 201 条，共计文献 625 篇。通过对文献学科归属的统计分析(按照中国知网的学科分类)，发现“众创空间生态系统”文献主要涉及企业经济、高等教育、职业教育、宏观经济管理与可持续发展、经济体制改革、工业经济、信息经济、行政管理、图书情报等学科领域。可见，“众创空间生态系统”是跨学科的研究主题。

文献发表的时间分布如图 2-1 所示。从 2015 年开始，“众创空间生态系统”相关研究文献大幅增长，2015 年为 24 篇，2016 年增长到 56 篇，到 2017 年则激增到 105 篇，之后三年文献篇数皆在 80 篇以上。“众创空间生态系统”相关主题研究与社会实践、国家发展战略等紧密结合在一起。2015 年 1 月 28 日，时任国务院总理李克强主持召开国务院常务会议，确定支持发展“众创空间”的政策措施，为创业创新搭建新平台；① 2015 年 3 月，国务院办公厅印发《关于发展众创空间推进大众创新创业的指导意见》(国办发〔2015〕9 号)；2016 年 5 月，教育部、国家语言文字工作委员会发布《中国语言生活状况报告(2016)》，“众创空间”入选十大新词；2017 年 12 月，中国社会科学院舆情调查实验室联合百度搜索共同发布 2017 民生

① 李克强主持召开国务院常务会议(2015 年 1 月 28 日)[EB/OL].[2023-04-30]. http://www.gov.cn/guowuyuan/2015-01/28/content_2811254.htm.

热词榜，“众创空间”名列第三位；① 我国国民经济和社会发展统计公报显示，2019年国家备案众创空间为1888家，② 2020年为2386家，③ 2021年为2551家，④ 2022年为2441家。⑤

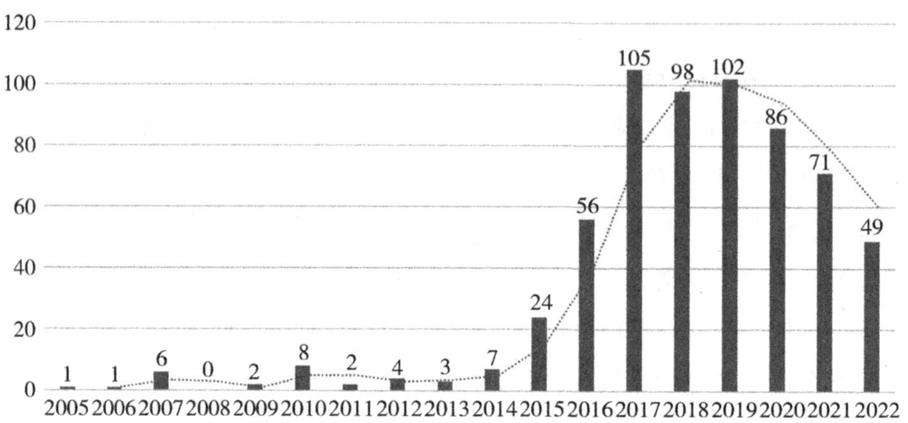

图2-1　CNKI中“众创空间生态系统”相关研究文献的时间分布

利用知识图谱软件VOSviewer，本研究绘制了“众创空间生态系统”主题研究文献的关键词共现图谱；本研究获取的625篇文献，选取词频大于5的59个关键词绘制了共现图谱，呈现出5个主题聚类，如图2-2和表2-1所示。表2-1为国内“众创空间生态系统”相关研究文献关键词词频统计。两个或者多个关键词在同一篇文献中同时出现称为关键词共现。关键词共

① 2017年十大民生热词发布：老幼受关注 安居成焦点[J]. 新闻知识，2018，403(1)：73.

② 中华人民共和国2019年国民经济和社会发展统计公报[EB/OL]. [2023-04-30]. http://www.gov.cn/xinwen/2020-02/28/content_5484361.htm.

③ 中华人民共和国2020年国民经济和社会发展统计公报[EB/OL]. [2023-04-30]. http://www.gov.cn/xinwen/2021-02/28/content_5589283.htm.

④ 中华人民共和国2021年国民经济和社会发展统计公报[EB/OL]. [2023-04-30]. http://www.gov.cn/xinwen/2022-02/28/content_5676015.htm.

⑤ 中华人民共和国2022年国民经济和社会发展统计公报[EB/OL]. [2023-04-30]. http://www.gov.cn/xinwen/2023-02/28/content_5743623.htm.

现分析是文献计量学中常用的重要量化研究方法之一，通过描述关键词与关键词之间的关联与结合，可以揭示学术领域研究内容的内在相关性和学科领域的微观结构等。①

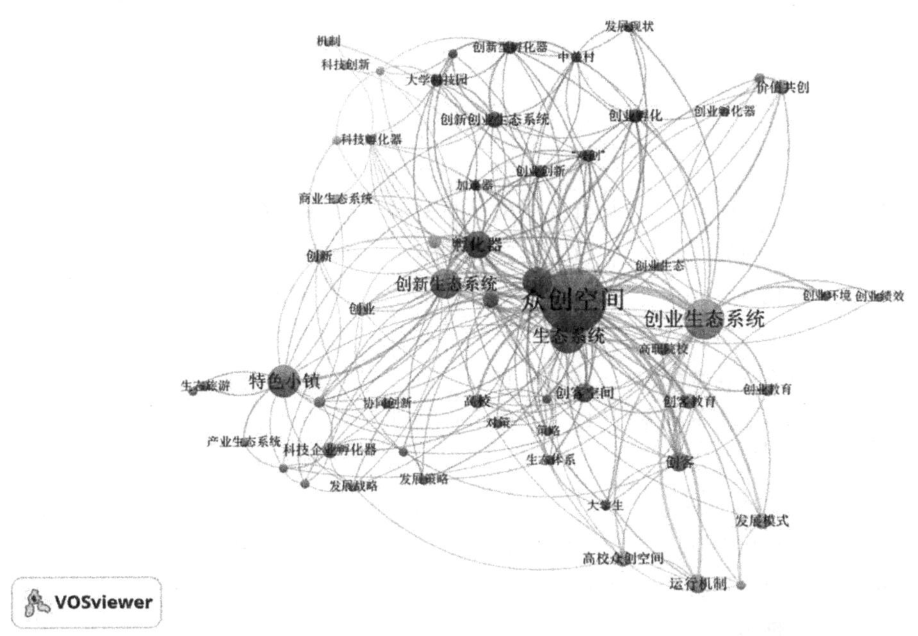

图 2-2　“众创空间生态系统”相关研究文献关键词共现图谱

本书的研究主题为众创空间生态系统，选用的检索词包括“众创空间”“生态系统”“特色小镇”“孵化器”“创客空间”等，所以在关键词共现网络中，该类关键词的频次较高，体现了本研究主题本身。综合图 2-2、表 2-1 以及表 2-2 可见，在国内众创空间生态系统相关主题研究中，运行机制、发展模式、价值共创、商业模式等获得特别关注，体现了国内相关研究注重从实践经验中凝练相应的模式和运行机理；众创空间、高校、高职院校、孵化器开展的创新创业教育、创客教育等也是相关研究重点关注的方向。

① 王继民．Web 用户查询日志挖掘与应用[M]．北京：知识产权出版社，2014：19.

表 2-1　国内“众创空间生态系统”相关研究文献关键词词频统计

序号	关键词	共现频次	总连接强度	序号	关键词	共现频次	总连接强度
1	众创空间	225	273	31	创业环境	6	12
2	创业生态系统	88	122	32	协同创新	6	5
3	生态系统	64	85	33	商业生态系统	6	5
4	特色小镇	56	26	34	案例研究	6	10
5	创新生态系统	50	58	35	生态体系	6	8
6	创新创业	46	78	36	生态旅游	6	4
7	孵化器	41	62	37	科技创新	6	4
8	创客	21	36	38	科技孵化器	6	9
9	创客空间	21	21	39	产业生态系统	5	4
10	运行机制	21	25	40	全球影响力	5	13
11	创新创业教育	14	17	41	创业孵化器	5	6
12	创新创业生态系统	13	16	42	创业生态	5	8
13	发展模式	13	16	43	创业绩效	5	4
14	科技企业孵化器	13	14	44	加速器	5	15
15	高校众创空间	13	13	45	发展战略	5	9
16	价值共创	12	16	46	发展现状	5	9
17	创客教育	12	15	47	发展策略	5	7
18	创新	11	17	48	可持续发展	5	5
19	商业模式	11	21	49	大学生	5	10
20	创业	10	22	50	对策	5	4
21	创业孵化	10	21	51	建设	5	10
22	高校	10	15	52	机制	5	4
23	创业教育	9	9	53	模式	5	8
24	创新型孵化器	9	20	54	生态位	5	9
25	“双创”	8	21	55	科技成果转化	5	7
26	创业创新	8	17	56	策略	5	6
27	大学科技园	8	12	57	绩效评价	5	8
28	高职院校	8	13	58	规划设计	5	3
29	高质量发展	7	12	59	运营模式	5	9
30	中关村	6	12				

表 2-2　　　　**主要关键词共现主题聚类**

聚类类别	主要关键词
聚类一：众创空间创业生态系统理论内涵与发展状况	“双创”、中关村、全球影响力、创新创业、创业创新、创业孵化、创新创业生态系统、创新型孵化器、加速器、发展现状、大学科技园、孵化器、价值共创、创业孵化器、案例研究
聚类二：众创空间创业生态系统的运营与发展策略	产业生态系统、创新生态系统、发展战略、可持续发展、特色小镇、生态位、生态旅游、科技企业孵化器、规划设计、高质量发展、发展策略、运营模式
聚类三：众创空间创业生态系统的创新创业教育	众创空间、创客空间、创新创业教育、协同创新、大学生、对策、建设、生态体系、策略、高校、创业教育、创业环境、创业生态、创业绩效、创客、创客教育、生态系统、高职院校
聚类四：众创空间创业生态系统的商业模式	创业、创新、商业模式、商业生态系统、机制、模式、科技创新、科技孵化器、科技成果转化
聚类五：众创空间创业生态系统的运行机制与绩效评价	创业生态系统、发展模式、绩效评价、运行机制、高校众创空间

③文献研究方向。

结合主要关键词共现主题聚类(见表 2-2)，通过研读相关文献，国内“众创空间生态系统”相关主题的研究主要集中在以下五个领域和研究方向。

第一，众创空间创新创业生态系统理论内涵与发展状况。

众创空间是促进大众创业、万众创新的新兴载体，能够有效满足大众创新创业需求，并具有较强专业化服务能力。优良的创新创业生态系统是众创空间得以生存发展的基础，发展良好的众创空间又会进一步促进创新创业生态的枝繁叶茂。① 随着我国“双创”实践的推进以及众创空间的建设和发展，诸多研究者对众创空间创新创业生态系统发展现状进行了关注和研究。

对众创空间创新创业生态系统的理论内涵进行分析和阐述是深入开展相关研究的基础。众创空间内涵阐释涉及对其概念进行界定以及基本分类，理论阐述则从创新创业生态系统、复杂系统与网络、平台与价值创造以及信息与知识交互等维度开展。

在内涵阐释层面，贾天明等对众创空间生态系统的概念进行界定，提出众创空间通过集聚多样化的创业者、创业项目及相关活动，凝聚了围绕创新创业过程所需要的一切资源，其服务范围涉及创业项目的萌芽期、种子期、成长期和成熟期，形成了一个全方位综合型的创业生态系统。② 魏亚平和潘玉香对高校“众创空间”创业生态系统内涵进行了阐述，认为在高校众创空间创业生态系统中，创业受教主体大学生与各生态元素之间通过知识传递、理念交换、制度保障等活动形成相互共存、相互促进的有机统一体。③ 众创空间研究课题组认为众创空间本质是高效率的孵化器。④ 李燕萍和陈武提出众创空间既为创业者提供工作空间，同时也为创业者提供专业化的创业服务能力，是新型创业服务平台的统称。⑤

在理论阐述层面，国内学者也开展了相关研究和探讨。陈夙等基于创新创业生态系统视角从众创精神、创客生态圈、资源生态圈、基础平台与

① 张司飞，王生玺．遵循双创规律 发展众创空间[N]．光明日报，2015-12-08(11)．

② 贾天明，雷良海，王茂南．众创空间生态系统：内涵、特点、结构及运行机制[J]．科技管理研究，2017，37(11)：8-14.

③ 魏亚平，潘玉香．高校“众创空间”创业生态系统内涵与运行机制[J]．科技创新导报，2017，14(2)：234-237.

④ 众创空间研究课题组．众创空间的“前世今生”[J]．科技智囊，2017（11）：62-79.

⑤ 李燕萍，陈武．中国众创空间研究现状与展望[J]．中国科技论坛，2017（5）：12-18，56.

众创政策四个维度阐述了众创空间创业生态系统的结构。① 向永胜和古家军提出新型众创空间构筑了双生态、多要素、全过程孵化融合的创业生态系统。② 赵黎明和张涵构建了孵化器与创投种群间关系的 Lotka-Volterra 模型，发现合理搭配补贴政策可以促进孵化器与创投的合作。③ 戴亦舒等以腾讯众创空间为研究对象，探究了创新生态系统的价值共创机制。④ 张玉利和白锋运用耗散结构理论构建了众创空间创业生态系统的两个阶段演进模型。⑤ 崔祥民和田剑基于协同理论构建由众创空间、创客、政府 3 个子系统构成的复合系统协同度模型。⑥

在实践发展层面，赖晓南对北京海淀区中关村核心区创业生态系统的发展现状进行了阐述和分析，认为海淀区的创业服务支撑体系日益完善，创业要素聚变效应逐步显现，中关村创业大街成为全国“众创空间”的集聚地和创新创业的新地标，创新型孵化器各具特色，且呈“生态化”发展趋势。⑦ 刘畅分析了湖北省运行良好的具有代表性的众创空间典型案例，对投资辅导型、交互研发型和平台培育型三种发展模式众创空间的产生背景、孵化现状等进行了阐述，揭示了当前众创空间发展现状的一般规律和差异之处，并对湖北省当前发展众创空间过程中存在的问题进行剖析，提

① 陈夙，项丽瑶，俞荣建．众创空间创业生态系统：特征、结构、机制与策略——以杭州梦想小镇为例[J]．商业经济与管理，2015（11）：35-43.

② 向永胜，古家军．基于创业生态系统的新型众创空间构筑研究[J]．科技进步与对策，2017，34（22）：20-24.

③ 赵黎明，张涵．基于 Lotka-Volterra 模型的科技企业孵化器与创投种群关系研究[J]．软科学，2015，29(2)：136-139，144.

④ 戴亦舒，叶丽莎，董小英．创新生态系统的价值共创机制——基于腾讯众创空间的案例研究[J]．研究与发展管理，2018，30(4)：24-36.

⑤ 张玉利，白峰．基于耗散理论的众创空间演进与优化研究[J]．科学学与科学技术管理，2017，38（1）：22-29.

⑥ 崔祥民，田剑．众创空间利益相关者协同度研究[J]．科技进步与对策，2018，35(5)：134-139.

⑦ 赖晓南．中关村核心区创业生态系统的发展现状[J]．高科技与产业化，2015（8）：98-100.

出了促进湖北省众创空间健康发展的参考建议。① 史明纯从上海市现有众创空间的成功典型案例出发，阐述了不同模式众创空间的产生和发展机制，梳理了众创空间创业生态系统的发展脉络，揭示了众创空间发展的地理学规律，并进一步围绕众创空间对区域创新创业环境发展的影响展开了研究，提出众创空间未来的发展建议。② 杨娇阐述了芜湖市众创空间建设过程中的成就和缺失，并通过国内外众创空间典型案例分析，进而凝练芜湖市众创空间建设与发展的启示。③ 黄苗苗运用 Arc Map 10.2 和 Geo Da 1.14.0 软件进行空间自相关分析，对我国 2386 家国家级众创空间和 6181 家非国家级众创空间分布的集聚特征分别进行研究。④

国内研究人员对国外众创空间创新创业生态系统发展状况也开展了研究。向美来对美国佐治亚理工学院的创新创业生态系统进行了分析。⑤

第二，众创空间创业生态系统的运营与发展策略。

众创空间创业生态系统的持续发展建立在健康运营的基础之上。王汉光通过对科技企业孵化器目标客户和核心能力构成的分析，提出了网络化运营的科技企业孵化器的顾客价值要素和价值主张。⑥ 卢凤君等以科技部服务“三农”的众创空间“星创天地”为研究对象，基于创业生态系统理论，分析其运营中存在的问题，如：涉农主体的创新创业动力相对偏弱、涉农创新创业孵化对服务的要求高；提出了“星创天地”的发展策略，包括强化

---

① 刘畅．众创空间的运行模式研究及实证分析[D]．武汉：湖北大学，2017.

② 史明纯．上海市众创空间的发展现状与模式探究[D]．上海：华东师范大学，2016.

③ 杨娇．芜湖市众创空间发展研究[D]．芜湖：安徽工程大学，2018.

④ 黄苗苗．中国众创空间分布特征及影响因素研究[D]．武汉：武汉大学，2021.

⑤ 向美来．一流大学创新创业生态系统构建与启示——以佐治亚理工学院为例[J]．职业技术教育，2020，41(21)：68-73.

⑥ 王汉光．科技企业孵化器网络化运营创新研究[D]．武汉：武汉理工大学，2012.

双创顶层设计、联通科技创新链环、营造创新创业氛围、构建平台生态网络等。① 杨文焕以 DJK 众创空间为研究对象，提出众创空间的运营模式分为培训辅导型、媒体延伸型、专业服务型、投资促进型、综合生态型、联合办公型六种模式。②

众创空间生态系统的发展策略包括众创空间的发展质量评价、孵化服务标准构建、金融支持、空间布局、产业作用、专业化提升以及治理改进等。③ 王节祥等通过文献梳理和案例分析，揭示了众创空间发展策略“基础架构—网络效应—生态系统”3 个阶段的演进逻辑及各阶段关键行动选择。④ 杨艳娟等以浙江省为研究视域，提出众创空间生态体系发展策略，包括：构建多元主体互动融合的协同网络、构建满足众创空间多样化需求的生态基础、构建以实现创新创业为目标的多功能体系、构建多层面共同参与的众创运作模式。⑤ 王亚煦提出了粤港澳大湾区建设背景下高校众创空间发展的策略，包括：树立“产学融创”理念、完善运营管理机制、优化人才发展环境、组建空间战略联盟。⑥ 陈通等以陕西煤业化工集团双创中心为研究案例，分析了专业化众创空间的建设策略，提出构建孵化企业联合发展网络、实现聚变效应。⑦ 李国才和潘敏对天津市专业化众创空间发展情况进行了调研，提出天津市专业化众创空间、建立“大手拉小手”模式

① 卢凤君，金琰，李志军，赵淑红．基于创业生态系统理论的“星创天地”的运行模式与演化研究[J]．农业科技管理，2017，36(5)：50-52，70.

② 杨文焕．DJK 众创空间运营模式研究[D]．昆明：云南大学，2020.

③ 杨琳，屈晓东．众创空间研究综述：内涵解析、理论诠释与发展策略[J]．西安财经学院学报，2019，32(3)：121-128.

④ 王节祥，田丰，盛亚．众创空间平台定位及其发展策略演进逻辑研究——以阿里百川为例[J]．科技进步与对策，2016，33(11)：1-6.

⑤ 杨艳娟，应向伟，叶灵杰．众创空间生态体系：理论检视、系统建构与发展策略——以浙江省为研究视域[J]．科技通报，2017，33(1)：254-258.

⑥ 王亚煦．粤港澳大湾区建设背景下高校众创空间的发展策略研究[J]．科技管理研究，2019，39(24)：72-77.

⑦ 陈通，乔云雁，王双明．基于生态位理论的龙头骨干企业专业化众创空间发展策略研究[J]．科技管理研究，2020，40(13)：234-239.

的价值共创机制、建立“三者融合”的科学性评价指标体系等发展策略。①

高质量发展是经济社会发展的必然要求。围绕众创空间高质量发展，薛俊义和战炤磊提出要以加快构建双循环新发展格局为契机，聚焦众创空间的机制创新，优化其运营策略，培育成熟的创新创业文化氛围，推动众创空间的高质量可持续发展。②

第三，众创空间创业生态系统的创新创业教育。

在“双创”背景下，高校如何依托众创空间支持大学生开展创新创业，为大学生创新创业提供服务，开展创新创业相关辅导和教育教学，依托科技创新资源构建创新创业教育支持体系，是相关研究人员关注的重要主题。刘艺对高职院校创新创业教育生态系统理论框架进行了阐述，进而分析了孵化器和众创空间的建设路径，为高校创新创业教育生态系统构建提供参考意见。③ 李红莎以高职院校众创空间为研究对象，对大学生在众创空间的创新与创业结合度、线上与线下的利用率、创业与孵化的满意度进行调研分析。④ 陈延良提出通过实现双创文化的有力宣传、实现创客空间的高级管理及其可持续发展、实现创客辅导大众化、加强创新创业教育生态化建设等方面促进高校的创新创业教育改革。⑤

通过对国外创新创业教育实践案例和经验的分析与借鉴，可以推进我国众创空间生态系统中创新创业教育的开展。汪红梅和焦爽考察了斯坦福大学、马里兰大学和瑞尔森大学的创新创业教育体系，认为北美高校在双创教育中具有学校定位明确、课程体系合理、理论结合实际以及创业空间

---

① 李国才，潘敏．天津市专业化众创空间发展现状及对策研究[J]．天津科技，2022，49(6)：20-23.

② 薛俊义，战炤磊．双循环新发展格局下众创空间高质量可持续发展的动因与路径[J]．学术论坛，2021，44(2)：84-92.

③ 刘艺．孵化器、众创空间与高职院校创新创业教育生态系统研究[J]．工业技术与职业教育，2020，18(3)：65-67.

④ 李红莎．“双创”背景下的高职院校创新创业教育研究[J]．商丘职业技术学院学报，2021，20(4)：52-55.

⑤ 陈延良．系统论下基于创客空间加强大学生创新创业教育的对策研究[J]．学校党建与思想教育，2018(16)：55-57.

完备等特点。① 向美来、易伟松等人对加拿大的麦克马斯特大学②、滑铁卢大学③以及多伦多大学④的创新创业教育生态系统进行了调研，分析创新创业课程、初创公司、孵化器、加速器、创新创业基金及创业支持系统等要素之间的关系，剖析了其生态系统运行机制，总结了创新创业教育的实践与经验。谭志和曹红玉从创新创业目标、运行体制、课程体系设置、工程设计创新团队培育四个方面分析和总结了加拿大英属哥伦比亚大学创新创业教育生态系统构建的关键因素。⑤ 胡玲和李艳杰基于关键性指标因素视角对中美高校创新创业教育进行了比较。⑥

第四，众创空间创业生态系统的商业模式。

众创空间作为新型创业集聚空间，连接创业者和创业资源，商业模式是其运行的商业逻辑，决定着众创空间生态系统是否可以实现可持续运行和发展。

梁云志和司春林对创业孵化器的商业模式进行了概念阐述，提出了孵化器商业模式五要素（包括客户定位、价值主张、价值链、动态能力、现金流模型）分析框架和孵化器商业模式四象限图，并进一步分析了孵化器四种典型的商业模式，即简单模式、价值链陷阱模式、专一模式以及资本模式。⑦ 梁云志还论证了孵化器商业模式框架的组成和内涵，孵化器商业

---

① 汪红梅，焦爽．北美高校创新创业教育对我国的启示——以斯坦福大学、马里兰大学和瑞尔森大学为例[J]．高教论坛，2017(10)：112-117.

② 易伟松，向美来．世界一流大学创新创业教育透视与启示——以麦克马斯特大学为例[J]．创新与创业教育，2019，10(5)：123-127.

③ 向美来，易伟松．世界一流大学创新创业教育透视与启示——以滑铁卢大学为例[J]．创新与创业教育，2019，10(1)：94-101.

④ 向美来，闫华飞，易伟松．世界一流大学创新创业教育生态系统特征与启示——以加拿大多伦多大学为例[J]．世界教育信息，2021，34(10)：40-46.

⑤ 谭志，曹红玉．英属哥伦比亚大学创新创业教育生态系统构建及启示[J]．高等理科教育，2020(4)：90-95.

⑥ 胡玲，李艳杰．中美高校创新创业教育比较研究——基于关键性指标因素视角[J]．黑龙江高教研究，2022，40(4)：75-85.

⑦ 梁云志，司春林．孵化器的商业模式研究：理论框架与实证分析[J]．研究与发展管理，2010，22(1)：43-51，67.

模式的分类及其商业模型。①

许慧珍从平台视角出发提出了众创空间商业模式构架，通过完善创业生态系统、创新平台服务及拓展盈利模式实现众创空间商业模式的创新。②

李慧清和王颖借鉴商业模式理论，利用主流商业模式设计工具——商业模式画布，对高校众创空间的微观运行逻辑进行模块化分析，为高校众创空间的商业模式设计提供了理论支撑。③

刘睿君和唐璐乔基于商业生态系统理论，分析众创空间与商业生态系统的内涵与特征，并梳理出优秀众创空间的服务架构。④

杨义兵构建了多层级商业模式理论体系，并进一步挖掘了东部地区和东北地区创业孵化器商业模式的本质差异。⑤

科技成果的转化是创新创业生态系统的重要内容。刘娟和黄玉对浙江大学产学研创新生态系统进行了阐述。⑥ 蒋洪新和孙雄辉以英国剑桥科技园为例，分析了剑桥企业、创业学习中心等企业孵化或创业教育平台如何保障创新创业生态系统健康平稳发展，实现剑桥大学的科技成果快速走出实验室、走向产业化。⑦

徐敏赛选取了美国 Y Combinator、Playground Global 和 HAX 三个商业孵化器作为研究对象，对商业孵化模式和孵化过程中的资源集聚与竞争优

① 梁云志．孵化器商业模式创新：关于专业孵化器参与创业投资的研究[D]．上海：复旦大学，2010.

② 许慧珍．平台视角下众创空间商业模式研究[J]．商业经济研究，2017(13)：147-150.

③ 李慧清，王颖．高校众创空间的价值主张与运行逻辑分析——基于商业模式画布框架[J]．创新与创业教育，2021，12(1)：72-80.

④ 刘睿君，唐璐乔．商业生态系统视域下众创空间构建策略[J]．科技与创新，2021(3)：61-64，67.

⑤ 杨义兵．创业孵化器运行效率与商业模式研究[D]．长春：吉林大学，2020.

⑥ 刘娟，黄玉．打造杭州城西科创大走廊创新发动机——浙江大学产学研创新生态系统探索[J]．杭州科技，2017(3)：35-39.

⑦ 蒋洪新，孙雄辉．大学科技园视阈下高校科技成果转化路径探索——来自英国剑桥科技园的经验[J]．现代大学教育，2018(6)：53-57.

势形成机制进行了分析。①

第五，众创空间创业生态系统的运行机制与绩效评价。

众创空间的生态系统运行机制是指众创空间及其构成要素生存和发展的内在机能与运行方式。运行机制是众创空间运行和发展过程中的主体机制，也是运行自我调节的方式。研究众创空间运行机制，主要是对众创空间生态系统运行过程中各生产要素之间的相互联系和作用及其制约关系进行分析。良好的运行机制可以使众创空间协调、有序、高效运行，增强内在活力和对外应变能力。

许斌认为高校众创空间的运营依赖各参与主体要素间的协同、互动和共生，并通过分析高校众创空间生态系统的组成结构、构成元素、特征功能，剖析了高校众创空间生态系统运行机制和规律。②

项国鹏等以杭州云栖小镇为研究案例，发现核心企业主导型创业生态系统在不同时期有着不同的主导运行机制：在平台搭建期，通过创业支持机制发挥主导作用；在组织运行期，通过资源承诺机制、全链条孵化机制与网络嵌套机制发挥主导作用；在协同获取期，通过资源共享机制、企业协同机制发挥主导作用。③

倪慧认为众创空间生态系统的运行机制包含关系嵌入机制、价值共创机制、价值共享机制等。④

魏莞月从创业生态系统出发，采用定性与定量相结合的方法，探讨了众创空间面对新冠疫情冲击的适应性机制，提出了二阶段适应过程理论

① 徐敏赛．竞争优势培育视角的商业孵化机制[D]．杭州：浙江工业大学，2019.

② 许斌．高校众创空间生态系统运行机制研究[J]．国际公关，2019(9)：258-259.

③ 项国鹏，周洪仕，罗兴武．核心企业主导型创业生态系统构成与运行机制：以杭州云栖小镇为例[J]．科技进步与对策，2019，36(22)：10-19.

④ 倪慧．众创空间生态系统模型及运行机制研究[D]．武汉：武汉大学，2019.

模型。①

陶小龙和黄睿娴通过运用 NVivo12 软件对 12 个众创空间案例样本进行扎根理论分析，发现众创空间嵌入区域创业生态系统的运行机制包括自适应机制、动态创业机制、多层次耦合机制、开放式创新机制、自组织更新机制与价值创造等。②

胡文彪以江西省众创空间为研究对象，对众创空间运行机制进行了研究，以众创空间"内涵—特征—结构"的逻辑思路构建了众创空间运行机制，主要包括 4 个核心机制：生态系统循环代谢机制、异构资源整合成长机制、成果共享与容错试错动力机制以及供给—需求推动机制。③

在众创空间生态系统的绩效评价研究方面，国内学者构建了相关的指标体系和模型。秦笑依据 GEM 模型构建了特色小镇核心竞争力指标体系和 GSC 模型，为特色小镇发展及评价提供了依据。④ 王峰将高校众创空间创业生态系统分为 5 大子系统(分别为金融融资子系统、市场服务子系统、教育培训子系统、制度政策子系统、文化环境子系统)，并以重庆三峡学院太阳鸟众创空间为研究案例，运用层次分析法和专家估测法为高校众创空间的创业生态系统建立评价指标体系，采用模糊综合评价法对其运行绩效进行可量化的评价。⑤ 朱思因和杜海东选取了 12 家初创企业孵化器作为研究样本，从创业生态系统视角，运用数据包络分析法(Data Envelopment

---

① 魏莞月．疫情冲击下众创空间适应性机制研究[D]．成都：电子科技大学，2021.

② 陶小龙，黄睿娴．区域创业生态系统视角下众创空间运行机制研究[J]．云南大学学报(社会科学版)，2021，20(3)：123-132.

③ 胡文彪．众创空间运行机制及效率评价研究[D]．南昌：江西师范大学，2020.

④ 秦笑．特色小镇产城融合发展路径及其核心竞争力评估模型构建[J]．江苏商论，2018，408(10)：112-118.

⑤ 王峰．高校众创空间创业生态系统运行绩效调查与评价——以重庆三峡学院太阳鸟众创空间为例[J]．现代交际，2017，465(19)：5-6.

Analysis，简称 DEA）对孵化器运营效率进行评价。① 陈章旺和黄惠燕从投入、产出角度构建众创空间绩效评价指标体系，运用因子分析方法提取运营能力、企业发展能力、政府支持力度、盈利能力 4 个主因子，对我国 29 个区域众创空间绩效进行评价分析。② 张继宏和王婷从创新生态系统视角出发，分析了众创空间生态系统的层次结构，并从管理服务、集聚资源、环境支撑、创新产出 4 个维度构建了众创空间高质量发展评价指标体系；运用灰色模糊综合评价法对山西省众创空间整体以及各维度发展质量进行评价分析。③ 颜振军等从生态学的角度出发，构建了孵化器生态位评价指标体系，并利用科技部火炬中心 2015—2019 年的微观调查数据，采用生态位态势理论模型，实证分析和评价了北京市孵化器发展水平。④

2.3.2 国外研究综述

“众创空间”的概念是由我国提出的，是“大众创业、万众创新”背景下产生的具有中国特色的新名词。国外与“众创空间”相近的名词有 makerspace、maker space、hackerspace、hackspace、hacklab、creative space 等，但这些英文词汇指的是创客空间，虽然内涵与众创空间相近，但仍存在较为明显的差别。通过对 Web of Science 数据库的检索，关于创客空间生态系统（makerspace ecosystem）研究的文献较少，不具有梳理分析的意义和价值。结合本书研究的主题，为完整、深入地了解国外相关研究的进展情况，本书将文献主题确定为“创业生态系统”。由前文核心概念阐述部分分析可知，“众创空间”生态系统本质为创业生态系统。创业生态系统的英

① 朱思因，杜海东．初创企业孵化器运营绩效评价的实证研究——创业生态系统视角[J]．科技管理研究，2020，40(7)：82-87.

② 陈章旺，黄惠燕．区域众创空间绩效评价——基于因子分析角度[J]．科技管理研究，2020，40(2)：73-78.

③ 张继宏，王婷．创新生态系统视角下众创空间高质量发展评价研究——以山西省为例[J]．科技和产业，2022，22(11)：45-52.

④ 颜振军，李静，石俊锋，等．生态位视角下北京市科技企业孵化器发展评价[J]．中国科技论坛，2022(5)：136-146，166.

文表述为“entrepreneurial ecosystem”“entrepreneurship ecosystem”。

①文献来源与检索策略。

为深入了解国外研究人员关于创业生态系统主题的研究情况，本书制定了以下文献检索策略：

数据库选择：本书选取 Web of Science 数据库核心合集中的科学引文索引(Science Citation Index，简称 SCI)、社会科学引文索引(Social Sciences Citation Index，简称 SSCI)、艺术人文引文索引(Arts & Humanities Citation Index，简称 A&HCI)作为文献来源。Web of Science 是获取全球学术信息的重要数据库，它收录了全球 20000 多种权威的、高影响力的学术期刊，内容涵盖自然科学、工程技术、生物医学、社会科学、艺术与人文等领域。其中，SCI 是一个涵盖了自然科学领域的多学科综合数据库，共收录 9500 多种自然科学领域的世界权威期刊；SSCI 是一个涵盖了社会科学领域的多学科综合数据库，共收录 3500 多种社会科学领域的世界权威期刊；A&HCI 共收录 1800 多种艺术人文领域的世界权威期刊。

文献时间：截至 2022 年 12 月 31 日

检索时间：2023 年 4 月 20 日

检索式：TS = "Entrepreneur * Ecosystem * "

②检索结果与分析。

检索获得 681 条文献记录，按照 Web of Science 的类别，文献的主题类别主要有：管理学(Management)、商业(Business)、经济学(Economics)、环境研究(Environmental Studies)、区域城市规划(Regional Urban Planning)、地理学(Geography)、环境科学(Environmental Sciences)、绿色可持续科学技术(Green Sustainable Science Technology)、工程工业(Engineering Industrial)、发展研究(Development Studies)、城市研究(Urban Studies)、教育学与教育研究(Education Educational Research)、运筹学管理科学(Operations Research Management Science)、信息科学图书馆学(Information Science Library Science)、心理学(Psychology)、工程环境(Engineering Environmental)、酒店休闲体育旅游(Hospitality Leisure Sport

Tourism)、商业金融(Business Finance)、公共管理(Public Administration)等。由此可见，“创业生态系统”是一个跨学科、跨领域的研究主题。

文献发表的时间分布如图 2-3 所示。2011—2015 年，“创业生态系统”主题的研究文献数量较少，每年的文献量只有个位数；2016—2018 年，相关研究文献开始增长，2018 年达到了 48 篇；2019—2022 年，相关研究文献大幅度增长，2019 年为 116 篇、2020 年为 124 篇、2021 年为 166 篇，2022 年小幅度下降到 158 篇。相关文献数量年度分布情况体现了 12 年来“创业生态系统”主题逐步成为研究热点的过程。

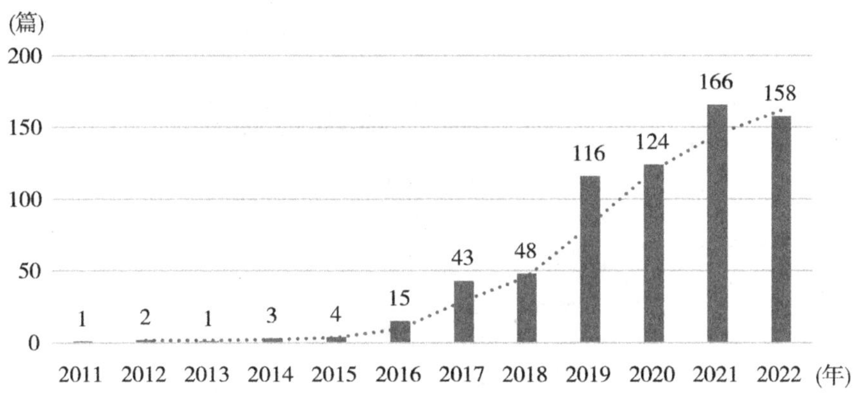

图 2-3 Web of Science“创业生态系统”相关研究文献的时间分布

利用知识图谱软件 VOSviewer，本书绘制了国外“创业生态系统”主题研究文献的关键词共现图谱；本书获得 681 篇文献，选取词频大于 10 的 60 个关键词绘制了共现图谱，呈现出 5 个主题聚类，如图 2-4 和表 2-4 所示。表 2-3 为国内“创业生态系统”相关研究文献关键词词频统计。

本书选用的检索词包括“创业生态系统”，所以在关键词共现网络中，该类关键词出现的频次较高，体现了本研究主题本身。综合图 2-4、表 2-3 和表 2-4 可见，在国外创业生态系统相关主题的研究中，innovation(创新)、policy(政策)、performance(绩效)、growth(成长)、impact(影响)、business(商业)、education(教育)、technology(技术)、management(管理)、start-ups

(初创企业)、determinants(决定因素)、model(模式)、regional development(区域发展)等获得特别关注，体现了国外相关文献注重对创业生态系统影响因素、商业模式以及初创企业对社会经济发展作用等方面的研究。

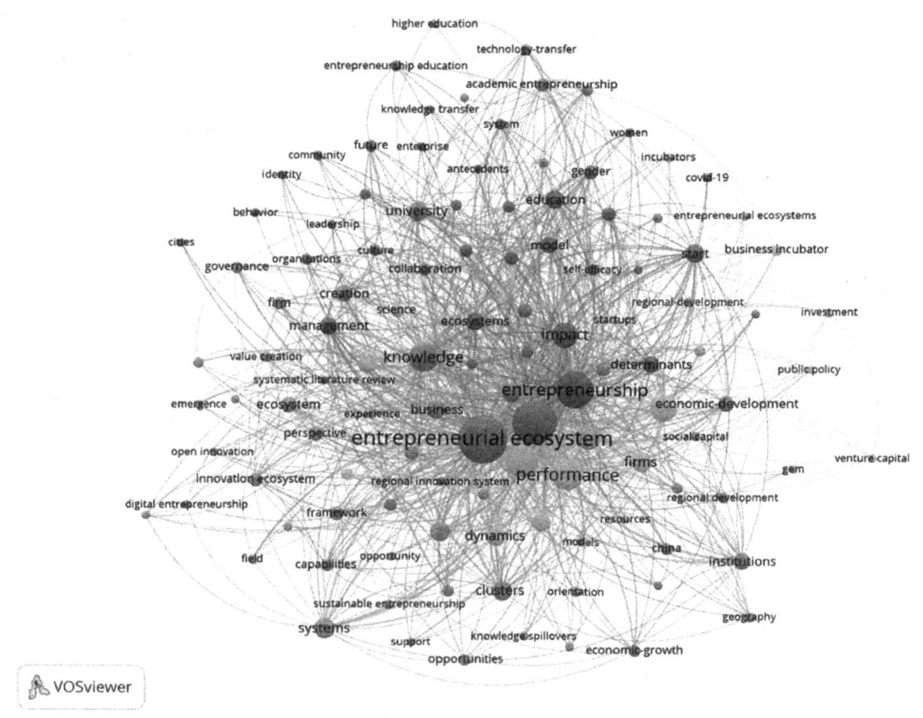

图 2-4 “创业生态系统”相关研究文献关键词共现图谱

表 2-3 **国外“创业生态系统”相关研究文献关键词词频统计**

序号	关 键 词	共现频次	总连接强度
1	entrepreneurial ecosystem(创业生态系统)	311	1550
2	innovation(创新)	255	1441
3	entrepreneurship(创业)	183	959
4	policy(政策)	137	794
5	performance(绩效)	127	793

续表

序号	关 键 词	共现频次	总连接强度
6	knowledge(知识)	111	701
7	growth(成长)	91	532
8	impact(影响)	85	498
9	firm(公司)	70	440
10	ecosystem(生态系统)	56	349
11	networks(网络)	54	301
12	dynamics(动力学)	53	336
13	systems(系统)	52	329
14	university(高校)	50	327
15	clusters(集群)	49	299
16	strategy(策略)	46	259
17	business(商业)	46	285
18	start(初创)	45	238
19	education(教育)	44	295
20	technology(技术)	42	258
21	management(管理)	41	257
22	start-ups(初创企业)	40	245
23	economic development(经济发展)	38	228
24	evolution(进化)	37	232
25	creation(创造)	37	216
26	determinants(决定因素)	37	211
27	model(模式)	35	202
28	institution(机构)	33	167
29	regional development(区域发展)	31	188
30	opportunity(机遇)	29	184
31	industry(产业)	28	153
32	framework(框架)	28	167

续表

序号	关 键 词	共现频次	总连接强度
33	perspective(态度)	27	127
34	entrepreneurship ecosystem(创业生态体系)	27	167
35	gender(性别)	26	147
36	science(科学)	24	143
37	academic entrepreneurship(学术创业)	24	149
38	accelerator(加速器)	24	117
39	context(语境)	24	151
40	innovation ecosystem(创新生态系统)	24	134
41	sustainability(可持续性)	22	124
42	economic growth(经济增长)	21	125
43	social entrepreneurship(社会创业)	21	126
44	research-and-development(研究和开发)	20	124
45	absorptive-capacity(吸收能力)	20	101
46	governance(治理)	20	124
47	business incubator(企业孵化器)	19	113
48	capabilities(能力)	19	122
49	collaboration(协作)	19	129
50	commercialization(商业化)	19	113
51	future(未来)	19	105
52	innovation system(创新系统)	19	126
53	China(中国)	18	91
54	entrepreneurial university(创业大学)	18	97
55	firm performance(企业绩效)	18	84
56	value creation(价值创造)	18	105
57	challenges(挑战)	17	81
58	dynamic capabilities(动态能力)	17	102
59	embeddedness(嵌入性)	17	114
60	entrepreneurship education(创业教育)	16	66

表 2-4 **主要关键词共现主题聚类**

聚类类别	主要关键词
聚类一：创业生态系统运行的影响因素	impact(影响)、university(高校)、start(初创)、education(教育)、creation(创造)、determinants(决定因素)、model(模式)、industry(产业)、entrepreneurship ecosystem(创业生态体系)、gender(性别)、academic entrepreneurship(学术创业)、accelerator(加速器)、context(语境)、social entrepreneurship(社会创业)、collaboration(协作)、commercialization(商业化)、future(未来)、entrepreneurial university(创业型大学)、challenges(挑战)、entrepreneurship education(创业教育)、culture(文化)
聚类二：创业生态系统的商业模式与可持续发展机制	ecosystem(生态系统)、systems(系统)、strategy(策略)、business(商业)、management(管理)、opportunity(机遇)、framework(框架)、perspective(态度)、innovation ecosystem(创新生态系统)、sustainability(可持续性)、governance(治理)、value creation(价值创造)、organization(组织)、sustainable development(可持续发展)、field(领域)、sustainable entrepreneurship(可持续创业)、emergence(涌现)、network(网络)、digital entrepreneurship(数字创业)、open innovation(开放创新)、platforms(平台)、systematic literature review(文献回顾)、business models(商业模式)、experience(经验)、support(支持)
聚类三：创业生态系统对区域创新体系与经济发展的作用	entrepreneurial ecosystem(创业生态系统)、clusters(集群)、economic development(经济发展)、institution(机构)、regional development(区域发展)、research-and-development(研究和开发)、absorptive-capacity(吸收能力)、capabilities(能力)、China(中国)、firm performance(企业绩效)、dynamic capabilities(动态能力)、geography(地理环境)、national systems(国家体系)、regional innovation system(区域创新体系)、emerging economies(新兴经济体)、knowledge spillovers(知识外溢)、models(模式)、social capital(社会资本)

续表

聚类类别	主要关键词
聚类四：初创企业的绩效和成长的影响因素	policy(政策)、performance(绩效)、knowledge(知识)、growth(成长)、firm(公司)、dynamics(动力学)、technology(技术)、start-ups(初创企业)、evolution(进化)、science(科学)、business incubator(企业孵化器)、innovation system(创新系统)、incubators(孵化器)、investment(投资)、public policy(公共政策)、venture capital(风险资本)
聚类五：创业生态系统与企业参与的关系	innovation(创新)、entrepreneurship(创业)、networks(网络)、economic growth(经济增长)、embeddedness(嵌入性)、orientation(目标)、success(成功)、resources(资源)、SMES(中小企业)

③文献研究方向。

结合主要关键词共现主题聚类(见表2-4)，通过研读相关文献，国外“创业生态系统”相关主题的研究主要集中在以下五个领域和研究方向。

第一，创业生态系统运行的影响因素。

在创业生态体系中，高校扮演着重要的角色，高校的教育教学、科学研究以及商业化活动对学术创业、社会创业以及产业创业等产生重要的影响。Borges 等通过对葡萄牙北部地区高等教育机构学习商业管理(business management)、酒店管理(hospitality management)、旅游(tourism)以及商业关系(business relations)等课程的学生发放了调查问卷，经过分析发现：年龄越大的学生，认为创业是进入就业市场第一选择的概率越高；企业管理和酒店管理课程对创业意向的影响最大；学生越是觉得创业准备得充分，就越是把早期教育作为培养创业意愿的关键。①

创业加速器(accelerator)是创业活动中不可或缺的组成部分，它们可以为创业者提供资源、支持以及商业发展所需的帮助。Goswami 等通过对创

① Borges A，Lopes J，Carvalho C，et al. Education as a Key to Provide the Growth of Entrepreneurial Intentions[J]. Education and Training，2021，63(6)：809-832.

业加速器中的大学毕业生、管理者以及生态系统利益相关者的采访调研，分析了印度班加罗尔在创业生态系统发展中加速器的中介作用。① Maritz 等认为大学创业加速器增强了地区创业生态系统，影响了大学创业公司的成功以及地区的发展和繁荣，并以澳大利亚的高校创业加速器为例，探索大学战略意图和实践与大学创业加速器的影响和结果的一致性。②

在创业活动中，学术创业（academic entrepreneurship）、社会创业（social entrepreneurship）是重要的模式，不同的创业模式有着相应的生态系统。Hayter 等阐述了学术创业生态系统的概念、元素和特征，认为高校对社会的经济影响至少在一定程度上取决于高校附属创业企业的成功。③ Sciarelli 等研究了学术创业对大学附属公司经济绩效的影响，特别是创始团队的组成、学术所有权的多样性、CEO 的双重性以及董事会中女性的存在如何影响大学附属公司的成功等。④ Ben letaifa 认为社会创业改变了社区，给贫困和边缘化群体带来了重大变化，分析描述了社会创业是如何产生、发展和扩大的；通过数据分析，强调在创业生态系统中自上而下和自下而上结构相结合的生态系统愿景、社会嵌入的重要性，以及为完成某些活动而制定的社会角色以及与最终用户共同创造的必要性。⑤

---

① Goswami K, Mitchell J, Bhagavatula S. Accelerator Expertise: Understanding the Intermediary Role of Accelerators in the Development of the Bangalore Entrepreneurial Ecosystem[J]. Strategic Entrepreneurship Journal, 2018, 12(1): 117-150.

② Maritz A, Nguyen Q, Hsieh H. Exploring the Strategic Intent and Practices of University Accelerators: A Case of Australia[J]. Sustainability, 2021, 13(19): 10769.

③ Hayter C, Nelson A, Zayed S, et al. Conceptualizing Academic Entrepreneurship Ecosystems: A Review, Analysis and Extension of the Literature[J]. Journal of Technology Transfer, 2018, 43(4): 1039-1082.

④ Sciarelli M, Landi G, Turriziani L, et al. Academic Entrepreneurship: Founding and Governance Determinants in University Spin-off Ventures[J]. Journal of Technology Transfer, 2021, 46(4): 1083-1107.

⑤ Ben letaifa S. How Social Entrepreneurship Emerges, Develops and Internationalises During Political and Economic Transitions[J]. European Journal of International Management, 2016, 10(4): 455-466.

此外，社会文化①、创业者性别②以及技术商业化③等因素对创业活动及生态系统存在着影响，在创业实践中面临众多挑战。为在未来构建更加完善的创业生态体系，需要注重创业教育，努力培养具有创业精神的创业者，并提高他们的科技和文化素质。④

第二，创业生态系统的商业模式与可持续发展机制。

良好的商业模式和管理策略对于生态系统的可持续性和价值创造至关重要。Neumeyer 等提出可持续创业企业的成功和适应对创建更加适应环境和社会一体化的经济体系能力产生了重大影响，可持续的商业模式是实现这一目标的关键组成部分；同时，也认为可持续商业模式的发展是一个复杂的过程，需要一个支持性的创业生态系统。⑤ Urbaniec 等从经济学、战略管理和创新等不同的理论视角出发，确定影响生物经济领域可持续创业商业战略的因素，并采用了三角测量的研究方法，包括创业发现过程，以及成对比较和层次分析过程的多标准方法，明确了经济和金融、市场、技术、生态、组织和人力资源以及法律等核心因素。⑥

在创新生态系统中，创业者需要从机遇的角度出发，以可持续发展的领域为目标，通过数字创业和开放创新来实现组织的可持续性创业。Elia

① Donaldson C. Culture in the Entrepreneurial Ecosystem: A Conceptual Framing[J]. International Entrepreneurship and Management Journal, 2021, 17(1): 289-319.

② Brush C, Edelman L, Manolova T, et al. A Gendered Look at Entrepreneurship Ecosystems[J]. Small Business Economics, 2019, 53(2): 393-408.

③ Huang-saad A, Fay J, Sheridan L, et al. Closing the Divide: Accelerating Technology Commercialization By Catalyzing the University Entrepreneurial Ecosystem with I-corps™[J]. Journal of Technology Transfer, 2017, 42(6): 1466-1486.

④ Hagebakken G, Reimers C, Solstad E, et al. Entrepreneurship Education as a Strategy to Build Regional Sustainability[J]. Sustainability, 2021, 13(5): 2529.

⑤ Neumeyer X, Santos S. Sustainable Business Models, Venture Typologies, and Entrepreneurial Ecosystems: A Social Network Perspective[J]. Journal of Cleaner Production, 2018, 172(4): 4565-4579.

⑥ Urbaniec M, Soltysik M, Prusak A, et al. Fostering Sustainable Entrepreneurship By Business Strategies: An Explorative Approach in the Bioeconomy[J]. Business Strategy and the Environment, 2022, 31(1): 251-267.

等提出了数字创业生态系统的定义，强调了数字输出和数字环境的综合视角，并从数字参与者(who)、数字活动(what)、数字动机(why)和数字组织(how)四个维度分析了数字技术和群体智慧如何重塑创业过程。① Fernandes 等认为数字创业是一种正在兴起的现象，通过相关文献的分析发现研究内容主要有数字创业成功因素、数字创业生态系统和智慧城市、数字创业模式、共享创业平台以及关于创业共创的数字平台等。② Pustovrh 等使用开放创新范式来分析创业支持生态系统的发展，通过利用开放式创新，创业加速器与创业生态系统外的参与者建立了广泛的关系网络，这反过来又增加了系统内的能力，并将其嵌入全球创新系统中。③ Iglesias-sanchez 等认为开放的创新方法有助于创造创业机会，分析了法国和西班牙两个创业生态系统的科技型初创企业如何在利益相关者的参与下获得创业机会。④

创新生态系统是创业活动的重要环境，创业生态系统对创新生态系统也存在重要影响。Grama-vigouroux 等探索创业生态系统的属性及其对创新生态系统的影响，建立了一个由 16 个属性组成的框架。⑤

第三，创业生态系统对区域创新体系与经济发展的作用。

① Elia G, Margherita A, Passiante G, et al. Digital Entrepreneurship Ecosystem: How Digital Technologies and Collective Intelligence Are Reshaping the Entrepreneurial Process [J]. Technological Forecasting and Social Change, 2020, 150(1): 119791.

② Fernandes C, Ferreira J, Veiga P, et al. Digital Entrepreneurship Platforms: Mapping the Field and Looking Towards a Holistic Approach[J]. Technology in Society, 2022 (70): 101979.

③ Pustovrh A, Rangus K, Drnovsek M, et al. The Role of Open Innovation in Developing an Entrepreneurial Support Ecosystem[J]. Technological Forecasting and Social Change, 2020(152): 119892.

④ Iglesias-sanchez P, Fayolle A, Jambrino-maldonado C, et al. Open Innovation for Entrepreneurial Opportunities: How Can Stakeholder Involvement Foster New Products in Science and Technology-based Start-ups? [J]. Heliyon, 2022, 8(12): e11897.

⑤ Grama-vigouroux S, Saidi S, Berthinier-poncet A, et al. Influence of Entrepreneurial Ecosystems on Innovation Ecosystems in Peripheral Regions: The Case of the Champagne-ardenne Region[J]. Industry and Innovation, 2022, 29(9): 1045-1074.

创业生态系统中的机构、企业和集群之间的互动对于区域发展和经济发展至关重要，它们又受到吸收能力、研发能力、地理环境、社会资本等因素的影响。Yun 等分析了商业平台作为创业生态系统对韩国大邱市区域发展的影响。① Lamine 等认为科技企业孵化器是区域创业生态系统的平台和驱动因素，在区域可持续发展中具有关键作用。② Audretsch 等利用 2008—2016 年 267 个 NUTS-3(欧盟标准地区统计单元)欧洲地区的纵向数据，并且应用创业生态系统理论框架研究了创业生态系统类型如何调节各种创业与区域经济发展之间的关系。③ Qian 认为创业可以作为传递知识溢出(knowledge spillovers)的机制，从而有助于区域创新、集群形成和经济发展；这一机制的有效性取决于区域创业生态系统中的各种因素，包括知识基础、吸收能力、竞争、人员网络、多样性和文化等。④

国家和地方的创业创新体系都在努力提高企业绩效和动态适应能力，研究这些相关因素之间的相互作用，建立合适的模式，对于新兴经济体和一般经济体都非常重要。Thomas 等分析了大学在促进创新和创业的区域生态系统发展中的协调作用。⑤

第四，初创企业成长和绩效的影响因素。

---

① Yun J, Won D, Park K, et al. Growth of a Platform Business Model as an Entrepreneurial Ecosystem and Its Effects on Regional Development[J]. European Planning Studies, 2017, 25(5): 805-826.

② Lamine W, Mian S, Fayolle A, et al. Technology Business Incubation Mechanisms and Sustainable Regional Development[J]. Journal of Technology Transfer, 2018, 43(5): 1121-1141.

③ Audretsch D, Belitski M, Audretsch D B, et al. Towards an Entrepreneurial Ecosystem Typology for Regional Economic Development: the Role of Creative Class and Entrepreneurship[J]. Regional Studies, 2021, 55(4): 735-756.

④ Qian H. Knowledge-based Regional Economic Development: A Synthetic Review of Knowledge Spillovers, Entrepreneurship, and Entrepreneurial Ecosystems [J]. Economic Development Quarterly, 2018, 32(2): 163-176.

⑤ Thomas E, Faccin K, Asheim B, et al. Universities as Orchestrators of the Development of Regional Innovation Ecosystems in Emerging Economies[J]. Growth and Change, 2021, 52(2): 770-789.

在创业生态系统中，初创企业受到公共政策、技术、孵化器、创新系统、投资、风险资本等相关因素的影响，这些因素如何影响初创企业的绩效和成长是研究人员的关注点。Van Weele 等探讨了西欧初创企业面临的挑战以及世界各地的孵化器用来应对这些挑战的做法。① Breznitz 等采用创业生态系统框架，以多伦多大学为例，考察了学生初创企业的成长，尤其是那些参与高校加速器的学生初创企业。② Del Sarto 等分析了来自 5 家意大利加速器的 38 家加速创业公司和 38 家非加速创业公司组成的对照组，发现相对于以前的孵化模式，加速器表现出独特特征，并对参与企业的生存率产生不同的影响。③ Gueguen 等认为创业生态系统为初创企业提供了获取资源的环境，并以法国图卢兹创业生态系统中的 163 家初创企业为样本，调查了初创企业对其创业生态系统的依赖，以及当地参与者(属于其创业生态系)在其商业生态系中所占比例背后的驱动因素。④ Loganathan 等关注了印度卡纳塔克邦和泰米尔纳德邦的大学孵化器提供支持的初创企业，通过定量探索性分析，了解孵化器服务利用对初创企业实现技术成果的影响。⑤

第五，创业生态系统与企业参与的关系。

企业参与创业生态系统受到诸多因素的影响，包括企业的目标定位、

① Van Weele M, Van Rijnsoever F, Eveleens C, et al. Start-eu-up! Lessons From International Incubation Practices to Address the Challenges Faced By Western European Start-ups[J]. Journal of Technology Transfer, 2018, 43(5): 1161-1189.

② Breznitz S, Zhang Q, Breznitz S M, et al. Fostering the Growth of Student Start-ups From University Accelerators: An Entrepreneurial Ecosystem Perspective[J]. Industrial and Corporate Change, 2019, 28(4): 855-873.

③ Del Sarto N, Isabelle D, Di Minin A, et al. The Role of Accelerators in Firm Survival: An Fsqca Analysis of Italian Startups[J]. Technovation, 2020(90-91): 102102.

④ Gueguen G, Delanoe-gueguen S, Lechner C, et al. Start-ups in Entrepreneurial Ecosystems: The Role of Relational Capacity[J]. Management Decision, 2021, 59(13): 115-135.

⑤ Loganathan M, Subrahmanya M, et al. Technological Outcome Achievements By Start-ups at University-based Incubators: An Empirical Analysis in the Indian Context[J]. Technology Analysis & Strategic Management, 2022, 34(9): 1004-1019.

获取的资源情况、管理机制、合作网络等。有学者围绕这些因素如何促进中小企业的发展和创新，以及如何提高它们的竞争力和成功率展开了研究。Tabas 等通过对芬兰健康科技生态系统中小企业高层管理人员的半结构化访谈，探讨了激励中小企业参与创业生态系统的驱动因素，包括社会驱动因素(网络与合作、沟通和知识共享)、资源驱动因素(获得资源、正式和非正式支持以及市场准入)和认知驱动因素(共同目标和共同价值观)。① Bichler 等探讨了家族企业家的嵌入如何驱动创业生态系统作为区域创新的背景，进而开发了创业生态系统嵌入性框架，以更好地理解企业家与地方环境三个维度的关系。② Yague-perales 等对硅谷(Silicon Valley)生态系统进行了分析，深入了解了移民企业家在硅谷创办的初创企业的创业流动趋势、前景和期望；并构建了由三个假设组成的分析模型，研究了在硅谷创业生态系统中，风险投资人评估移民企业家创办的项目和初创企业所看重的相关因素。③ 近三年来，新冠疫情对社会经济发展产生了较大的消极影响，创业生态系统以及参与其中的中小企业也未能幸免。Fubah 等探讨新冠疫情对南非创业生态系统的影响以及中小企业面对挑战时的应对机制。④ Rehman 等运用多标准决策方法与态度变化理论(Multi-criteria decision approach and attitude-change theory)，通过调查企业家社会资本(对生态系统信任的三要素，即专家和企业、媒体和政府)与创业成功(个人和

---

① Tabas A, Kansheba J, Komulainen H, et al. Drivers for Smes Participation in Entrepreneurial Ecosystems: Evidence From Health Tech Ecosystem in Northern Finland[J]. Baltic Journal of Management, 2022, 17(6): 1-18.

② Bichler B, Kallmuenzer A, Peters M, et al. Regional Entrepreneurial Ecosystems: How Family Firm Embeddedness Triggers Ecosystem Development[J]. Review of Managerial Science, 2022, 16(1): 15-44.

③ Yague-perales R, Perez-ledo P, March-chorda I, et al. Keys to Success in Investment Rounds By Immigrant Entrepreneurs in Silicon Valley [J]. International Entrepreneurship and Management Journal, 2019, 15(4): 1153-1177.

④ Fubah C, Moos M, Fubah C N, et al. Exploring Covid-19 Challenges and Coping Mechanisms for Smes in the South African Entrepreneurial Ecosystem[J]. Sustainability, 2022, 14(4): 1944.

组织)之间的联系，来检验新冠肺炎后对创业心态的影响。①

2.3.3 国内外研究述评

以上文献综述通过检索国内外具有代表性和权威性的文献数据库，获取并分析了国内外关于众创空间与创业生态系统领域的文献数据，较为全面地梳理了该主题领域的研究情况。“众创空间”这一名词由我国提出，具有中国特色，国内的相关研究聚焦众创空间创新创业生态系统理论内涵与发展状况、运营与发展策略、创新创业教育、商业模式、运行机制与绩效评价等方面。在梳理国外的相关研究方面，本书将文献检索的范围扩大到创业生态系统，研究文献主要聚焦创业生态系统的运行影响因素、商业模式、可持续发展机制，创业生态系统对区域创新体系与经济发展的作用，初创企业的绩效和成长的影响因素，创业生态系统与企业参与的关系等方面。

国内外关于众创空间和创业生态系统研究的文献涉及众多学科，主要有管理学、经济学、教育学、商业、信息科学、环境科学、地理学、心理学等，体现出该研究领域跨学科的特征，同时也反映了众创空间创业生态系统是一个较为复杂的研究主题，不同的研究者从各自的学科专业背景出发找到研究的切入点。

从研究方法上看，相关研究文献主要采用了文献分析法、逻辑演绎法、案例分析法、问卷调查法、实证分析法等。比较而言，国内相关研究较多应用定性分析的方法，通过案例分析总结众创空间创业生态系统发展经验以及运行模式；而国外的相关研究较多采用定量分析方法，通过构建理论模型分析创业生态系统的影响因素、运行机理等。

从以上的国内外相关研究综述可以看出，国内外对众创空间和创业生态系统的研究已经具有一定的规模，积累了大量学术文献资料，一方面对

① Rehman Z, Arif M, Gul H, et al. Linking the Trust of Industrial Entrepreneurs on Elements of Ecosystem with Entrepreneurial Success: Determining Startup Behavior as Mediator and Entrepreneurial Strategy as Moderator[J]. Frontiers in Psychology, 2022(13).

创业生态系统运行和发展的实践经验进行了总结和梳理；另一方面对创业生态系统的内涵、模式、构成要素及其理论基础进行了探索。这些已有研究成果为本研究提供了必要的理论工具、方法指引和资料积累，为进一步在该领域探索提供了坚实的文献保障。

通过对已有研究的梳理和分析，我们发现在众创空间和创业生态系统研究领域仍存在着需要进一步深入探讨的空间。自 2015 年以来，浙江省在众创空间、特色小镇建设和发展上取得了显著的成绩，在实践中形成了较好的创业生态系统，为相关理论研究提供了丰富的"土壤"和实践案例。但从现有文献来看，对浙江省域范围内众创空间创业生态系统进行的研究还不全面、不深入、不系统。通过对国内众创空间创业生态系统文献的梳理，发现直接分析浙江案例的有 15 篇(题名中含有"浙江")，占检索获取文献的 2.4%。由此可以看出，对浙江省众创空间创业生态系统的研究跟不上相关实践的发展，急需加强。此外，特色小镇范式的众创空间创业生态系统构建相关研究也值得进一步探索。

基于以上分析，本书将以创客为核心，以创业企业为研究视角，以众创空间为研究对象，全面系统分析众创空间创业生态系统的构建，重点对生态系统的构成要素及其之间的关系进行梳理和阐述，基于已有实践经验进行理论化的总结。

3 浙江省众创空间发展探析

浙江省是中国经济最发达、最具活力的省份之一，2022年，浙江省生产总值(GDP)达到7.77万亿元，经济总量位居全国第四。多年来，浙江省坚持创业创新，强化创新驱动，加快发展众创空间，在政策、平台、金融、人才、环境等各方面加强建设和引导，努力营造大众创业、万众创新的政策环境和制度环境，取得明显成效。各地众创空间如雨后春笋般蓬勃发展，以杭州、宁波、温州等地区为代表的众创空间，形成了自身的发展特色。

3.1 浙江省众创空间发展历程

通过前文的核心概念辨析我们不难看出，创业孵化器和众创空间既有联系也有区别，但都属于创新创业资源共享空间，两者都是为了促进创新创业发展，为实现创新与创业相结合而提供服务的孵化平台。广义的众创空间，包括传统科技企业孵化器和以创客空间、创业咖啡等形态为主的新型孵化器。① 为深入了解浙江省众创空间的发展，本书从广义众创空间的视角梳理浙江省众创空间的发展。

3.1.1 企业孵化器时期

1987年6月，全国第一家科技企业孵化器“东湖新技术创业中心”诞

---

① 赵宣．杭州众创空间发展探析[J]．杭州学刊，2017，145(3)：29-41.

生。1990年，浙江省第一家科技企业孵化器——杭州高新区科技创业服务中心正式成立，标志着浙江省科技企业孵化器事业正式启航。浙江省科技企业孵化器的发展主要经历了三个阶段：第一阶段(1990—2002年)：探索期，主要为创业者解决“容身”问题。在此期间，大多数孵化器都是政府举办的，主要作用就是减少创业者的创业成本，降低他们的创业风险，为下海创业者提供基本的创业服务。如浙江省第一家国家级科技企业孵化器——杭州高新技术产业开发区科技创业服务中心；浙江省第一家民营的省级科技企业孵化器——颐高科技创业园。第二阶段(2003—2014年)：稳步快速发展阶段，重心主要是解决融资和政策服务问题。2002年7月，浙江省委省政府发布《关于进一步加快民营科技企业发展的若干意见》，提出每年安排资金用于升级重点孵化器建设，2003年有了省级孵化器认定标准和孵化器工作规范标准。通过政府的引导，孵化器从“容身”和基础性服务，升级到了吸引吸收社会上各类资本和资源的投入。杭州市于2003年被科技部认定为科技企业孵化器体系建设试点城市。2008年，由杭州高新区科技创业服务中心、浙江大学科技园发展有限公司、宁波市科技创业中心、绍兴市高新技术创业服务中心、嘉兴科技创业服务中心五家单位发起，成立了浙江省科技企业孵化器协会，为全省孵化器行业的升级发展提供高品质的服务。第三阶段(2015年至今)：提质增效阶段，致力于打造产业生态，为企业发展提供有效资源与专业服务。“双创”推动使“孵化器”成为一个产业，逐渐从泡沫到去泡沫化，朝着高质量发展，孵化载体和创业者一起成长，与企业一起共赢。通过探索“房东+股东”“园区+社区”“基金+基地”等发展模式，实现开放式市场化发展。

浙江省历来重视科技企业孵化器的建设和培育，2021年，浙江省科技厅修订出台《浙江省科技企业孵化器管理办法》，进一步加强科技企业孵化器规范管理，营造良好的创新创业生态环境，为加快高水平创新型省份建设提供保障。浙江省在孵化器建设上取得了突出的成就，培育了一大批知名的高成长性企业。国家火炬统计系统统计数据显示，截至2021年年底，浙江省国家级孵化器的数量增至109家，拥有各类科技企业孵化器共计

519 家，共有孵化场地面积 1059.08 万平方米，孵化企业数量达到了 1.95 万家，吸纳集聚从业人员 20.27 万人，累计毕业企业 1.87 万家，其中上市(挂牌)企业 415 家，当年度毕业的 2690 家企业中高新技术企业有 242 家。① 企业孵化器在推进创新创业、培育高新技术产业和企业、吸纳社会就业和海外高层次人才创业等方面发挥了积极作用，并培育了一大批知名的高成长性企业，对浙江的经济发展起到了意义深远的推动作用。

3.1.2 新型孵化器时期

以科创中心等为代表的科技孵化器受众群体有限，对创业项目本身有较高的要求，服务对象大多是高新技术企业、科技型企业以及创业型企业，往往需要通过审核才能进入园区进行孵化，这使得很多具有创新创业想法的小团队无法享受到孵化器的创业资源。于是，专注于创新创业服务链架构的新型孵化器应运而生。新型孵化器是创新 2.0 模式下，将科技、创业者、资本、市场等各种资源有效地组织起来，最终形成一个具有完整创业生态链的创业服务平台。②

浙江省的新型孵化器主要有创业咖啡、创业加速器和创客空间等不同形式，与传统的企业孵化器相比，具有受众企业更广泛、参与主体更多元、服务链条更完整的特点。2011 年 11 月，国内首个由艺术院校建立的创客空间“洋葱胶囊”在中国美术学院成立(浙江杭州)。“洋葱胶囊”由几位来自中国美术学院跨媒体艺术学院的学生创建，为热爱艺术设计、新媒体以及 DIY 的人群提供创作交流平台，在保留其开放性、创造性以及友好交流环境的同时，还将创客空间逐渐发展成一个作品的发布平台。③ 2013 年 12 月，省内第一家由创客自愿组成的创客空间——西湖创客汇(又称杭

① 浙江省新增 14 家“国字号”科技企业孵化器[EB/OL].[2023-03-08]. https://www.most.gov.cn/dfkj/zj/zxdt/202205/t20220512_180646.html.

② 赵宣.杭州众创空间发展探析[J].杭州学刊，2017，145(3)：29-41.

③ 段浩，陈颖.中国创客空间地图与发展模式[J].中国工业评论，2015，7(7)：58-65.

州创客中心）成立，性质为非营利性的社会组织，是中国最早的创客空间之一。西湖创客汇致力于帮助年轻人利用技术发展自我、改变世界，帮助工程师拓展人脉，在更大的范围发挥个人价值。其孵化服务体系主要由创客师友团、智能硬件和 STEAM 支持小组以及多个系列创客沙龙构成，具有创新辅助、项目孵化、交流与展示、资源共享等职能。西湖创客汇 2015 年被科技部评定为首批国家级众创空间，是 CMSU 中国创客空间联盟的发起单位之一。这一时期的新型孵化器非常类似于国外的创客空间，即以兴趣为导向，非营利化运营，向创客提供开放的物理空间和加工设备，鼓励创客跨界交流，创办创客工坊，最终实现知识共享和协同创新及创意产品化，是浙江省众创空间的前身和缩影。①

3.1.3 众创空间时期

自“大众创业、万众创新”成为国家战略之后，全国掀起了一股创新创业的风潮。2015 年 3 月，国务院办公厅出台《关于发展众创空间推进大众创新创业的指导意见》，部署推进大众创业、万众创新工作。《意见》指出，顺应网络时代大众创业、万众创新的新趋势，加快发展众创空间等新型创业服务平台，营造良好的创新创业生态环境，是加快实施创新驱动发展战略，适应和引领经济发展新常态的重要举措，对于激发亿万群众创造活力，打造经济发展新引擎意义重大。浙江作为全国创新创业的排头兵，民营企业发达、民间资本活跃、互联网信息技术领先、创新创业氛围浓厚、自然环境优越，一直以来都是改革创新的主力。浙江省历来高度重视“双创”工作，自 2015 年以来，陆续出台了《关于加快推进创新驱动发展战略实施工作的通知》《关于加快发展众创空间促进创业创新的实施意见》《浙江省众创空间备案管理办法》《浙江省众创空间管理与评价试行办法》《关于推广应用创新券推动“大众创业、万众创新”的

① 张伟良，刘长虹，胡吕平．众创空间广东模式[M]．北京：光明日报出版社，2017：22-23.

若干意见》《浙江省人民政府关于强化实施创新驱动发展战略深入推进大众创业万众创新的实施意见》《浙江省制造业"双创"平台培育实施方案》等一系列政策文件，为双创工作保驾护航。在政策利好的推动下，各地的众创空间如雨后春笋般不断涌现。

从发展历程来看，浙江省众创空间建设大致经历了三个阶段：(1)初创阶段。政府或者社会组织通过整合闲置的创业资源，搭建具有共享办公、交流分享等服务功能的物理空间，为创客提供办公场所及办公用品等最基本的服务。① 此时的众创空间大多不具备提供其他专业服务的能力，仅仅解决了创客部分硬件需求。(2)成长阶段。在满足了创客办公和硬件需求的基础上，利用自身独特的创业资源和创业服务能力，为创客提供相对专业的创业服务。如由行业组织发起成立的众创空间，为创客提供创业各个阶段所需的宝贵行业资源。还有些众创空间主要针对解决初创企业的资金问题，以资本为核心和纽带，聚集各类投融资机构，为创客提供投融资服务。此类众创空间的"专业"服务能力不断增强，但未能形成全链条的创新创业服务体系。(3)成熟阶段。在政府的扶持和引导下，依托产业基地或者高教园区，通过市场化的运作模式，在金融服务、法律咨询、人才招引、技术创新、产品推介、管理提升等各个方面为企业提供专业的全链条式服务。此类"众创空间"拥有综合的创业生态体系，典型代表为梦想小镇、云栖小镇等。

根据《中国火炬统计年鉴》的统计数据显示，2017—2019年，我国众创空间的数量不断增长，增速均在15%以上。截至2019年年末，我国共有8000个众创空间，较2018年年末增长了15%，国家备案的众创空间数量达1888家。据浙江省科技创新"十三五"规划实施情况报告统计：浙江省各类科技企业孵化器和众创空间达967家，其中国家级188家，各类创投机构1800多家，管理资本超6800亿元。

---

① 李泽众."众创空间"发展的浙江路径[J].浙江经济，2015，570(16)：25-26.

3.2 浙江省众创空间的数量与区域分布

3.2.1 整体数量

据浙江省科技厅公布的数据，截至2022年5月，全省纳入省级备案的众创空间共696家，分年度如下：2015年21家(通过2015年科技部备案，直接视为通过省级备案)、2016年108家、2017年141家、2018年99家、2019年120家、2020年110家、2021年97家。据科技部火炬中心公布的数据，截至2022年5月，全省纳入国家备案的众创空间共212家，分年度如下：2015年21家、2016年59家、2017年40家、2018年和2019年连续两年对前三年的备案情况进行了审核，2018年全部审核通过，2019年通过备案114家、取消备案6家，2020年49家、2021年49家，如图3-1所示数据表明，自2015年国务院出台大力发展众创空间的指导意见后，浙江省各地掀起了一轮众创空间建设的热潮，国家级、省级备案的众创空间数量从2015年开始逐年递增，到2017年达到峰值。从2018年开始，众创空间的建设开始从数量扩张转为内涵式发展，国家级、省级备案的众创空间数量也呈现平稳发展的态势。从整体来看，浙江省国家级、省级众创空间的数量位居全国前列。

3.2.2 区域分布

由于历史和区位因素，浙江省各地区经济发展存在较大的差异，众创空间在全省的区域分布上也呈现出不均衡的态势。总体来看，浙北地区的众创空间发展较快，聚集度高，领先于其他地区。杭州是浙江的省会，也是国家历史文化名城和国际风景旅游城市，区位优势明显、人才资源丰富、市场机制成熟、政府服务高效、产业基础雄厚，不仅是“生活居住的天堂”“旅游休闲的天堂”，更是“投资创业的天堂”。其在众创空间的建设方面处于绝对领跑地位，通过备案的省级众创空间194家，在全省的占比高达27.9%，

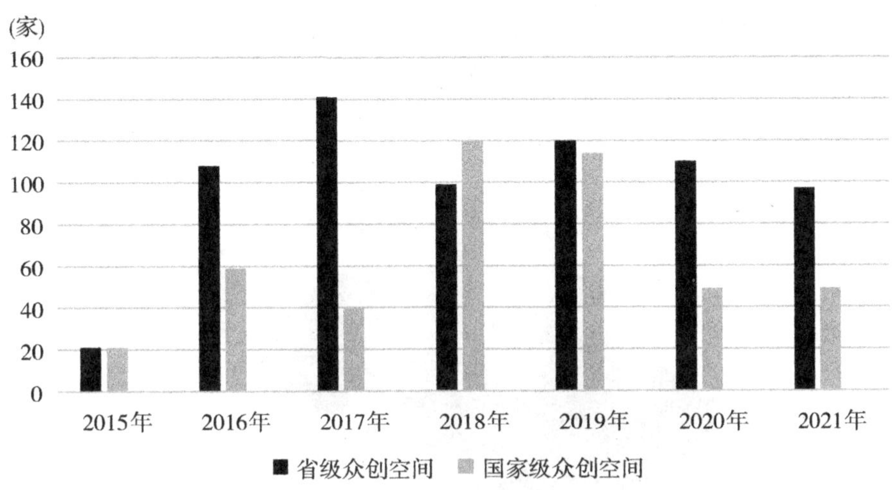

图 3-1　2015—2021 年浙江省众创空间备案情况分布图

（根据浙江省科技厅公布的数据和科技部火炬中心公布的数据整理绘制）

国家备案的众创空间 99 家，占比高达 46.7%。除杭州外，浙北的湖州、绍兴、嘉兴等地的众创空间建设情况也非常不错。宁波是中国首批沿海对外开放城市、计划单列市和副省级城市，众创空间的建设情况处于浙东地区的领先位置，通过备案的省级众创空间 74 家，占全省的 10.6%；国家备案的众创空间 34 家，占全省的 16.0%。温州是中国首批沿海对外开放城市，是中国"长三角"和"海西"经济区中心城市之一，是中国民营经济的发祥地，众创空间的建设情况在浙南地区领跑，通过备案的省级众创空间 70 家，占全省的 10.1%；国家备案的众创空间 19 家，占全省的 9.0%。除丽水市没有国家备案的众创空间外，其他各地市都建有省级、国家级众创空间，地理分布如图 3-2 所示。据浙江省科技厅公布的数据，截至 2022 年年底，纳入省级备案的众创空间在全省 11 个地市的空间分布如下：杭州市 194 家、宁波市 74 家、温州市 70 家、嘉兴市 37 家、湖州市 93 家、绍兴市 91 家、金华市 46 家、衢州市 18 家、舟山市 16 家、台州市 41 家、丽水市 16 家。据科技部火炬中心公布的数据，截至 2022 年 5 月，纳入国家备案的众创空间在全省 11 个地市的空间分布如下：杭州市 99 家、宁波市 34

家、温州市 19 家、嘉兴市 20 家、湖州市 14 家、绍兴市 7 家、金华市 5 家、衢州市 3 家、舟山市 2 家、台州市 9 家，如图 3-3 所示。

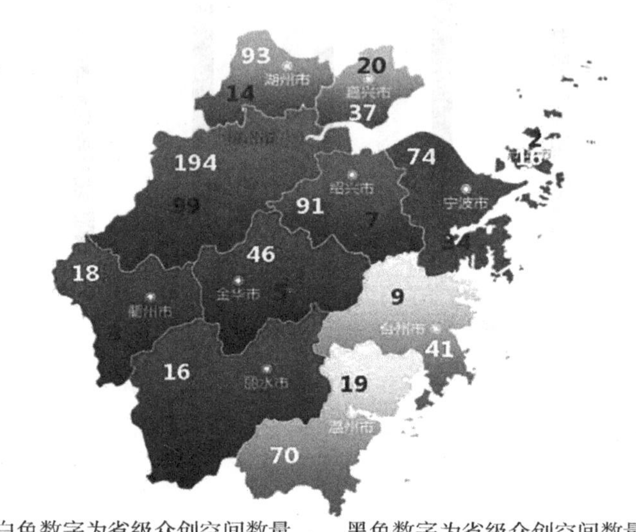

白色数字为省级众创空间数量　　黑色数字为省级众创空间数量

图 3-2　浙江省国家级/省级众创空间区域分布地图(笔者自绘)

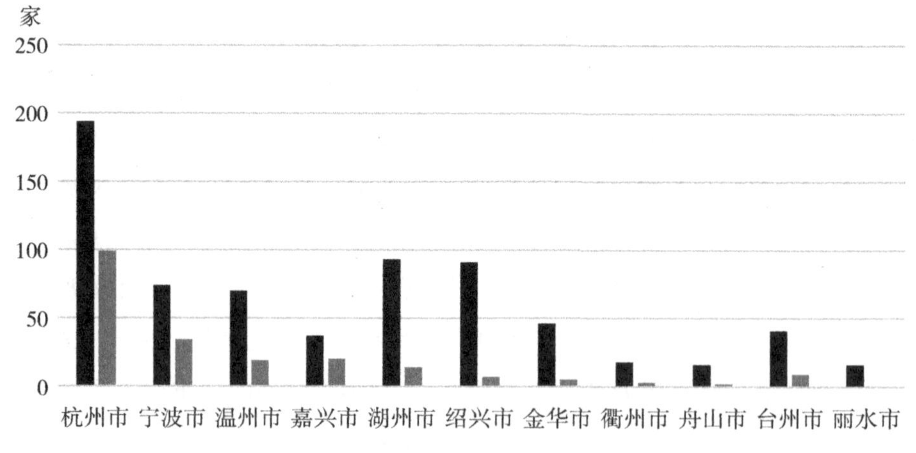

图 3-3　浙江省国家级/省级众创空间数据分布图

(根据浙江省科技厅公布的数据和科技部火炬中心公布的数据整理绘制)

3.3 浙江省众创空间主要模式和特征

3.3.1 建设类型

众创空间类型模式多样，中投研究院按照功用和特征，将众创空间划分为培训辅导型、投资驱动型、活动聚合型、媒体驱动型、地产思维型、产业链服务型、综合创业生态体系型七种模式。① 毛大庆主编的《中国众创空间行业发展蓝皮书——中国众创空间的现状和未来》，根据众创空间组建方式、创业服务内容和运营模式等方面的不同，将我国众创空间分为专业服务型、培训辅导型、媒体延伸型、投资促进型、联合办公型和综合生态型六大类。② 杭州市政府研究室调研组根据运作主体、产业定位、组织形式等方面的不同，将杭州众创空间界定为六种模式，即俱乐部模式、社团模式、企业模式、物业模式、政府主导模式、虚拟空间模式。③

笔者结合以上众创空间类型模式划分的原则、方法以及对浙江省众创空间的实地调研，按照众创空间的建设主体、特征和功能进行分类。依据建设主体，全省的众创空间可划分为企业创办、高新科技园创办、高校创办、科研机构创办或多类主体联合共建 5 种类型。按照功能和特征，可将全省的众创空间分为培训辅导模式、企业平台模式、投资驱动模式、媒体依托模式、产业导向模式、小镇融合模式 6 大类。

①按照建设主体分类。

企业主导型。基于企业现有的创新创业资源，通过市场化的方式为创客提供高效便捷的创新创业服务。前期不追求初创企业马上带来利润，着

① 众创空间在中国：模式与案例[J]. 国际融资，2015，176(6)：47-51.

② 毛大庆. 中国众创空间行业发展蓝皮书——中国众创空间的现状和未来[M]. 杭州：浙江人民出版社，2016：24.

③ 俞义，王柏军，范海霞. 杭州“众创空间”发展现状研究[J]. 杭州科技，2015，213(3)：17-22.

眼于企业在现有的技术平台上实现突破和创新，强调的是创业项目的开发和孵化，具有鲜明的市场化属性。如杭州科畅科技咨询有限公司运营管理的贝壳社、杭州汇文教育咨询有限公司运营管理的西湖创客汇、宁波佰事通商务服务有限公司运营管理的佰事通众创空间等。

高新科技园区主导型。依托高新科技园(产业园)自身的政策优势和产业优势，通过整合上下游产业链，服务于创业企业的发展。把同类的创业企业集聚在园区内，企业之间通过优势互补、专业分工形成一个相对稳定的竞争优势集体，众创空间的集群效益大大降低了创业企业的运营成本。如杭州市拱墅区经济发展投资有限公司运营管理的杭州北部软件园众创空间、宁波经济技术开发区数字科技园开发有限公司运营管理的数字科技园众创空间、义乌市陆港电子商务园区有限公司运营管理的陆港电商小镇孵化中心等。

高校主导型。一般由高校或高校直属管理部门(学院)建立，利用自身的人力资源、教育资源、校友资源等优势，为创客提供创业教育、培训辅导、智力支持等专业化服务。主要的服务对象是高校师生和校友，具有组织属性的公益性、服务对象的特定性、功能定位的综合性等特征。如浙江大学国家大学科技园运营管理的浙江大学 e-works 创业实验室、温州大学运营管理的温州大学众创空间、宁波财经学院运营管理的 BM-Lab 众创空间等。

科研机构主导型。充分利用科研院所的人才、技术、信息等资源优势，提高科研成果的转化率，从而实现科研成果的市场化、产业化。此类众创空间的建设为打造“研发—转化—生产”良性循环的创新产业链提供了创新创业服务平台，为推进产学研用深度融合发挥着重要作用。如宁波中国科学院信息技术应用研究院运营管理的宁波中科院创客空间、西安电子科技大学宁波信息技术研究院运营管理的西电筋斗云众创空间、杭州青创教育科技研究院运营管理的青创迭代空间等。

多方联合共建型。此类型众创空间主要是由政府、科技园、高校、企业等多方参与建设，着眼于创业的全过程，为创客(企业)提供全链条、全过程、全周期的创新创业服务，具有市场化、专业化、集成化、网络化的特征。如杭州市余杭区未来科技城的梦想小镇、杭州市西湖区的云栖小镇等。

②按照功能和特征分类。

培训辅导模式。该模式众创空间一般由高等院校或教科研机构搭建，以提高创业者的创新意识和实践能力为目标，利用其智力资源、教育资源和平台资源，邀请知名校友、创投专家、行业专家等作为创业导师，对创业者进行创业教育和培训辅导。在实践环节，为大学生或者创业者提供实验室、工作坊，通过创业大赛、项目路演、企业孵化营的方式，鼓励创业者将理论应用到具体的创业项目之中，实现理论教育与创业实践的深度融合。该类众创空间的管理运营主体多为高等院校，具有一定的公益属性。如浙大科技园 UU 咖啡、紫牛公社、万里笃创、瓯江 7 号众创空间、温商·众创空间、风华青创园等。

企业平台模式。该模式众创空间的主导者通常为大型科技企业，大多拥有自己的核心技术和超强的资金实力，可利用其丰富的企业资源和市场渠道，为创业者提供高效便捷的创业服务。其目的主要在于打造创业孵化服务平台，吸纳社会上优质的创业项目和创业团队，通过提供专业技术服务、产业链资源和社交网络，为其带来新技术、新产品和新的商业模式，而自己亦可寻觅有助于打造未来新型业务模式的潜力股，为主导企业的产业拓展提供支持。如阿里巴巴集团联合余杭区政府、天使湾和 B 座 12 楼等国内知名孵化器、投资基金打造的百川创业基地，主要面向初创的 APP 移动开发者，提供包括创业资金、入驻场地等硬件资源，以及创投对接、创业指导、技术培训、实战集训等软性服务和免费阿里云服务资源包等系列创业扶持，帮助创业团队用最少的资金顺利度过起步阶段，提升创业效率，实现创业梦想。

投资驱动模式。该模式众创空间主要由创投机构主导，以资本为核心和纽带，以优质创业项目的汇聚和遴选为前提，以空间提供为基础，以配备创业导师等资源为条件，为创业企业提供“融资+辅导”服务，解决初创企业的融资问题和创业辅导问题。该模式的众创空间聚集众多的天使投资人和投融资机构，通过邀请创业投资人、知名企业家、创业导师以及行业专家，为初创企业提供创业指导，帮助创业者获取创业资金，减少创业障碍，降低创业风险。该模式的众创空间主要通过对优质创业项目的投资培育，获得企业成长的红利，从而实现创业者和投资人双赢的局面。简而言之，就是“帮项目找资金，帮资金找项目”。浙江省一大批优秀的众创空间，从一开始就坚持以“天使+孵化”的发展模式，将创业投资与企业孵化紧密结合，如创新工场、启迪之星孵化器、洪泰创新空间、联想之星天使湾、投哪儿等。

媒体依托模式。该模式众创空间主要由创业媒体成立，利用自身跟踪报道创业投资行业和企业发展路径的经验和优势，通过线上线下相结合的方式，对入驻企业和创客进行包装、宣传和舆论引导，最终吸引各类资源的介入，包括天使投资人(投融资机构)、企业家、创业导师等。除此之外，还通过举办创新创业大赛、创业集中训练营、深度创业咨询等方式，为创客和创业项目宣传和造势。此类众创空间自身的媒体平台大多有着强大的盈利能力，不着急短期获利，让空间更加专注于企业的宣传推介和项目孵化。如浙江日报报业集团旗下的传媒梦工场，致力于新媒体领域的项目投资与推介，主要投资方向为基于互联网文化传媒和 TMT 领域早期项目。已有的投资案例有虎嗅网、宏博知微、海博智讯、微拍、音乐天堂、创新派、车商通、房产销冠、170CM、韦德福斯、言妙科技、SegmentFault、雷科技、稠堡资讯等。

产业导向模式。该模式众创空间大多依托开发区、产业园建设，主要以某区域特定方向的初创企业作为服务对象，针对某一具体产业进行定向孵化。依托产业集聚和技术创新优势，为创业企业提供技术攻关、天使投资、团队融合、行业资源对接等服务，帮助初创企业实现技术成果转化，助力企业快速成长。此类众创空间围绕地域特色与市场优势，积极培育和引进关联性大、成长性好的初创企业，对加快区域产业集聚、形成规模效应具有十分重要的意义，从而真正实现政府战略引导、专业公司运营、龙头企业带动、公共平台支撑的创业服务链条。如吴兴众创空间、创客公社、“海蓝宝”众创空间、启迪之星(宁波)众创空间等。

小镇融合模式。特色小镇发源于浙江，2014 年在杭州云栖小镇首次被提及，是在新的历史时期、新的发展阶段的创新探索和成功实践。在浙江“特色小镇”的概念中，特色小镇“非镇非区”，而是具有明确产业定位、文化内涵、旅游和一定社区功能，不同于行政建制镇和产业园区的创新创业平台。① 浙江省特色小镇的发展落脚点和核心是产业，特色小镇通过聚集高端要素，为构建特色产业打造了良好的产业生态系统，进而推动小镇的可持续发展。因此可以说，特色小镇是一种产业空间组织形式，是块状经济和产业集群演进发展的必然结果，也是区域经济从投资驱动转向创新驱动的内在要求。② 特色小镇按照“政府引导、企业主体、市场化运作”的原则构建，采用“小政府大市场”的模式运营。③ 通过打造“创业苗圃+孵化器+加速器”的全程孵化链条，形成一个相对集中的空间使创新创业者获得更多的机会，并为他们提供全方位的服务。浙江省甚至有着明确的规定：特色小镇必须是一个开放共享的众创空间，所有配套设施必须围绕涵养产业服务。随着一个个众创空间在特色小镇的开花结果，与特色小镇相得益彰。特色小镇正成为产、镇、人三者有机融合的众创空间。定位于新型“众创空间”、大“孵化器”、青年创业社区的梦想小镇已成为浙江特色小镇建设的范式和样板。

3.3.2　主要特征

①众创主体多元化。

浙江的众创主体包括多类群体，既有高等院校、科研院所“下海”创业

---

① 黄育华．中国特色小镇发展报告(2018—2019)：中国特色小镇竞争力评价[M]．北京：社会科学文献出版社，2020：5.

② 盛世豪，张伟明．特色小镇：一种产业空间组织形式[J]．浙江社会科学，2016，235(3)：36-38.

③ 郁建兴，张蔚文，高翔，等．浙江省特色小镇建设的基本经验与未来[J]．浙江社会科学，2017，250(6)：144.

的有识之士，也有学成归来的“海归”，还有从企业走出二次创业的企业白领(高管)以及众多的草根创业者。他们大多比较年轻，有活力有激情，涉足的领域较广，拼的是创意、研发和创新。形成了以“新四军”为主体的创新创业队伍：一是以浙大为代表的高校系；二是以阿里巴巴 IPO 以后连续创业的阿里系；三是以“国千”“省千”人才为代表的海归系；四是新生代浙商系。① 在年龄结构上，以“70 后”“80 后”居多，大多接受了系统的高等教育，整个众创主体呈现出多元化的趋势。

②众创服务市场化。

浙江省众创空间的建设主体多样，除了国企、高校和科研院所等具有国资性质建设主体外，还有大企业集团、教育培训机构、科技中介服务机构、传统媒体、创业投资机构、连续创业者等各类建设主体。虽然众创空间建设主体的背景不同，但是大多成立了市场化运作的独立平台，有明确的市场定位，商业模式也呈现出不同的特点，众创服务具有明显的市场化特征。创新创业服务逐渐由政府为主转向市场发力，现代市场体系的发展催生出一大批市场化、专业化的新型创业孵化机构，提供投资路演、交流推介、培训辅导、技术转移等增值服务，天使投资、创业投资、互联网金融等投融资服务快速发展，为创新创业提供了强大的资本推力。②

③运营模式多样化。

经过前期的探索和实践，浙江省众创空间完成了从“初创—成长—成熟”的蜕变，呈现出百花齐放、百家争鸣的发展态势，形成了以“创业投资+”为核心，专业化服务为特色和支撑的发展模式。③ 主要包括“公益组织+专业政策”“早期投资+垂直领域专业服务”“创业社区+开放办公”“战略投资+产业链+创业导师”“产业生态整合”“融资平台+孵化服务”“产业+金融+生产多平台融合”“云服务+设计”“女性主题创业”等多种运营孵化

① 秦一. 拓展众创空间 优化创业生态[N]. 浙江日报，2016-04-19(15).

② 大众创新创业呈现出新特点[EB/OL]. [2023-03-10]. https://www.safea.gov.cn/ztzl/lhzt/lhzt2015/twbblhzt2015/twdzcxcy/201503/t20150303_118370.html.

③ 众创空间在杭州：百家争鸣[J]. 杭州科技，2016，217(1)：31-35.

模式。

④投资融资链条化。

2014 年被称为中国天使投资的元年，在国家鼓励创新创业的背景下，天使投资活跃度持续上升，投资规模快速增长。由于投资阶段的加速前移，初创企业和团队备受投资人关注。天使投资人应运而生，顺流而上，乘势而长，队伍逐渐壮大，作用日渐显现，贡献不断突出，已经成为与我国创投行业机构创投(即基金创投和企业创投)并驾齐驱的个人创投这一重要投资主体，形成了由机构创投和个人创投“双轮驱动”的发展态势，在共同发挥支持创新创业、助推实体经济、促进高新产业、助力小微企业等功能的同时，天使投资人发挥了机构创投难以发挥的独特功能。① 浙江是互联网金融的先发地，浙江省政府把推动金融与互联网深度融合作为重要的战略方向，支持金融企业更好地借助互联网技术，探索金融服务新模式、新业态，进一步提升金融服务效率，拓宽金融服务覆盖面。② 众创空间利用互联网金融、股权众筹融资等方式，加强与天使投资人、创业投资机构的合作，引导各类产业投资基金对产业链、供应链上下游企业联动投资，强化对产业链整体的融资支持力度，并在提供投融资服务的同时，以股权投资等方式与企业建立股权关系，实现众创空间与创业企业的捆绑发展，增强了创业企业的抗风险能力。

⑤发展方向专业化。

科技部于 2016 年印发了《专业化众创空间建设工作指引》，引导众创空间往专业化方向发展，鼓励具有产业链资源整合能力的创新主体建设专业化的众创空间，为创业者提供精细化、专业化的服务。目前浙江省专业化众创空间分布和服务的产业领域主要集中在互联网金融、大数据、云计算、新能源、新材料、生物医药、高端装备制造等新兴产业。依托高校、科研院所、高新技术企业，打通科技成果转化通道，搭建产业落地平台，

---

① 沈志群：时代呼唤天使投资人[EB/OL]. [2023-03-10]. http://js-vc.org/article-34710-105252.html.

② 朱从玖. 普惠金融的浙江探索[J]. 中国金融，2016，845(23)：9-10.

催生和孵化了大量的科技型中小企业，在促进产业转型升级、推动区域经济高质量发展等方面发挥了重要作用。如专注于医疗健康领域的贝壳社，致力于创业研究、创业教育、创业社群建设的青创迭代众创空间，拥有动漫游戏领域产业链优势的泰豪众创空间等。

⑥政策支持集成化。

国务院印发的《关于大力推进大众创业万众创新若干政策措施的意见》指出：要构建普惠性政策扶持体系，推动资金链引导创业创新链、创业创新链支持产业链、产业链带动就业链。自 2015 年启动众创空间建设以来，浙江省人民政府以及相关部门先后出台了一系列支持众创空间建设发展的政策文件(详见附件政策文件清单)。包括科技部门的创新创业政策、财政部门的财政科技计划专项(基金)政策、工信部门的中小微企业发展政策、金融部门的创业信贷政策、税务部门的创业税收政策、工商部门的市场准入政策、人社部门的创业扶持政策、发改部门的产业政策等。通过全面集成国家、地方、产业方面政策，实现各条线政策的有机融合。各级部门围绕企业对政策服务的需求，提供政策宣传、咨询等服务，提升政策知晓率，扩大政策覆盖面，切实打通政策落地“最后一公里”，为创新创业提供有力的政策支撑。

4 众创空间创业生态系统的构建与阐释

众创空间创业生态系统是国家创新创业体系的重要组成部分，对推动创新创业高质量发展、打造“双创”升级版具有重要的战略支撑作用。对众创空间创业生态系统的理论内涵进行分析和阐述是深入开展实证研究的基础。鉴于此，本章在前文对众创空间创业生态系统进行文献综述的基础上，结合浙江省众创空间建设发展情况，尝试构建众创空间创业生态系统结构模型，旨在探究众创空间创业生态系统各圈层构成要素和众创空间的运行机制，以期为我国创业管理理论发展提供参考。

4.1 众创空间创业生态系统分析

4.1.1 众创空间创业生态系统的内涵

众创空间是在“大众创新、万众创业”时代诞生的，在国务院办公厅印发的《关于发展众创空间推进大众创新创业的指导意见》中指出，众创空间是一种能有效满足大众创新创业需求、具有较强专业化服务能力，低成本、便利化、全要素、开放式的新型创业服务平台。目的是通过构建一批成本低、便利化、全要素的众创空间，为创业者提供良好的工作空间、网络空间、社交空间和资源共享空间。① 可见，众创空间在功能上具有满足

① 贾天明，雷良海，王茂南．众创空间生态系统：内涵、特点、结构及运行机制[J]．科技管理研究，2017，37(11)：8-14.

创新创业需求的服务性，在服务对象上具有包容性和大众化，在形态上具有聚集性和开放性，是聚集了众多创客和创业团队并提供各类资源和服务的创新创业平台。① 形成了汇聚创客、政府、高等院校、科研院所、上下游企业、消费者群体、第三方服务机构等多种创新创业要素的双创生态网络和众创空间生态系统。

生态系统理论认为，个体不是单独存在的，而是嵌入周围环境中并与各要素发生合作、竞争或交换等行为，个体的发展变化是个体发展的生态环境系统适应性调节的必然结果。② 参照自然生态系统定义，我们可以把众创空间创业生态系统理解为众创空间及其与之相互依存的各个要素构成的生态系统，具有生态性、动态性和平衡性的特点。③ 众创空间创业生态系统是借喻自然生态系统概念而提出的，与自然生态系统中的生物个体具有相似的特征，众创空间创业生态系统的运行规律在很多方面和生物生态领域中的规律相似，因此，可以把创业企业看作一个生命有机体，把它与其他相关企业、组织和机构之间相互作用、相互影响而形成的系统看作众创空间创业生态系统。④

国内外学者对众创空间创业生态系统的理论内涵与发展状况从不同的视角进行了研究，在学界中关于众创空间创业生态系统的定义众多。根据前文对众创空间、创业生态系统等核心概念的辨析，结合创业生态系统理论、价值共创理论以及开放式创新理论，笔者把众创空间创业生态系统定义为：在特定的区域内，以创客为核心，以众创空间为纽带，以“大众创业、万众创新”为宗旨，以创新成果产出和创业企业成长为目标，以政府

---

① 杨艳娟，应向伟，叶灵杰．众创空间生态体系：理论检视、系统建构与发展策略——以浙江省为研究视域[J]．科技通报，2017，33(1)：254-258.

② 邢喻．众创空间生态系统的构建与生态赋能机制研究[D]．杭州：浙江工业大学，2020.

③ 汪群．众创空间创业生态系统的构建[J]．企业经济，2016，434(10)：5-9.

④ 刘文光．区域科技创业生态系统运行机制与评价研究[D]．天津：天津大学，2012.

（管委会）、高等院校、科研院所、金融机构、上下游企业以及各类服务机构为支撑，众多与创新创业紧密联系的组织以及要素在特定地理空间上的聚合，从而形成紧密合作、资源共享、价值共创、风险共担和动态演进的生态系统。所以，众创空间可以说是创业生态系统的一种具体表现形式，而创业生态系统在一定程度上则是众创空间的理论抽象。①

4.1.2　众创空间创业生态系统的构成要素

国内外关于创业生态系统要素的研究众多，学者们对于创业生态系统要素的划分与其内涵的界定，主要分为两种主流观点，一是以 Isenberg、Suresh & Ramraj、李明洙等为代表的环境观，他们认为创业生态系统是由特定区域内影响创业活动的内外部环境因素交互形成的；另外是以 Cohen、Vogel、Mason & Brown、张晨琦、刘文光等为代表的系统观，他们认为创业生态系统不仅包括直接影响创业活动的外部环境因素，也包括相互影响、彼此依存形成复杂动态网络的创业群落。② 表 4-1 汇总了国内外相关领域的学者对创业生态系统要素研究的相关情况。

从表 4-1 中我们不难看出，国内外学者对创业生态系统构成要素的研究主要集中在创业主体和创业环境两个方面。众创空间作为“双创”活动的主要载体，是创业生态系统的重要组成部分，在研究创业生态系统构成要素的基础上，结合众创空间在创新创业活动中的特点，分析众创空间创业生态系统的构成要素，有助于众创空间创业生态系统模型的构建。综上，结合前期的调研和访谈，本研究认为，众创空间创业生态系统作为一个有

① 余杰．创业企业视角下众创空间创业生态系统运行与优化研究［D］．杭州：杭州师范大学，2021.

② 张晨琦．创业生态系统中新创企业成长演进机制研究［D］．天津：天津大学，2018.

表 4-1　　　　**创业生态系统构成要素汇总表**

研究视角	代表作者	构成要素
环境观(创业生态系统作为企业外部环境)	Isenberg (2010，2011)①②	六要素：政策引导、市场、金融资金、人力资本、支撑服务、文化
	Suresh & Ramraj (2012)③	八要素：道德、金融、技术、市场、社会、网络、政府和环境系统因素
	李明洙 (2016)④	五要素：创业企业、投融资机构、服务机构、关联企业、政府机构
系统观（创业生态系统是包含创业主体和外部环境的整体系统）	Cohen (2006)⑤	九要素：非正式社会网络、正式社会网络中的大学、政府、支撑服务、资本资源、人才储备、大公司、基础设施、文化
		创业主体：政府、大学、科技园、投资机构、支持服务机构(咨询公司等)、提供技术和人才等支撑的大型企业
		创业环境：政策环境、人才支持环境、资金支持、专业性服务(咨询服务等)、基础设施、社会文化环境、自然环境(地理位置等)

① Isenberg D J. The Big Idea：How to Start an Entrepreneurial Revolution[J]. Harvard Business Review，2010(36)：128-142.

② Isenberg D J. The Entrepreneurship Ecosystem Strategy as a New Paradigm for Economic Policy：Principles for Cultivating Entrepreneurship[C]. Presentation at the Institute of International and European Affairs，2011.

③ Suresh J，Ramraj R. Entrepreneurial Ecosystem：Case Study on the Influence of Environmental Factors on Entrepreneurial Success[J]. European Journal of Business and Management，2012，4(16)：95-101.

④ 李明洙．众创生态系统发展模式及其绩效评价体系研究[D]．杭州：浙江工业大学，2016.

⑤ Cohen B. Sustainable Valley Entrepreneurial Ecosystems[J]. Business Strategy and The Environment，2006，15(1)：1-14.

续表

研究视角	代表作者	构成要素
系统观（创业生态系统是包含创业主体和外部环境的整体系统）	Vogel (2013)①	三因素：创业基础因素（基础设施、管理及政策、市场、创新、区域环境）、相关环境因素（金融服务、创业教育、文化氛围、网络服务、创业支撑、公开性）、个人因素（创业者及创业团队）
		创业主体：创业者 创业支持性机构：创业企业、政府、金融机构、教育机构、相关支持机构
		创业环境：特定环境因素（创业教育、投资、文化、网络和支持体系）、基础环境（基础设施、制度、市场和地理位置）
	Mason & Brown (2014)②	四要素：创业企业、创业资源提供者、创业企业与环境的中介、创业环境
		创业主体：创业企业、资源提供者（投资机构、科研机构、教育机构）、创业企业和环境的中介机构（企业家俱乐部、专业协会）
		创业环境：各种创业支持因素
	张晨琦 (2018)③	两要素：创业主体、创业环境
		创业主体：1. 直接参与主体：新创企业；2. 间接参与主体：政府部门、众创空间、孵化器、科研院校、中介服务机构、金融机构、供应商、消费者及潜在进入者、个人关系网络
		创业环境：经济形势、市场环境、技术环境、政策与法律环境、文化环境、自然环境

① Vogel P. The Employment Outlook for Youth: Building Entrepreneurship Ecosystems as a Way Forward[M]. Social Science Electronic Publishing, 2013.

② Mason C, Brown R. Entrepreneurial Ecosystems and Growth Oriented Entrepreneurship [C]. Final Report to OECD, Paris, 2014.

③ 张晨琦．创业生态系统中新创企业成长演进机制研究[D]．天津：天津大学，2018.

续表

研究视角	代表作者	构成要素
系统观（创业生态系统是包含创业主体和外部环境的整体系统）	刘文光（2012）①	两要素：区域科技创业生态群落、区域科技创业支撑环境
		创业主体：科技创业企业、大学及研究机构、投融资机构、科技中介服务机构、关联企业、政府机构
		支撑环境：科技环境、社会文化环境、经济环境、资源环境
	黄嘉伟（2018）②	四维度：创新环境、创业者、创业资源圈、空间建设
		创业主体：创业者、投资者、律师、技术专家、知识产权专家
		创新环境：创新精神、政策环境、区域经济环境

机交互系统，由创业主体(创业企业)、支撑要素和创业环境三个部分组成。创业主体由大学生、科技人员、企业高管、海归人员、草根创业者组成。支撑要素由人力资源、金融、政策、产业和服务五部分组成，其中人力资源要素主要包括高等院校、科研院所、人才市场、猎头公司、行业组织等；金融要素主要包括银行、互联网金融(如微众银行)、政府扶持资金、风险投资机构(人)、民间资本等；政策要素主要包括创业扶持政策、税收政策、金融信贷政策、人才政策、科技政策等；产业要素主要包括市场需求、龙头企业、上下游配套企业、行业协会(商会)、孵化器(加速器)等；服务要素主要包括众创空间运营机构、生活配套与社交平台、政府咨

① 刘文光．区域科技创业生态系统运行机制与评价研究[D]．天津：天津大学，2012.

② 黄嘉伟．基于创业生态系统的众创空间孵化能力评价体系研究[D]．兰州：兰州理工大学，2018.

询服务机构、第三方服务机构、电商(物流)平台等。创业环境由政治环境、经济环境、社会环境、文化环境和生活环境组成。见表4-2。

表4-2 **众创空间创业生态系统构成要素汇总表(笔者自绘)**

创业主体	大学生、科技人员、企业高管、海归人员、草根创业者	
支撑要素	人力资源要素	高等院校、科研院所、人才市场、猎头公司、行业组织
	金融要素	银行、互联网金融(如微众银行)、政府扶持资金、风险投资机构(人)、民间资本
	政策要素	创业扶持政策、税收政策、金融信贷政策、人才政策、科技政策
	产业要素	市场需求、龙头企业、上下游配套企业、行业协会(商会)、孵化器(加速器)
	服务要素	众创空间运营机构、生活配套与社交平台、政府咨询服务机构、第三方服务机构、电商(物流)平台
创业环境	政治环境、经济环境、社会环境、文化环境和生活环境	

4.1.3 众创空间创业生态系统的特征

众创空间内的创客数量众多、角色多元，创业资源与服务具有丰富的生态多样性。① 众创空间创业生态系统通过提供资源和服务，提升创客的创新创业能力，从而实现价值共创。众创空间创业生态系统同时具有创业生态系统和服务生态系统的运行特征，既强调系统多样性、开放协同性、网络共生性、动态竞争性、自我维持性和区域性，也表现出参与者广泛、关系松散耦合、结构多层次、约束制度共享和价值共创的特征。② 基于前

① 陈夙，项丽瑶，俞荣建．众创空间创业生态系统：特征、结构、机制与策略——以杭州梦想小镇为例[J]．商业经济与管理，2015，289(11)：35-43.

② 邢喻．众创空间生态系统的构建与生态赋能机制研究[D]．杭州：浙江工业大学，2020.

文对创业生态系统、众创空间的概念辨析，结合众创空间创业生态系统的内涵，总结出众创空间创业生态系统具有如下四个特征。

①系统多样性。

创新理论认为，创新过程是一个创意从萌发到成熟，众多资源要素共同参与的过程，要顺利实现这个过程，各类创新资源和创业资源是不可或缺的。① 众创空间创业生态系统的多样性主要是指生态系统组成、功能的多样性以及各种生态过程的多样性，是创客生态圈、支撑生态圈和创业环境的聚合。众创空间作为需要满足多种双创主体和不同创新创业发展阶段需求的综合性创新创业服务平台，要求在资源整合和功能服务上具有多样性，即全要素化。② 众创空间创业生态系统作为一个整体，不仅包含了创业企业在内的直接创业主体和各种支撑机构在内的间接主体，还包括政治、经济、文化、社会以及自然环境在内的影响创新创业活动的环境因素。③ 各种主体和要素根据其承担的角色不同，发挥不同的作用，通过彼此作用和资源互补促进生态系统的发展。由此可见，众创空间创业生态系统是以创客为核心，各种支撑创客发展生态要素的聚合，他们在系统中相互联系、相互依存，形成了一个不可分割的整体。

②开放协同性。

开放指生态系统内生物群落与外部环境之间持续进行物质、能量和信息的交换与传递，以维持生态系统内外守恒；协同则指生态系统内物种、种群、群落等集合体和外部发展协调一致，以保证生态系统的平衡稳定。④ 众创空间创业生态系统的边界开放性主要体现在两个方面：一是对进入众

① 胡文彪．众创空间运行机制及效率评价研究[D]．南昌：江西师范大学，2020.

② 刘芹良，解学芳．创新生态系统理论下众创空间生成机理研究[J]．科技管理研究，2018，38(12)：240-247.

③ 张晨琦．创业生态系统中新创企业成长演进机制研究[D]．天津：天津大学，2018.

④ 邢喻．众创空间生态系统的构建与生态赋能机制研究[D]．杭州：浙江工业大学，2020.

创空间的创客主体开放，没有明显的企业规模限制，这一点是众创空间和企业孵化器最大的区别。众创空间对外体现了门槛低、无边界的信号，容易吸引创客和创业资源进入空间，节省了创客的沟通成本，促进了各类资源与项目的对接。① 二是众创空间的建设方式没有明显的边界。众创空间作为创新创业的实物空间，不仅可以在具体的地理区域内集中发展，如占地面积达3平方千米的杭州梦想小镇，还可以分散在产业园区、商业写字楼、高等院校、科研院所、专业工作坊内，甚至可以在偏远的乡村落地生根。众创空间是"大众创新、万众创业"时代背景下的产物，主要存在两种模式，一种是"小镇"模式，平台大，占地多，生态系统复杂，也是本书研究的重点，如浙江的梦想小镇、云栖小镇等。另一种是"平台"模式，由创投机构、知名企业以及高校创建的。在"大众创业、万众创新"的浪潮下，创新创业不再只局限于高校、科研院所和大型企业，而是对所有人开放，包括草根创业者、大学生、企业高管以及海外归国人才等，大大降低了创客的入驻门槛，打破了传统创新创业活动的边界。在互联网技术高度发达的今天，众创空间跨越了地域边界，形成了可无限延伸的无边界社区，众创空间创业生态系统在物理空间和网络空间都具有无限的开放性。②

众创空间通过和创客、关联行业、外部组织平台等深入合作，共同构成协同创新创业机制，产生系统叠加的非线性协同效应。③ 主要体现在以下几个方面：一是众创空间与创客主体协同。共同打造适合创客学习、交流、工作、生活的众创社区，提供良好的双创服务。二是创客与上下游企业协同。众创空间入驻企业的协同合作主要体现在供应链环节，大多众创空间立足区域特色，聚焦某一行业(领域)，创业企业根据众创空间的定位，入驻后自然成为产业链的上下游企业，良好的协作交流机制比较容易

① 贾天明，雷良海，王茂南．众创空间生态系统：内涵、特点、结构及运行机制[J]．科技管理研究，2017，37(11)：8-14.

② 汪群．众创空间创业生态系统的构建[J]．企业经济，2016，434(10)：5-9.

③ 裴蕾，王金杰．众创空间嵌入的多层次创新生态系统：概念模型与创新机制[J]．科技进步与对策，2018，35(6)：1-6.

形成。三是企业与高校(科研院所)的协同。企业是创新创业的主体，高校和科研院所是协同创新的主要力量，企业作为新技术的需求侧，高校和科研院所作为新技术的供给侧，二者之间的协同与合作有利于进一步促进教育链、人才链、产业链、创新链的融合，从而实现产学研用多方共赢。四是众创空间与外部环境协同。影响创新创业的外部环境主要包括政治环境、经济环境、文化环境、社会环境、生活环境等，良好的外部环境有利于推动众创空间健康可持续发展。

③网络共生性。

众创空间创业生态系统包含的多个主体之间彼此影响、相互依存的关系构成了一个网络系统，并成为创业生态系统的一部分。首先，众创空间内部各个要素在创业生态系统中存在互动，通过相互的资源交换来生存与发展，这就必然形成各种资源流通的渠道，生态系统内各个“物种”通过“食物链”联结起来。① 其次，众创空间内各个要素与创业生态环境之间存在互动，例如，政府、众创空间管理服务机构通过政策的牵引，支持高校(科研院所)创新成果的转移、创业培训活动的开展、鼓励优势资源进入众创空间等；与此同时，相关的创新创业主体则会直接加入政府政策的制定工作。② 在众创空间创业生态系统中，共生与竞争往往是同时存在的，各主体之间都是相互影响、相互促进、共同演进的。创业主体之间的共生不仅需要有共同的合作目标和价值认同，还需要有互补性。在创业生态系统中，一个创业主体离开系统时，系统内的其他主体价值会降低；同理，一个新的创业主体进入系统后，整个系统的价值会上升。③ 在众创空间创业生态系统网络中，各个主体所掌握的资源和能力具有一定的差异性和互补性，创客主体间只有通过互动和交流才能谋求共同的发展，因为只有合作

① 汪群．众创空间创业生态系统的构建[J]．企业经济，2016，434(10)：5-9.

② 王钧叶．郑州市众创空间创业生态系统运行机制与评价研究[D]．南昌：南昌航空大学，2018.

③ Den Hartigh E, Tol M, Visscher W. The Health Measurement of a Business Ecosystem[C]//Proceedings of the European Network on Chaos and Complexity Research and Management Practice Meeting, 2006: 1-39.

才能达成各自的目标。与此同时，创客主体从外部获取所需的资源和服务，给外部机构的发展提供了机会，创客主体和外部组织的交互增强了各自的综合竞争力。

④动态竞争性。

与其他生态系统一样，创业生态系统也必然是一个动态的系统。首先，众创空间里各要素在动态变化，随着系统内要素的变化，其他生态也会随之发生变化；一个生态系统要长期维持和存在，就必须符合动态演进的规律，这样系统才能成长与发展，从而达到动态的平衡。① 随着国家“双创”战略的提出，各地众创空间迅猛发展，创新创业生态也发生了很大的变化。创业形态从分散走向融通，创业主体从大而强到引领小而美，创业形式从线下转到线上。其次，生态系统内的各种需求也在变化。众创空间与传统创业模式的最大不同在于，众创空间以市场需求为起点，以客户需求为终点。基于这种发展理念，众创空间的发展必然要以企业的生存和发展为目的，因为这是众创空间存在和创业生态系统运行的基础，随着市场和客户需求的不断变化，众创空间创业生态系统为了维系生存和发展也必然随之动态变化。最后，达到一种动态平衡，那些最能适应环境的企业在众创空间创业生态系统中予以保留，不符合市场和客户需求的企业将被淘汰，市场机制保持这一生态系统的平衡。②

生态系统依赖优胜劣汰机制维持系统的发展和物种的进化。出于获取更多资源的目的，众创空间内部各主体间存在竞争关系，无论是创客之间、创业项目之间，还是各级各类的支撑服务机构之间，都存在一定的竞争关系。由于优质资源永远是稀缺的，这种竞争会导致以下结果：一是形成准入壁垒。生态系统内的充分竞争必然使得优秀的“物种”拥有对资源的控制和支配权，从而制定“游戏规则”，形成准入壁垒。③ 二是对市场规则的要求提高。强者总是希望提高准入壁垒，通过各种手段打压对手，确保

① 汪群．众创空间创业生态系统的构建[J]．企业经济，2016，434(10)：5-9.
② 汪群．众创空间创业生态系统的构建[J]．企业经济，2016，434(10)：5-9.
③ 胡文彪．众创空间运行机制及效率评价研究[D]．南昌：江西师范大学，2020.

自身的壮大发展，最终形成“物种”的优胜劣汰。① 对于政府而言，营造良性的竞争环境和制定良性的竞争规则就显得格外重要。由此可见，众创空间创业生态系统的发展是一个开放、耗散、自组织和动态化的过程，不断进行物质、能量和信息的输入与输出，不断完善内部创新创业环境和条件，以提升众创空间规模和产出效益。②

4.1.4 众创空间创业生态系统的多元功能

Timmons 等提出，创业成功的三大基本要素是创业团队、创业资源与创业机会。③ 众创空间创业生态系统的核心要素为创客和创业企业，众创空间通过整合各类创新创业资源，为创客提供创新创业服务，从而为创业者提供创业机会。因此，众创空间创业生态系统的功能主要体现在整合资源和提供服务两个方面。具体来讲，众创空间创业生态系统的功能主要有以下几个方面。

①资源聚集功能。

创新创业理论认为，创新过程是众多要素参与的过程，创业过程是一个创业项目从萌芽到成熟的过程，需要聚集创新资源和创业资源。④ 在“双创”背景下，创客们迫切需要聚集性的创业地带，以节省创业时间成本和运营成本。众创空间作为新兴创业平台，是社会创业促进体系中的主要载体，释放出强烈的创业信号。通过与地方政府、投融资机构、技术服务机构、上下游企业的对接，整合创客所需的资金、技术、人力等关键资源，帮助创业团队和初创企业将创意转化为产品，经过改进和迭代后实现创新

① 胡文彪．众创空间运行机制及效率评价研究[D]．南昌：江西师范大学，2020.

② 邢喻．众创空间生态系统的构建与生态赋能机制研究[D]．杭州：浙江工业大学，2020.

③ Timmons J A. New Venture Creation：Entrepreneurship for 21 Century[M]．Illinois，Irwin，1999.

④ 贾天明，雷良海，王茂南．众创空间生态系统：内涵、特点、结构及运行机制[J]．科技管理研究，2017，37(11)：8-14.

创业，这一过程称为“资源赋能”。① 众创空间通过举办创新创业活动、集聚创业导师、提供教育培训活动等，促进创客之间的交流分享，帮助草根创客汲取知识和技能，同时营造创新创业氛围，实现全民创新创业，这一过程为“服务赋能”。② 众创空间聚焦社会多元主体对创业活动的关注，形成了资源围绕创客、资本对接项目的资源聚集生态体系。

②政策集成功能。

众创空间创业生态系统是一个为创客提供服务的综合平台，是新的创新范式下的必然产物，不仅具有资源聚集性特点，还具有明显的政策服务集成特征，受到国家和地方政府的重视和关注。一方面，国家和地方政府层面出台了一系列政策措施扶持众创空间的发展；另一方面，众创空间内包含了数量众多、角色多元的服务性组织。因此，扶持众创空间的发展，不仅仅针对众创空间本身，还涉及空间内部各子系统的扶持。众创空间创业生态系统本身就是由众多子系统组成，因此依附于系统的各子系统的扶持政策带有明显的集成特点。众创空间内创客数量众多，生态系统角色多元，他们在特定的物理空间聚集，通过面对面的知识交流与分享、借助信息技术完成的知识交互与分享、实践创造的知识成果与分享，形成了浓厚的创新创业文化氛围，也促进了政策生态的集成。

③创业孵化功能。

众创空间在社会资源聚集和创业项目孵化等方面具有独特的优势，相较于传统的产业孵化器、大学科技园等平台，能更有效地降低创业成本，提高创业成功率。作为创业聚集空间，有着创意诞生、创新孵化与创业支撑三大功能，是创业孵化的新载体；作为创客社区空间，有着强化创客深度互动、引领创客生活范式、积累创客社会资本三大功能，是创客集聚的新方式；作为众创网络空间，将众多创客之间、众创空间与社会系统联结

① 邢喻．众创空间生态系统的构建与生态赋能机制研究[D]．杭州：浙江工业大学，2020.

② 邢喻．众创空间生态系统的构建与生态赋能机制研究[D]．杭州：浙江工业大学，2020.

起来，是社会化创业的新模式。① 数量众多、遍地开花的众创空间，是区域经济创新驱动发展的新平台。通过创新与创业相结合、线上与线下相结合、孵化与投资相结合，以专业化服务推动创业者应用新技术、开发新产品、开拓新市场、培育新业态。② 帮助创业者把想法变成产品、把产品变成项目、把项目变成企业，为创客提供低成本、便利化、全要素、开放式的孵化服务。

4.2 众创空间创业生态系统模型构建

4.2.1 模型构建的研究现状

随着众创空间的蓬勃发展，国内关于众创空间模型构建的研究众多，向武(2021)提出了四维空间模型，以“一个精神、一个平台以及两个生态圈”作为众创空间的四个维度，以此来实现众创空间的运行，如图 4-1 所示。

陈根(2020)认为在三螺旋理论中，政府是优质公共产品和服务的主要供给方，企业是创意概念向实现产品转化的重要参与者，高校(科研机构)是新思想、新技术的孵化器和创新人才的培养基地，以此提出了众创空间生态系统三螺旋结构，如图 4-2 所示。

姚勇(2017)以百森框架为基础，提出了政府主导型众创空间创业生态系统模型，如图 4-3 所示。他认为，在众创空间发展初期，政府为了支持众创空间的发展，会采取一系列措施来构建一个完善的生态系统，以此来指导并引领众创空间的发展。

---

① 陈夙，项丽瑶，俞荣建．众创空间创业生态系统：特征、结构、机制与策略——以杭州梦想小镇为例[J]．商业经济与管理，2015，289(11)：35-43.

② 黄可立．崇左市高职院校众创空间发展情况及问题分析[J]．大众科技，2021，23(6)：151-153.

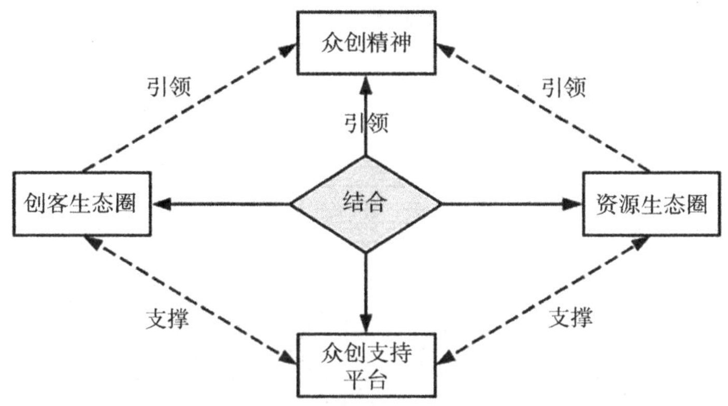

图 4-1 基于创业生态系统的众创空间思维空间模型

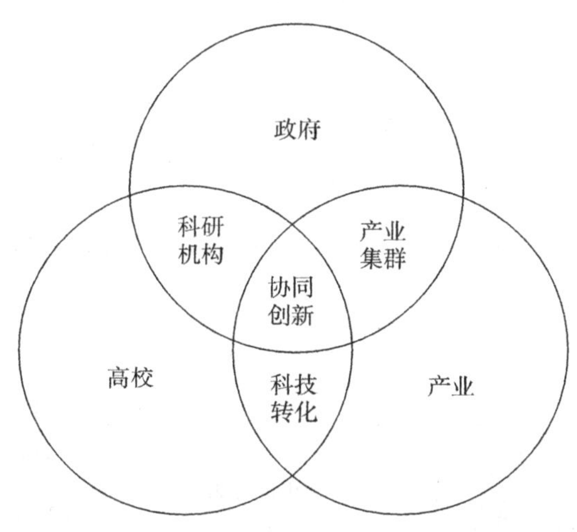

图 4-2 众创空间生态系统三螺旋结构

贾天明(2017)从生态学的视角剖析众创空间系统结构，认为其主要由创客生态圈、资源生态圈和创客文化 3 个维度构成。其中，创客生态圈是创新创业的主体(喻为生物物种)，资源生态圈是创业主体开展创业活动的资源基础(喻为生物种群及群落)，创客文化是生态系统持续创新的内在动力(喻为物种之间的物质、能量和信息流动)，如图 4-4 所示。

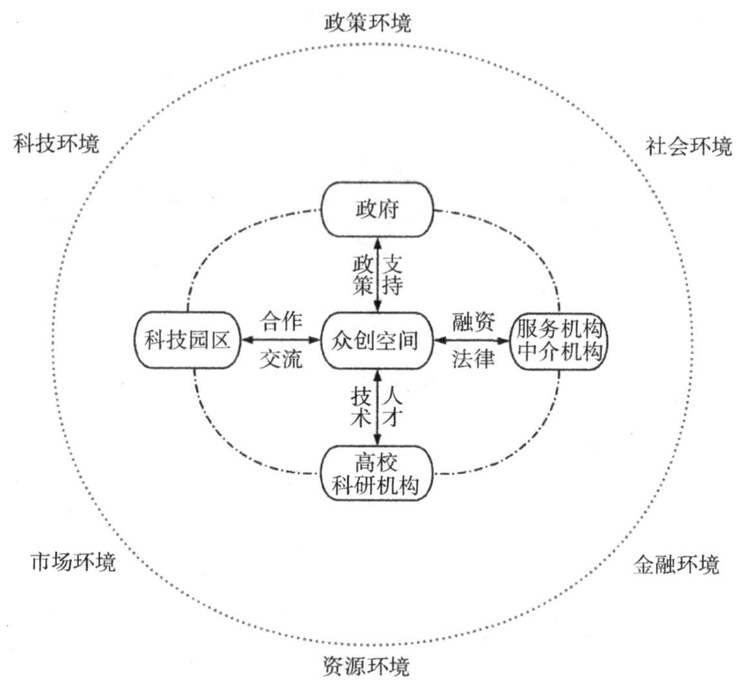

图 4-3　政府主导型众创空间创业生态系统模型

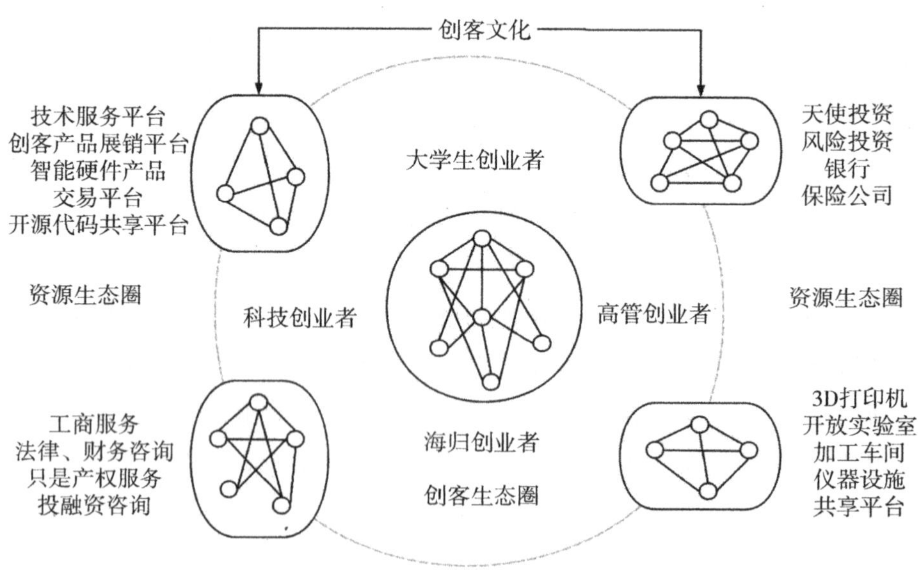

图 4-4　众创空间生态系统组织结构

汪群(2016)从生态学的视角，提出了众创空间创业生态系统主要由创客生态圈、服务支持生态圈、上下游企业、孵化器、消费者群以及创业环境组成，通过资源获取、优胜劣汰和价值交换三大运行机制维持生态平衡，如图4-5所示。

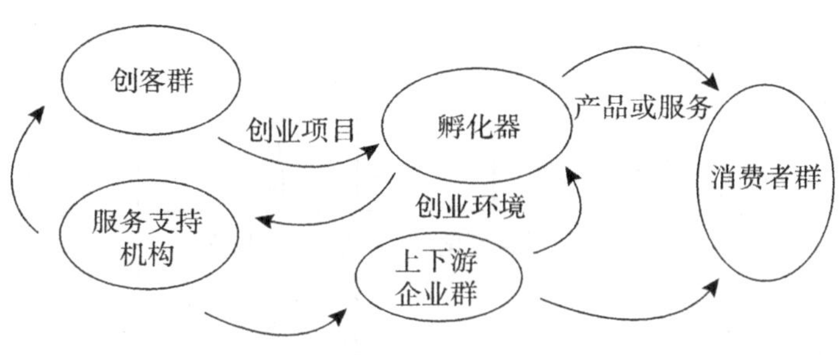

图4-5　众创空间创业生态系统

许慧珍(2017)围绕创业过程、创业者、创业资源及相关主体，通过双向选择和自匹配，形成复杂多样的创业网络，如图4-6所示。

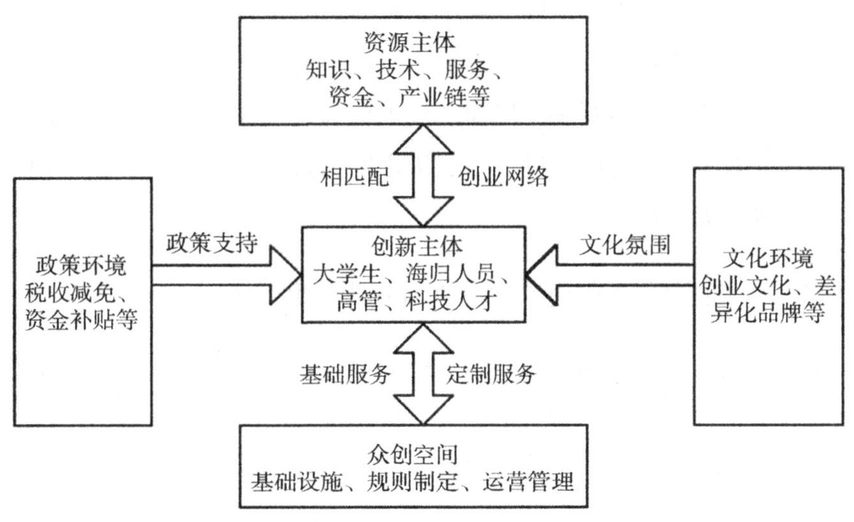

图4-6　众创空间创业生态系统

倪慧(2016)基于扎根理论，通过众创空间生态系统构成要素之间的关系连接，提出了众创空间生态系统模型，如图4-7所示。

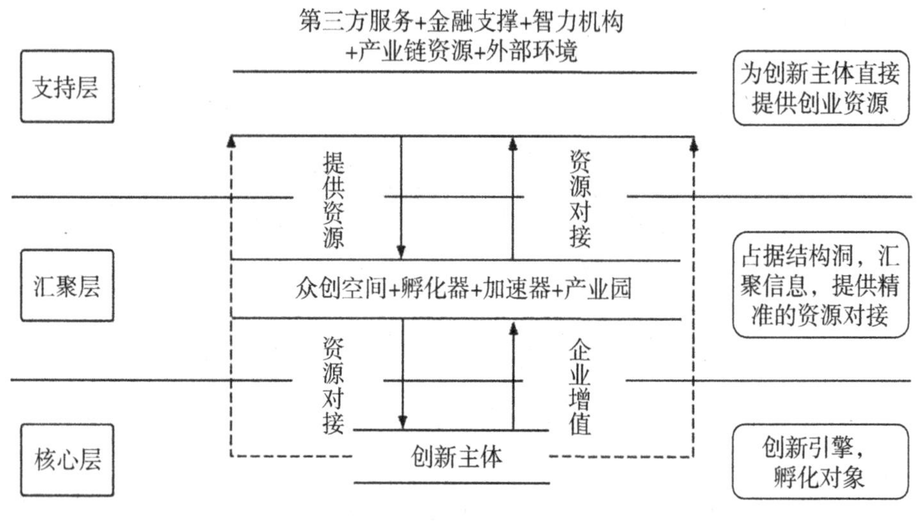

图4-7　众创空间生态系统模型

以上研究表明，众创空间创业生态系统是一个嵌套结构，具有多个层次，各层次之间交互作用、相互影响。与此同时，众创空间创业生态系统也具有宏观、中观、微观多个层面。微观层面是创业主体，中观层面是支撑要素，宏观层面是外围环境，各层级之间通过资源获取、价值共创、优胜劣汰达到动态平衡。

4.2.2　众创空间创业生态系统“五星”模型构想

众创空间生态系统和创业生态系统、服务生态系统类似，都是层级圈套的集合体，通过微观、中观和宏观层次的互动实现价值共创。① 结合前文对众创空间创业生态系统核心要素和模型构建的研究，笔者提出众创空

① 邢喻．众创空间生态系统的构建与生态赋能机制研究[D]．杭州：浙江工业大学，2020.

间创业生态系统“五星”模型构想，从微观、中观、宏观三个层面将众创空间创业生态系统分为核心层、支撑层、外围层。核心层由五类创新创业者组成，主要包括大学生、科技人员、企业高管、海归人员、草根创业者等，这些创新创业者形成了创客生态圈，是众创空间活动的主体，是众创空间创业生态系统的活力源泉。创客生态圈和众创平台是价值共创主体，两者通过资源提供和服务交换等方式直接互动，众创空间为创客提供综合服务，创客为众创空间注入创新创业活力。支撑层由五大支撑生态圈组成，主要包括人力资源生态圈、金融生态圈、政策环境生态圈、产业生态圈、服务生态圈等。随着众创空间规模的扩大和类型的增多，众创空间自身提供的资源和服务不能满足创客的多样化需求。众创空间作为资源集聚和整合平台，对接了大量的外部组织形成支撑生态圈，对应生态系统的中观层。在支撑生态圈中，众创平台和各类支撑服务机构构成了纵横交错的网络关系，众创空间通过构建开放共生的众创平台，促进创客生态圈和支撑生态圈之间直接或间接地交流和互动，实现资源共享、服务互换和优势互补，以共同创造价值，推动众创空间的发展。外围层由五大创业环境组成环境生态圈，主要包括政治环境、经济环境、社会环境、文化环境和生活环境。外围层更加关注社会大环境对创新创业的影响，是生态系统持续运行和发展的外在动力，为创新创业活动提供良好和谐的环境和氛围。从创新创业主体视角来看，众创空间创业生态系统是创新创业主体及其所处创新环境构成的有机整体。五类创业者构成了微观层面的核心层即创客生态圈，五大支撑生态圈构成了中观层面的支撑层即支撑生态圈，五大外围环境构成了宏观层面的外围层即创业环境生态圈，形成了圈层嵌套的“五星”众创空间创业生态系统模型，如图 4-8 所示。系统模型内各生态圈虽然有各自的功能和定位，但它们之间通过紧密合作、资源互补和价值交换相互依存、相互影响、共同发展。

①创客生态圈。

创客无疑是众创空间创业生态系统的核心要素，众创空间正是围绕着创客开展创新创业活动所构建的。创客们出于兴趣爱好和创业理想等共同

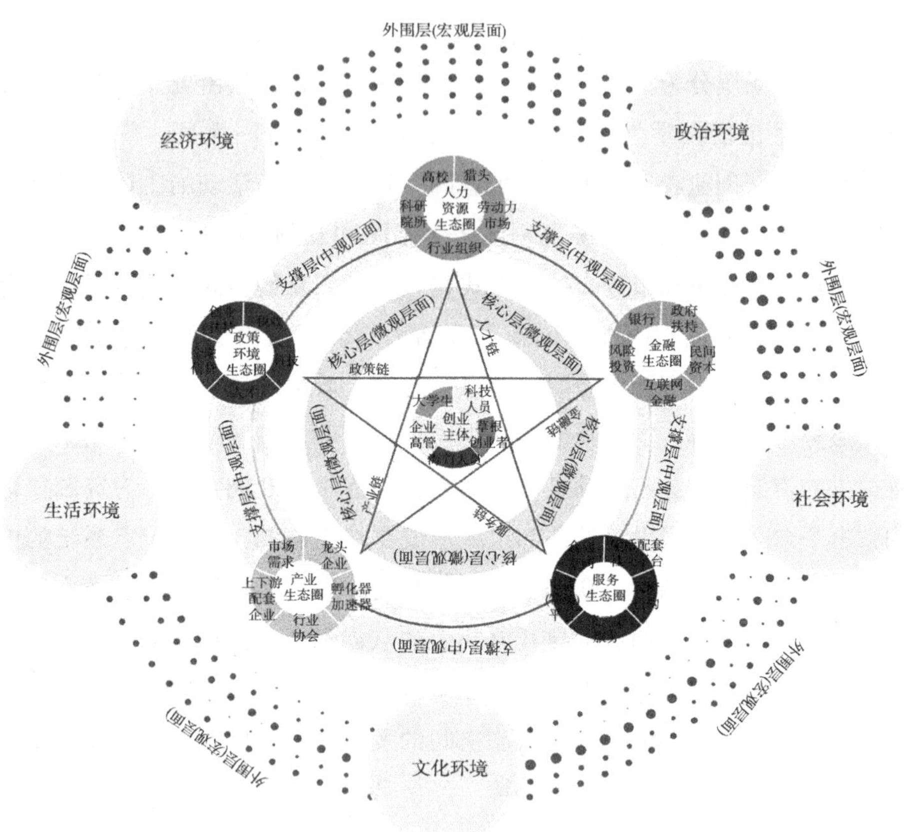

图 4-8　众创空间创业生态系统“五星”模型(笔者自绘)

目标而聚集在一起，是具有不同教育背景与身份的创业群体，他们将创新创意、技术成果转化为产品或服务，是众创空间创业活动的执行者。创客在创业过程中承担着机会识别与评估、资源整合与配置、战略规划与执行等职责，从某种意义上讲，创业成功与否就是创业者能力作用的结果。无论创客们所创办的企业处在初创期、成长期、成熟稳定期，还是高速发展期，他们的创业绩效都可直接或间接反映区域众创空间的创新能力。由于创客所扮演角色的重要性，因此他们应当具备丰富的专业知识、管理知识、创新能力、战略规划能力、领导协调能力和承担风险能力。由此可见，创客生态圈是众创空间创业生态系统的创新引擎和创意来源，是所有创业活动的主导方，也是众创空间创业生态系统的孵化对象，没有创新创业者的众创空间是无法持续经营的，而优质的创新创业项目和团队能够为众创空间增添活力。创客们不仅有效整合了创业过程中的人力、物力和财力等资源，还推动和完善了众创空间创业生态系统的"游戏规则"，因此服务好创客是众创空间的核心任务。

②支撑生态圈。

支撑生态圈是众创空间创业生态系统存在与发展的必要条件和土壤，对其演进方向起着重要的支配和制约作用。支撑生态圈主要包括人力资源生态圈、金融生态圈、政策环境生态圈、产业生态圈和服务生态圈五个部分，它是众创空间赖以生存的环境系统。支撑环境通过人力资源、金融、政策、市场和服务等要素影响着创业主体的创业活动。支撑环境的变化，往往会引起众创空间性质和功能的变化，创客主体与支撑环境之间的良好互动，会促进创业活动的顺利开展；反之，则会阻碍创业活动的推进。鉴于此，在进行众创空间创业生态系统构建的过程中，不仅要关注创客主体和创业企业，还要对影响创新创业的外部支撑生态给予足够的关注和重视，促使支撑环境能够不断适应复杂的环境变化，使得整个创业生态系统能够完全发挥其自身功能。

第一，人力资源生态圈。

习近平总书记在党的二十大报告中指出，必须坚持科技是第一生产力、人才是第一资源、创新是第一动力，深入实施科教兴国战略、人才强国战略、创新驱动发展战略，开辟发展新领域新赛道，不断塑造发展新动能新优势。随着创新经济的快速发展，人才资源的重要性越来越得到各地区的重视。近年来，国内众多主要城市掀起了声势浩大的"抢人大战"，杭州、南京、武汉、重庆等地通过降低落户门槛、给予就业创业补贴、提供购房优惠等措施引才留才。众创空间是从事创新创业活动的聚集平台，其入驻的众多创新型企业对高质量人才的需求相较于传统的产业园更为迫切，人才已然成为众创空间创业生态系统中不可或缺的支撑要素。众创空间内的创业企业大多处于初创期，面临着企业规模小、市场环境复杂多变等不利于企业发展的情况，要想在市场竞争中立于不败之地，必须培育竞争对手难以模仿的核心竞争力，充分发挥创新和核心技术优势，不断推出与市场需求相匹配的产品，才能使企业发展勇立潮头。由高等院校、科研院所、人才市场、猎头公司和行业组织五大要素构成的人力资源生态圈，为企业发展提供源源不断的创新动能。

高校和科研院所的优势资源主要体现为人才、知识和科研成果，是人力资源生态圈的核心要素。高校通过创新创业人才培养，为企业提供技术、管理等多方面的服务，科研院所通过技术创新和转化，为企业提供可以商业化的科研成果。高校和科研院所聚集了大量的人力和创新资源，所欠缺的是市场推广、企业运行等方面的经验，他们可以通过与企业在技术创新、产品研发、人才培养等方面的合作，增强企业的创新能力和自身的科技成果转化能力，推动“人才链”“教育链”“产业链”“创新链”有机衔接、融合发展。

人才市场是一种典型的要素市场，与企业的生产经营活动密切相关，人才市场的发育和完善程度，直接影响着市场经济的发展，企业生产经营所需的人才，可以通过市场价格来进行匹配。根据资源依赖理论，人力资本是企业形成和维持竞争优势的重要资源之一，为企业发展提供着用之不竭的动力。作为市场上可流动的资源，人才在企业中的稳定性影响团队默契程度、离职再招聘成本、员工对组织的认同感等，人才市场承担着为创业企业匹配所需人才的重任。

猎头公司是“高级管理人员代理招募机构”的俗称，“猎头”一词属舶来词，原意为割取敌人的头作为战利品的人，这里意为物色人才的人，“头”乃智慧、才能集中之所在，猎头公司的主要使命就是为企业发展搜寻高层管理人才和关键技术岗位人才。优点是能够提供专业性、针对性的服务，保密性高，节约时间；缺点是可能存在最终是说服企业雇用某一候选人，而不是为企业找到一个适合岗位所寻找的人的倾向。与人才市场不同，猎头公司采取隐蔽猎取、快速出击、主动竞争的方式，为企业猎取从人才市场得不到的高级人才，猎头公司不对个人进行收费，由招募企业支付搜寻和推荐候选人所需支付的佣金。而人才市场作为中介机构，个人要找工作就对个人收费，企业找人就向企业收费，更像是对现有资源的撮合，人才的层次相对较低。

行业组织是同一行业企业基于共同的利益诉求，在自愿的基础上组成的一种非营利性的社会团体，主要的存在形式是行业协会和企业联盟，它们是行业成员利益的代言人和维护者。行业组织主要的服务对象是企业，进行人才培养与输送主要面向两个对象，一是学校，二是企业。面向学校，行业协会可以把会员单位集中起来，将企业的真实需求作为人才培养的要求，跟学校进行合作，深度参与人才培养的全过程，有针对性地培养专业人才。面向企业，主要侧重于企业内部员工技能和素质的提升，根据企业需要开展有针对性的专业技术培训。通过建立“联合”机制，形成“集团”合力，面向企业与学校，有特点地进行人才的培养和输送，是企业人才的“蓄水池”和“输送带”。

综上，高等院校、科研院所可为企业发展提供科技(创新)成果和科技人员，人才市场可为企业发展匹配合格的创业人才，猎头公司可为企业发展搜寻高层管理人才和关键岗位人才，行业组织可为企业发展提供高素质的行业人才，五大要素多点发力，构建起全要素人力资源生态圈(如图4-9所示)，支撑众创空间和创业企业高质量发展。

第二，金融生态圈。

资金要素是众创空间创业生态系统中流动性最强的创新要素，具体是指以直接或者间接的方式投入产品、劳务和生产过程中的中间性产品和金融性资产。① 资金是企业体内的血液，是企业进行生产经营活动的必要条件，充足的资金是企业经营活动顺利进行的重要保障，起着根本性作用。企业之所以在运转，完全是因为资金在不停地流动，没有足够的资金，企业的生存和发展就没有保障。从企业发展的不同阶段来看，资金所起的作

① 林毅夫，李永军．中小金融机构发展与中小企业融资[J]．经济研究，2001(1)：10-18，53-93.

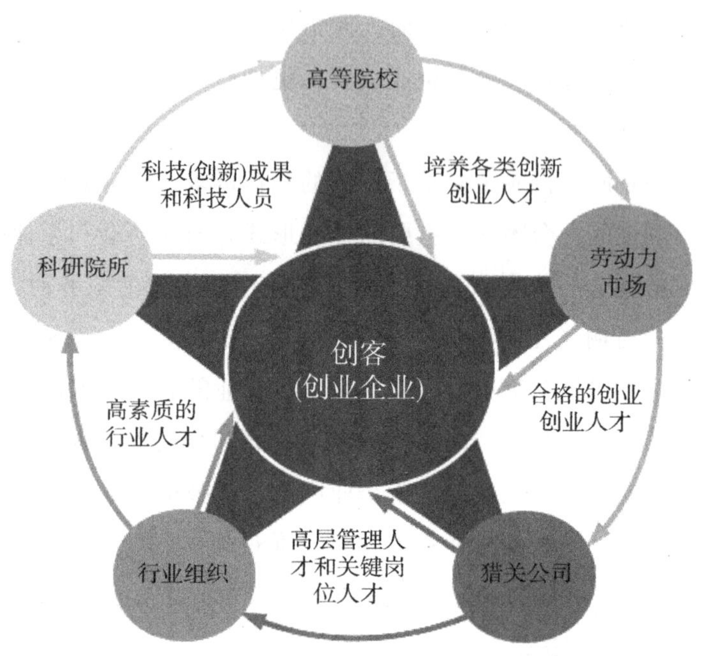

图 4-9　人力资源生态圈(笔者自绘)

用是完全不同的。在企业初创阶段，资金更多的是投入基础办公、生产场所建设；高速发展阶段，资金更多的是投入产品的研发与市场的推广；成熟稳定阶段，资金更多的是投入产品的更迭和市场的拓展。众创空间内创业企业众多，发展阶段各异，其融资需求和渠道必然是多元的。由银行、互联网金融机构(如微众银行)、政府扶持资金、风险投资机构(人)、民间资本五大要素组成的金融生态圈能为企业解决资金需求。

银行是依法经营货币信贷业务的金融机构，银行贷款被誉为创业融资的“蓄水池”，由于银行财力雄厚，而且大多具有政府背景，因此在创业者中很有“群众基础”。从调研的情况来看，创客们向银行申请贷款主要有以下四种方式：一是向银行提供一定的财产作为信贷抵押，进行抵押贷款；二是银行对借款人资信的信任而发放的信用贷款，借款人无须向银行提供抵押物，但额度一般不会太高；三是以担保人的信用作为担保而发放的担保贷款；四是贴现贷款，当创客急需资金时，以未到期的票据向银行申请贴现而融通得到贷款资金。创业企业申请贷款，除了跟银行打交道之外，往往还要经过工商管理部门、税务部门、中介服务机构的相关评估，任何一个环节都不能出问题。从银行贷款方式的利弊分析来看，只要申请者符合贷款条件与贷款程序要求，通过银行贷款基本上能获得令人满意的资金，而且一般无须担心法律风险问题，其缺点就是资质要求相对较高、手续比较繁琐、周期相对较长。

互联网金融是金融机构与互联网企业利用互联网技术和信息通信技术实现资金融通、支付、投资和信息中介服务的新型金融业务模式，不是互联网和金融业的简单结合，而是在实现安全、移动等网络技术水平上，被用户熟悉接受后，自然而然为适应新的需求而产生的新模式及新业务。① 创业企业向互联网金融机构(如微众银行)申请贷款，只需在网络平台上完成登记注册，然后上传个人信息和企业相关资料(身份信息、企业资质、纳税信息等)，随后即可发布借款信息。在互联网金融机构对借款人的基本情况，特别是企业的收入和纳税情况进行综合评估后，即可发放贷款。与传统的金融机构相比，互联网金融业务基本在线上完成，一般无须抵押，方便快捷，金融服务质量和效率高。不足之处是贷款利率普遍偏高，增加了企业的融资成本和负担。互联网金融机构对促进小微企业发展和扩大就业发挥了现有金融机构难以替代的积极作用，为大众创业、万众创新打开了大门。② 但其作为新生事物，既需要市场驱动，鼓励创新，也需要政策助力，规范发展。

政府扶持资金是各级政府财政预算安排的，用于改善中小企业外部发展环境、扶持中小企业创业创新发展的专项资金。扶持资金一般采取补助和奖励相结合的支持方式，对成长型中小企业和小微企业给予奖励，对中小企业服务体系建设项目根据实际支出给予适当的补助。符合条件的创业企业可根据当地政策，向上级主管部门提出申请。政府推出的创业扶持资

① 许吉振．互联网金融行业风险研究及建议[J]．营销界，2021(26)：68-69.

② 盛玉雪，蒋承．网络借贷提升大学生创业意愿了吗？——基于全国高校调查的实证分析[J]．华中师范大学学报(人文社会科学版)，2021，60(3)：161-173.

金有利于促进中小企业的创业创新发展，有利于鼓励中小企业服务体系建设，有利于改善中小企业的外部环境。但从访谈情况来看，企业申请创业补助的门槛相对较高，最终能得到政府补助和奖励资金的企业比例偏少。

风险投资机构(人)是风险投资最直接的参与者和实际操作者，同时也最直接地承受风险、分享收益。其工作职能是辨认→发现机会→筛选投资项目→决定是否投资→是→促进投资企业迅速成长→适时退出。在风险投资机构(人)眼中，风险投资项目的价值主要由三个要素决定：该项目要解决的问题的大小，所提供解决该问题的办法的优劣以及企业管理队伍的质量。项目解决的问题越大，方法越优，管理队伍的质量越高，该项目的投资价值就越大。一般来说，能获得风险投资的企业，大多是拥有创新的商业模式或者高新技术，并能在短期内转化为实际产品并为市场所接受的初创企业，这些企业的创始人大多具有出色的技术专长，拥有出色的初创团队。众创空间聚集的众多企业，以初创的中小企业居多，大多缺乏核心技术和成熟的管理模式，获取风险投资的机会总体偏低。

民间资本是掌握在民营企业以及股份制企业中属于私人股份和其他形式的所有私人资本的统称，亦可叫做民间资金，主要是私营企业和个人的资金。① 改革开放以来，中国的市场化改革创造了大量的社会财富，聚集了大量的民间资本，但民间资本进行创业投资的运作保障机制尚未健全，民间资本没有获得它应有的增值能力。与此同时，大多初创企业的发展得不到所需的资金供给，只有极少数的“独角兽”企业能获得民间资本的青睐，造成了资金供求的失衡。政府应进一步重视发挥民间资本的作用，鼓励和引导民间资本进入金融服务领域，加速发展民营金融，加大民营金融支持小微企业成长发展的力度。

综上，银行作为创业融资的“蓄水池”，可为创业者提供创业贷款；互联网金融机构(如微众银行)作为新型的金融机构，可为创业者提供更为便

① 易晓文．民间资本的集聚对区域经济增长的影响——基于温州的实际经验[J]．江西社会科学，2010，289(12)：76-80.

捷的"线上"贷款；政府扶持资金作为财政资金，可为创业者提供补助和奖励；天使投资人(机构)作为活跃在天使早期项目的投资人(机构)，可为创业者提供风险投资；民间资本作为企业和个人的私有资产，可作为创业者融资的有益补充。五大要素通过线上与线下相结合的方式，构建起全方位支持众创空间和创业企业发展的金融生态圈(如图4-10所示)，为创业者提供立体的金融服务。

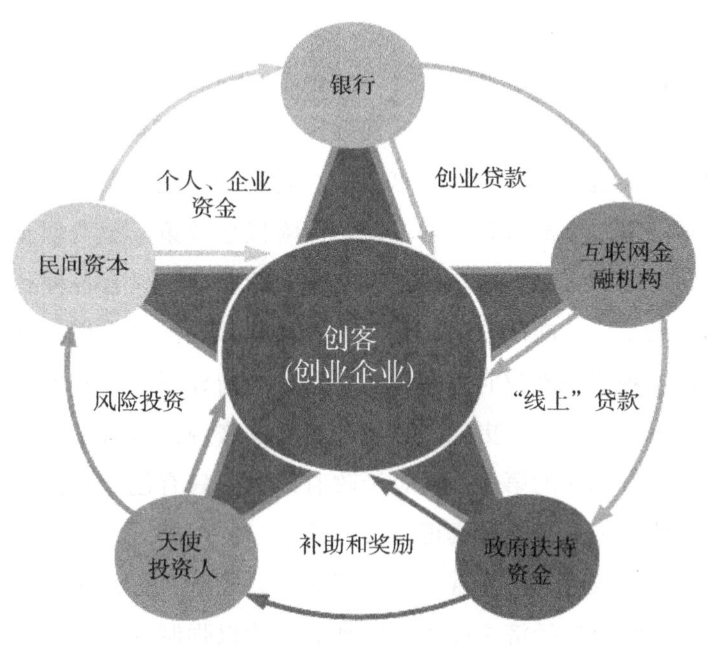

图4-10　金融生态圈(笔者自绘)

第三，政策环境生态圈。

习近平总书记在参加十三届全国人大二次会议福建代表团审议时强调：要营造有利于创新创业创造的良好发展环境，向改革开放要动力，最大限度释放全社会创新创业创造动能，不断增强我国在世界大变局中的影响力、竞争力；要坚持问题导向，解放思想，通过全面深化改革开放，给创新创业创造以更好的环境，着力解决影响创新创业创造的突出体制机制问题，营造鼓励创新创业创造的社会氛围，特别是要为中小企业、年轻人发展提供有利条件，为高新技术企业成长建立加速机制。① 各级政府唯有抓住政策环境这个硬杠杠，疏政策堵点、攻政策难点、强政策支点、解政策痛点，让政策制定更给力、政策落地更高效、政策支点增效应、政策执行更公平，才能以良好政策环境促使全社会创新源泉充分涌流、创业热情持续高涨、创造活力竞相迸发。在众创空间创业生态系统中，支撑企业发展的政策环境生态圈主要由创业扶持政策、税收政策、金融信贷政策、人才政策、科技政策五大要素组成。

创业扶持政策是国家各级政府对创业者在创业过程中需要解决的问题所制定的相关优惠政策的总称，涉及融资、开业、创业培训、创业指导等诸多方面。主要包括行政收费优惠政策、创业实体注册条件放宽政策、吸纳就业奖励政策、小额贷款政策、社会保险优惠政策、免费创业培训政策等。政策的制定和实施需要众多相关利益者的参与，只有各种利益相关者的诉求达到满足，才能说政策是有效的。从国家层面上来说，创业扶持政策相对比较宏观，各地政府大多在国家政策的指导下又出台了一些适应当地的扶持政策，可操作性更强。对于创业企业来说，学习了解当地的创业政策，才能走好创业的第一步。对于政府而言，只有创业扶持政策真正落地见效，才能让创业企业有真正的获得感。

税收政策是政府为了实现一定时期的社会经济目标，通过一定的税收政策手段，调整市场经济主体的物质利益，给以强制性刺激，从而在一定程度上干预市场机制运行的一种经济活动及其准则。② 2022 年，党中央、国务院根据经济发展形势出台了新的组合式税费支持政策，税务总局专门围绕创新创业的主要环节和关键领域进一步梳理归并成 120 项税费优惠政策措施，覆盖企业整个生命周期。企业初创期税费优惠主要包括小微企业税费优惠、重点群体创业就业税费优惠、创业就业平台税收优惠、创业投

① 本报评论员．向改革开放要动力[N]．光明日报，2019-03-11(1)．

② 郭珮茹，张贵．税收政策、制造业转型升级与创新[J]．内蒙古财经大学学报，2021，19(4)：88-90.

资税收优惠、金融支持税收优惠五个方面；企业成长期税费优惠主要包括生产、生活性服务业增值税加计抵减政策、研发费用加计扣除政策、固定资产加速折旧政策、进口科研技术装备用品税收优惠、科技成果转化税收优惠、科研创新人才税收优惠六个方面；企业成熟期税费优惠主要包括高新技术类企业和制造业等行业税收优惠、软件企业税收优惠、集成电路企业税费优惠、动漫企业税收优惠四个方面。参照税务总局的优惠政策，各地也纷纷出台了地方支持创新创业的税收优惠政策。总体来说，税收优惠政策体系复杂、条目众多，调整变化大。对于地方税务部门而言，只有做到定期开展税收宣传辅导，手把手的贴心服务，才能让企业更好更快享受政策红利；对于众多的企业来说，只有用好各级各类的税收优惠政策，才能真正减轻创业成本和企业负担。

金融信贷政策是中央银行根据国家宏观经济政策、产业政策、区域经济发展政策和投资政策，并衔接财政政策、利用外资政策等制定的指导金融机构贷款投向的政策。其主要目标是为了改善信贷结构，促进经济结构的调整、科学技术的进步、社会资源的优化配置。近年来，各地政府相继出台了一系列主要针对大学生和小微企业的贷款优惠政策，主要有创业担保贷款和贴息贷款两种形式。担保贷款是由政府部门为企业贷款担保，金融机构提供贷款，或者由金融机构放款，担保公司提供担保，政府补贴担保费，企业可以在抵押物不足的情况下获得银行贷款支持。申请创业担保贷款须经两道程序审核把关：一是由人力社保部门组织专家对创业项目审核，通过后出具由创业担保基金担保的贷款资格认定证明；二是凭资格认定证明及有关材料，向经办银行提出贷款申请，经办银行再对创业项目情况、信用状况、偿债能力等进行调查。审核通过后，政府设立的创业担保基金为贷款提供担保，经办银行向申请者发放贷款。贴息贷款是由金融机构提供贷款，政府部门为企业贷款贴息，主要有两种方式：一是财政将贴息资金直接支付给贷款企业；二是财政将贴息资金直接拨付给贷款银行，由贷款银行以低于市场利率的政策性优惠利率向企业提供贷款。上述的政策性贷款的特点是利息低，甚至免利息，偿还的期限长，甚至不用偿还。

但是要获得这些贷款必须符合一定的政策条件，各地的优惠政策都是不同的，获得优惠贷款的条件和方式也是不同的。对于政府和金融信贷机构而言，要进一步加强信贷产品及服务方式创新，更好地满足中小企业的发展需求，对于创业企业来说，只有提高企业的高科技含量，才有可能获得更多的优惠贷款支持。

人才政策是国家或地方政府为引进、培养和留住人才而制定的一系列政策措施，主要包括优惠政策、奖励政策、职业发展政策等，旨在吸引和激励人才投身于各领域工作和创新创业，助力经济社会的可持续发展。众创空间是集聚高端人才、形成创新成果、培育创新企业的科创载体；创新创业人才为企业管理和经营带来新理念与新思路，通过发明、创造和升级先进技术，帮助企业获得更强的竞争力，其重要性是不言而喻的。对于各级政府和企事业单位而言，在制定人才政策时，要更加注重各类人才的培养激励，更加注重青年人才的培育发展，更加注重人才的引留并举，通过完善人才分类评价机制、强化人才生活服务保障、强化人才贡献待遇激励、强化人才管理机制改革，营造识才爱才敬才用才的良好氛围。对于众创空间和创业企业来说，在制定人才政策时，要始终把人才的困难和实际需求挂在心上，最大限度地为他们解决后顾之忧，努力为他们提供一个安心工作、潜心研究的环境，让他们凝心聚力、一心一意地干事创业。

科技政策是国家为实现一定历史时期的科技任务而规定的基本行动准则，是确定科技事业发展方向，指导整个科技事业的战略和策略原则，是政府为了推动科技进步并使之与实用相结合而实施的政策体系。[①] 2022 年 12 月 15 日在北京召开的中央经济工作会议要求：科技政策要聚焦自立自强，要有力统筹教育、科技、人才工作，布局实施一批国家重大科技项目，完善新型举国体制，发挥好政府在关键核心技术攻关中的组织作用，突出企业科技创新主体地位。从国家层面到地方政府，推出了一系列科技

① 吴峰，李银生，聂永川．基于 ESVM 的科技政策文本标签分类研究[J]．河北省科学院学报，2018，35(1)：1-10.

政策，鼓励和支持创新创业活动，为众创空间的建设和发展注入了活力，科技政策呈现出多种类、多部门、多层次、跨度时间长的特点。当前各级各类的科技政策主要体现在支持技术创新平台建设、支持科技孵化平台建设、支持科技中介服务机构发展、支持高新技术企业发展和支持科技人才成果转移和创新创业方面。对于企业而言，他们接受到大量的政策信息，最看重的是政策的实际效果，有用的政策就去争取，没用的政策以及用不了的政策就会放弃。科技政策对处在不同发展阶段企业的支持存在偏差，对初创期企业支持偏少，对成熟期企业支持偏多，存在政策的供给与需求不吻合的现象。

综上，创业扶持政策可为创业者提供创业资金支持与创业帮扶，税收政策应对符合条件的创业企业进行税收优惠与减免，金融信贷政策可为创业者提供担保贷款和贴息贷款，人才政策为企业人才的引进、培育、管理提供了可靠保障，科技政策为企业的平台建设和成果转化提供了政策支持。五大政策要素协同发力，构建起全方位的政策支撑生态圈（如图 4-11 所示），为众创空间和创业企业提供立体的政策服务。

第四，产业生态圈。

产业生态圈是某种产业在某个地域范围内已形成（或按规划将要形成）的以某主导产业为核心的具有较强市场竞争力和产业可持续发展特征的地域产业多维网络体系。① 产业集群中处于上、中、下游层次的企业，因投入产出关系所形成的类似于食物链的产业生态链，这些产业生态链的有机组合就形成了产业生态圈，是一种新的产业发展模式和一种新的产业布局形式。众创空间作为企业孵化平台，为企业发展“全面赋能”和“全程加速”，助推入驻企业的快速成长。推动众创空间与地方产业的深度融合，充分发挥众创空间在促进产业协同发展中的作用，对于推动地方产业发展具有重要意义。影响企业发展的产业生态圈主要由市场需求、龙头企业、上下游配套企业、行业协会（商会）、孵化器（加速器）五大要素组成。

① 袁政．产业生态圈理论论纲[J]．学术探索，2004(3)：36-37.

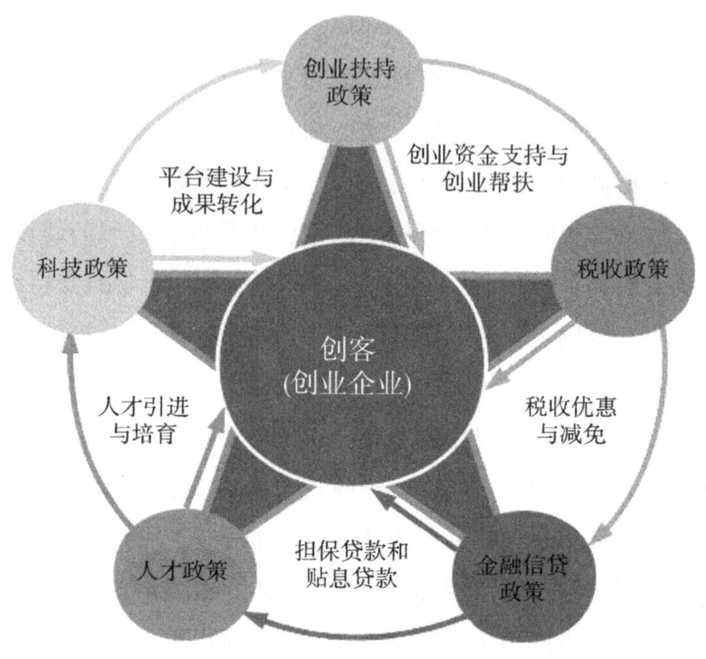

图 4-11　政策环境生态圈(笔者自绘)

市场需求是顾客在一定的地区、一定的时间、一定的市场营销环境和一定的市场营销计划下，对某种商品或服务愿意而且能够购买的数量，由消费者的购买欲望和消费能力所决定。企业与市场的关系是不可分割的，企业是为了市场的需要而存在，企业服务于市场，市场有着不同的需求，企业为了满足市场的需求进行发展壮大，如果市场没有了需求，企业这个名词也就不复存在。众创空间作为一种开放式低成本的服务平台，通过对社会资源的优化整合利用，为创业者提供场地、网络、社交、资金、技术等方面的支持，向创客提供创新创业服务。市场在决定着众创空间资源配置的同时，也对众创空间的发展类型和规模产生直接影响。众创空间能否得到市场认可，关键看其能否提供市场所需求的创业服务，众创空间的存在，就是为了给创业者有力的平台支撑，帮助他们实现资源对接，将想法做成产品，将产品做成市场，将市场做大做强，市场决定着众创空间的存在价值。① 当前，众创空间的发展模式不一，无论是哪种模式的众创空间，都必须以市场为主导，结合当地的资源优势和产业特点，选择合适的运营方式，才能发挥众创空间在创新创业活动中的积极作用，这也是众创空间健康可持续发展的必然选择。

龙头企业是某个行业中，对同行业的其他企业具有很深的影响、号召力和一定的示范、引导作用，并对该地区、该行业或者国家做出突出贡献的企业，它肩负有开拓市场、创新科技、促进区域经济发展的重任。② 时任国务院总理李克强在十二届全国人大五次会议上作政府工作报告时指出：要打造面向大众的“双创”全程服务体系，使小企业铺天盖地、大企业顶天立地，市场活力和社会创造力竞相迸发。国务院办公厅下发的《关于加快众创空间发展服务实体经济转型升级的指导意见》(国办发〔2016〕7号)也对龙头企业建设众创空间提出了指导性意见：鼓励龙头骨干企业围绕主营业务方向建设专业化众创空间，按照市场机制与其他创业主体协同聚集，优化配置技术、装备、资本、市场等创新资源，实现与中小微企业、高校、科研院所和各类创客群体有机结合，有效发挥引领带动作用，形成以龙头骨干企业为核心、高校院所积极参与、辐射带动中小微企业成长发展的产业创新生态群落。由龙头企业主导建设的专业化众创空间，能够更好地发挥其在产业上下游的作用，更好地把企业孵化和实体经济、产业发展结合起来，这种由龙头企业主导的众创空间形态正在成为政策力推的众创空间发展方向。

上游企业是相对下游企业而言的，指处于行业生产和业务初始阶段的企业和厂家，主要生产下游企业所必需的原材料和初级产品等的厂商。下游企业主要是对原材料进行深加工和改性处理，并将原材料转化为生产和生活中的实际产品。众创空间的建设发展应致力于围绕核心企业构建产业生态，以区块链、互联网等创新技术打破区域限制，通过平台连

① 邹发伟．市场化是发展众创空间的必然途径[J]．商，2016(5)：70，39.

② 万娟秀，蒋建平，管庆玲．制造业产业链高质量发展评价指标体系构建初探[J]．中国标准化，2022，612(15)：50-53，71.

接产业链上下游企业，形成垂直行业的产业集聚。同行业的上下游企业集聚在一定区域内，各个企业资源互补，通过专业分工形成一个持续、稳定的竞争优势集体。在学习曲线效应下，企业可以不断改进，有效降低了技术创新和产品开发的成本，进而实现集群创新效应。与此同时，上下游企业的集群效益降低了运输成本、寻找成本、信息成本、谈判成本等交易成本，大大提升了众创空间的综合竞争力。众创空间虽然物理空间有限，然而其产业链是一个无限的空间，特别是在产业链形成初期，上下游企业在物理空间内聚集在一起，合作关系大于竞争关系，这种聚集就像滚雪球，越滚越大，该产业在一个区域的根植性和核心竞争力就会越强。

行业协会(商会)是完善市场经济体制，实现经济又好又快发展的重要社会组织。西方市场经济的经验表明，企业自我管理、行业协会中观调节、政府宏观调控，三位一体、共同作用，这是更好地发挥市场在资源配置中决定性作用的重要保证，是形成有利于科学发展的宏观调控体系的内在要求。① 行业协会具有民间性、互益性、中介性、非营利性的显著特征。作为政府、企业和学校的中间枢纽，行业协会能够推动众创空间的市场环境的完善，引导社会资源加大对创业者、创客和小微企业的辅育和支持。行业协会以服务为核心功能，维护企业正当权益，在市场竞争中，行业协会在保护本行业从业、支持企业增强竞争力方面，起着重要的协调作用，行业协会的服务功能体现的是行业的整体利益。通过建立会员之间的电子信息网络，加强信息交流，扩大宣传力度，为会员对接创业项目，介绍合作伙伴，拓展创新、创业渠道，协助完成创业过程。

孵化器是以服务大众创新创业，促进科技成果转化，优化创新创业生态环境，培育企业家精神为宗旨，面向科技型创业企业和创业团队，提供

① 张高陵．行业协会商会社会责任研究[J]．社团管理研究，2010，37(10)：17-19.

物理空间、共享设施和专业化服务的科技创业服务载体。① 孵化器大大降低了科技创业的成本和风险，营造了有利于科技创业和在孵企业健康发展的环境，成为科技成果快速转化的平台、科技创业者的家园、科技创业企业和企业家成长的温床。加速器是孵化器功能向后端的延伸，是一种兼具孵化和金融中介两种属性的机构，它为初创企业提供种子基金、密集的导师指导及其他各类服务，通常有时间限制并以群组模式开展，旨在通过服务加速促进企业成长。对于新创公司而言，加速器最大的价值在于加速器成为公司的生命共同体，会积极地为公司寻找各种资源，让公司能够快速地成长。对于众创空间而言，孵化器和加速器对入驻企业和项目有着严格的审核机制，它能为快速成长企业和成长性好的企业提供更大的物理空间，更强的、个性化的专业服务，更有力的政策扶植，成为培育创新型企业，形成高新技术创新集群的重要孵化平台。

综上，市场主导着众创空间和企业的发展，龙头企业引领着众创空间和企业发展，上下游企业支撑着众创空间和企业发展，行业协会服务众创空间和企业发展，孵化器(加速器)推动着众创空间和企业发展，五大要素协同发力，构建起全方位的产业生态圈(如图 4-12 所示)，为企业发展提供服务。产业生态圈由于形成了良好的生态梯级层次，使市场、龙头企业、上下游企业、行业协会、孵化器(加速器)在生态圈内形成了最经济的互动，从而为圈内企业提供了强劲的市场竞争力。

第五，服务生态圈。

创业服务是指为创业者和创业企业提供创业指导、创业咨询、政务代理、生活配套、电商物流等方面的服务，是创业企业和创业个人在事业发展中寻求外部支持，减少创业风险，取得成功的重要因素。企业从创立到运营，整个过程中有大量细致而艰巨的工作需要完成，由于初创企业人力和资源有限，所以需要更专业的机构或服务载体协助其完成部分工作，使

① 长城企业战略研究所．孵育未来 孵化器发展与创新研究[M]．南宁：广西人民出版社，2002.

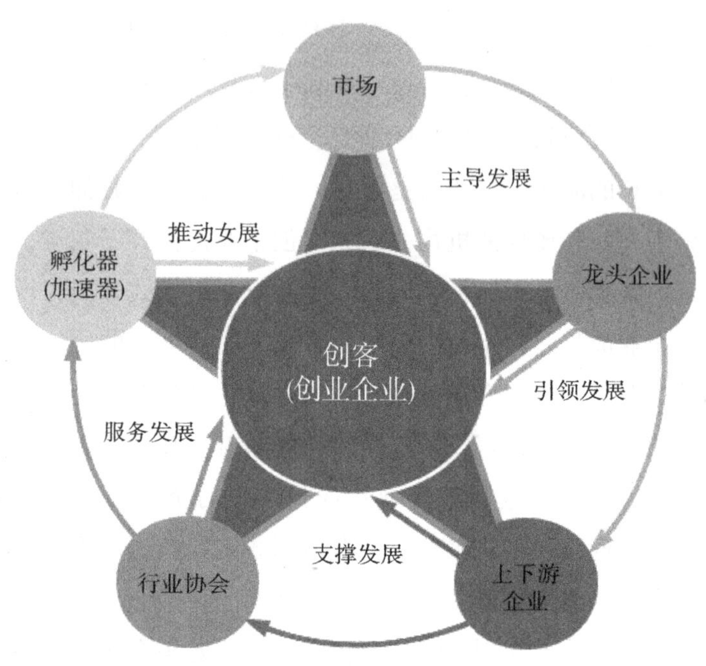

图 4-12　产业生态圈(笔者自绘)

创业企业能够更加专注于提升自己的主营业务。创业服务对于创业企业至关重要，如果企业得不到优质的创业服务，则很有可能遇到问题不知如何解决，或花费大量的时间疲于应付核心业务之外的各类琐碎事务，这些都将大大增加企业的运营成本和负担。在众创空间创业生态系统中，我们应更加重视创业服务的作用，构建整合各类服务要素，为企业发展提供全方位的服务。重点关注众创空间运营机构、生活配套与社交平台、政府咨询服务机构、第三方服务机构、电商(物流)平台五大服务要素。

众创空间运营机构是负责众创空间运行的主体，是注册或批准成立的具有独立法人资格的企事业单位或社会组织团体。遵循“政府支持、市场主导、科技引领、资源聚集、因地制宜、强化服务、分类发展”的建设原则。主要负责众创空间的日常运营，为入驻的企业和团队提供专业、系统的创新创业服务。众创空间运营机构肩负着完善和提升创新创业服务体系的使命，通过便利化、全方位、高质量的创业服务，让更多人参与创新创业，让更多人能够实现成功创业。运营机构的服务功能主要体现在集聚创新创业者、提供技术创新服务、强化创业融资服务、开展创业教育培训、建立创业导师队伍、举办创新创业活动、链接国际创新资源、集成落实创业政策等方面。众创空间运营机构的运营管理和专业服务能力，主要由众创空间的发起者和运营者及其服务团队的能力水平所决定，因此，众创空间运营机构的主要负责人是否具有丰富的创新创业经历和相关行业资源，能否为创业者提供低成本的办公条件和研究开发、检验测试等公共技术平台就显得尤为重要了，众创空间运营机构的系统效能直接影响着创业企业的成长和发展。

生活配套的直接服务对象是人，与创客的学习、工作、生活息息相关。根据北京目前执行的公共服务设施配套建设标准，居住区的生活基础配套设施主要包括教育设施、医疗卫生设施、文化体育设施、商业服务设施、金融邮电设施、社区服务设施、行政管理设施和市政公用设施八大类。① 在以上八大类配套设施中，最受关注的是中小学、幼儿园、体育活动场所及医院。相比于前述的支撑要素，生活配套看似与创业企业的经营没有特别直接的关联，但众多的创业者需要品质优良的生活配套以满足其生活需要，同时，生活配套的质量也是吸引人才的重要因素。所以，生活配套和其他要素一样，在众创空间创业生态系统中同样不可或缺，只不过相较而言发挥的作用更为基础。社交平台是人们彼此之间用来分享意见、见解、经验和观点的工具和平台。随着移动互联网的日益普及，社交的变革正在改变商业，商业正在改变世界。众创空间里的创客们以年轻人居多，他们思维活跃、视野开阔、灵感无限，更善于接受新鲜事物。搭建具有区域创业文化特色的线上线下社交平台，有利于发现时代创新力量，呈现企业社会价值，传播创新思想，促进众创空间创业企业的发展。

政府咨询服务机构是指政府帮助创业企业判断政策问题、制定政策方

---

① 小区公共配套设施有哪些[EB/OL]. [2023-03-10]. http://www.wendangku.net/doc/2c896709.html.

案、获取政策支持，为企业发展提供建议和服务的行政机构。政府服务就是发布者服务，是制定、执行政策主体服务，提供的服务主要是公开、咨询、解读、办理等法定义务服务。主要有以下几个方面：及时向企业发布解读各级各类创业政策；负责解答各类企业申报咨询，包括详细解释政策的具体资质条件、资助流程等；了解企业政策申报的需求，针对企业需求分析适合的政策，并针对项目的申报条件作出分析；协助申报政策的企业准备项目申报阶段及验收阶段的相关资料。当前，无论是国家层面还是各级地方政府层面，针对众创空间建设发展的文件政策众多，涉及面广，包括创业扶持政策、金融信贷政策、税收政策、人才政策、科技政策等诸多方面。落实这些政策往往需要各级政府和相关部门形成合力，才能确保政策的落地见效。众创空间里的创业企业大多为初创企业和发展中的企业，亟须各类创业政策的支持，政府咨询服务机构作为官方机构，其服务能力和水平，直接影响着政策执行是否有效，事关整个政策的成败，对企业的成长和发展有着极大的影响。

第三方服务机构是指独立的非政府的第三方服务机构，说它独立，主要是强调独立责任，责任分离，它是区别于政府和企业之外，以合同的形式来界定供需二者之间的职责，独立承担责任的服务机构。第三方服务是产业价值链不断细分和市场经济体制不断深化发展的结果，优质的第三方服务机构具有专业性、独立性、契约性、增值性的特点。① 第三方服务机构可以为创业企业提供财务咨询、市场营销、人力资源、法律顾问、知识产权、检验检测、物流管理、证照代办等专业化服务。创业企业可将部分服务性业务委托给专业的第三方服务机构，以便把精力更集中地投入其优势领域。对于企业而言，既可以节约服务成本，提高服务质量，又可以提升生产效率。创业企业的发展，除了需要政府咨询服务机构的服务与支持，也离不开第三方服务机构的专业化服务。专业的第三方服务机构已然

① 孙久国．质量人工作手册：从华为质量工程师到海信质量副总的质量之路［M］．青岛：中国海洋大学出版社，2019：232-233.

成为助力企业健康、有序、高水平发展的坚强保障。国务院发展研究中心技术经济研究部部长吕薇表示，“对于中小企业的创新服务，不能仅靠政府或其委托的机构，社会服务机构也应发挥作用，应在政府监管和行业规范的基础上，促进社会服务机构发展”。

电商平台是为企业或个人提供交易洽谈的网络平台，是建立在互联网上进行商务活动的虚拟网络空间和保障商务顺利运营的管理系统，是协调、整合信息流、货物流、资金流有序、关联、高效流动的重要场所。① 企业可充分利用电商平台提供的大数据信息和网络支付平台，高效快捷地开展商业活动。电商平台将传统的商务流程电子化、数字化，以电子流代替实物流，突破了时间和空间的限制，减少了中间环节，使得交易活动可以在任何时间、任何地点进行。② 电商平台改变了中小企业的经营环境，为中小企业提供了新的市场机会，降低了企业销售和运营成本，提高了中小企业的知名度和经济效益。物流平台是结合物联网概念、电子商务模式、互联网技术、物流技术和电子商务支付系统等信息技术而建立的物流服务平台，可实现产品信息发布、货物交易、电子委托、电子支付、电子确认、货物单证传输等现代物流配送与采购交易功能。第三方物流可以让企业将有限的人、财、物集中于核心业务，减少车辆购置和仓储建设等固定成本的支出，降低企业库存，改善现金流。众创空间聚集了大量的中小企业，他们没有资金和能力构建自己的电商和物流平台，因此为广大中小企业搭建电商、物流一体化发展平台就显得尤为重要了。

综上，众创空间运营机构引领着众创空间的发展和未来，生活配套和社交平台为创客们提供学习、工作、交流的保障，政府咨询服务机构为企业提供政策支持与服务，第三方服务机构为企业发展提供专业的配套服务，电商和物流平台为企业提供便捷的电子商务和物流服务，五大要素协同发力，构建起全方位的服务生态圈(如图 4-13 所示)，为企业发展提供全方位的服务。

---

① 宋文官．电子商务概论(第 3 版)[M]．北京：清华大学出版社，2012.

② 陈晨．浅谈电子商务在国际贸易中的影响[J]．现代营销(经营版)，2020，326(2)：102.

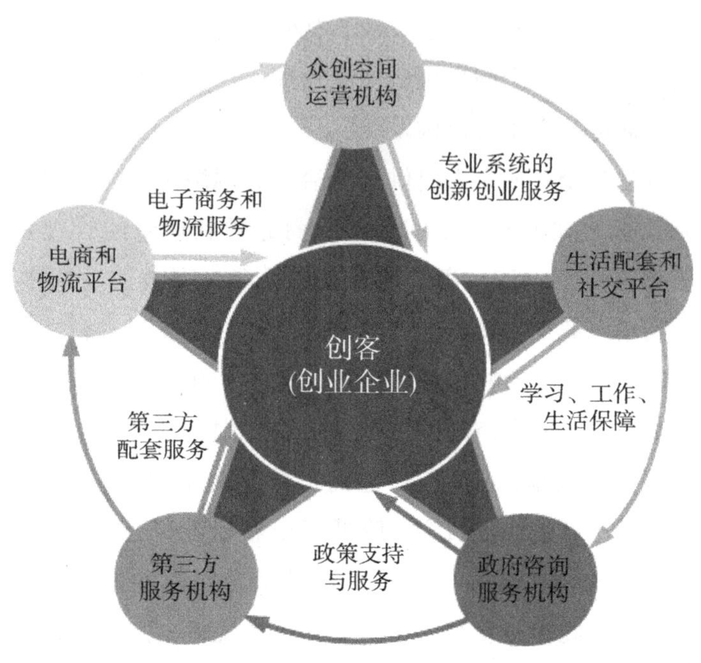

图 4-13　服务生态圈(笔者自绘)

③环境生态圈。

创业生态系统中的创业环境是创业活动能否顺利进行的关键要素，决定了创业企业的生存和发展条件、运营方式和发展方向。创业主体从创业环境中获取资源支持的同时，其成长也会反馈到创业环境中，对创业环境的塑造产生影响。创业环境是众创空间创业生态系统存在与演化的必要条件和土壤，对众创空间的发展方向起着一定的支配和制约作用，众创空间创业生态系统的形成与发展过程均需要在达到一定条件的外部支持环境中进行。① 环境生态圈主要包括政治环境、经济环境、科技环境、文化环境和生活环境五个方面，它是众创空间创业生态系统赖以生存的外部环境系

① 赵涛，刘文光，边伟军．区域科技创业生态系统的结构模式与功能机制研究［J］．科技管理研究，2011，31(24)：78-82.

统，影响着创业生态系统的运行。创业环境的特点和性质发生变化，往往会引起创业生态系统的性质和功能发生变化，创业生态系统与创业环境相适应，就会促进区域创新创业活动，反之，则会阻碍创新创业活动的开展。① 创业环境对创业活动的开展非常重要，众创空间只有适应创业环境的变化，才能发挥其应有的作用。

第一，政治环境。

政治环境是直接或间接影响一个国家或地区公共政策的政治制度、政治体制和政治文化等情况的总和。政府针对创新创业所制定的方针政策、法令法规都属于能影响创业的政治环境因素，它会对创业活动产生重要影响。在稳定的政治环境下，创业者可以更加自由地开展创业活动。政治环境对企业发展的影响具有直接性、难以预测性和不可逆转性。政治环境直接影响着企业的经营状况，对于企业来说，很难预测国家政治环境的变化趋势，政治环境因素一旦影响到企业，就会使企业发生十分迅速和明显的变化，而这一变化企业是驾驭不了的。② 良好的政治生态环境是企业做强做优做大的坚强保障。

第二，经济环境。

经济环境主要是指一个国家或地区的社会经济制度、经济发展水平、产业结构、劳动力结构、资源状况、消费水平、消费结构及国际经济发展动态等。③ 创新创业的经济环境是指一定区域内创业企业面临的社会经济条件，它对区域内创业机会和企业发展产生直接影响。经济环境从宏观层面决定着资源配置的方式，决定着市场活跃的程度，市场经济开放的竞争环境有利于企业创新。经济发展水平对政府服务职能的发挥产生直接影响。如，基础设施投入、教育投入、科技投入、鼓励创新创业的财税政策

① 张晨琦．创业生态系统中新创企业成长演进机制研究[D]．天津：天津大学，2018.

② 汪洋．传媒经理人的自我法律保护[J]．传媒，2012，155(6)：66-68.

③ 刘文光．区域科技创业生态系统运行机制与评价研究[D]．天津：天津大学，2012.

等都与区域经济发展水平有直接的联系；消费结构、消费水平等市场状况与创业机会也直接相关，消费市场越细分，创新创业机会也越多。① 经济环境是影响创新创业活动的关键因素，良好的经济环境给予创客创业的信心，为创客带来广阔的市场空间和发展前景，有助于促进创新创业活动的开展。

第三，科技环境。

科技环境是科学技术的进步以及新技术手段的应用对社会进步所产生的作用。对于创业企业而言，科技环境是指企业所处的社会环境中的科技要素及与该要素直接相关的各种社会现象的集合，主要包括社会科技力量、社会科技水平、科技体制、科技政策和科技立法等基本要素。② 科技环境对技术研发成果的产生和技术成果转移与市场化有直接关系。实践也充分证明，科技环境较好的区域，创业活动多，企业发展也相对繁荣。科技进步和创新必须作用于创业活动实践才能得以实现，它们之间是相辅相成的关系。创业离不开科学技术的发展，创业是科学技术和市场的纽带，科学技术的迅猛发展也给创业者带来了便捷。因此，良好的科技环境是企业高质量创业的前提，先进的科学技术为创业企业提供技术支持，有助于创业企业打造核心竞争力，从而实现创新发展。

第四，文化环境。

创业文化是指与社会创业有关的意识形态、文化氛围，包括人们在追求财富、创造价值、促进生产力发展的过程中所形成的思想观念、价值体系和心理意识，主导着人们的思维方式和行为方式。③ 创业文化不仅对人们的创业精神、创业行为产生影响，还对企业文化和经营活动产生影响。不同的创业文化对创业企业的发展愿景、商业模式和经营策略都有着不同

---

① 李林凤．高新区创新创业生态系统绩效评价研究［D］．绵阳：西南科技大学，2019.

② 魏鲁霞，王哲，陈清华．企业发展与竞争情报［J］．情报杂志，2003(7)：46-49.

③ 唐根丽．乡村创业环境评价指标体系研究［J］．赤峰学院学报(汉文哲学社会科学版)，2013，34(12)：74-75.

程度的影响。创业文化具有非常深刻的社会、经济、文化意义，它并不单单指的是文化，而是与经济直接挂钩的，具有可认知性的，体现着知、情、意相统一的文化精神。具体来看，创业文化主要有以下几个方面的功能①：第一，导向功能。创业文化作为一种价值取向，可以引导企业主体的态度和行为，通过价值观、目标、行为规范发挥导向作用，具有自发性和强制性。第二，凝聚功能。创业文化具有同化、融合的特征，可以产生强烈的向心力，让成员真正地融入创业组织中。第三，协调功能。具有同样文化的人往往容易和谐相处，创业文化不但可以协调企业内部关系，还能协调企业与外部的关系，从而为企业发展创建和谐的环境。

第五，生活环境。

生活环境是与人类生活密切相关的各种自然条件和社会条件的总和，它由自然环境和社会环境中的物质环境所组成，包括自然生态、地理区位、交通状况、基础设施等。② 在这里主要探讨区位和基础设施两个方面。众创空间是一种经济空间形态，其区位条件优劣和所处的位置直接相关，对招商引资、人才引进、资源获取产生直接影响。良好的区位条件可以带来更多的创业机会，为创业企业节约时间成本、降低生产成本、提高产出效益，是众创空间得以高效和低成本运行的基础条件，也从一定程度上决定着众创空间的发展上限。基础设施是指为社会生产和居民生活提供公共服务的物质设施，是保证社会经济活动正常进行的公共服务系统。③ 完善的基础设施对开展社会经济活动，促进创新创业起着重要的推动作用。

---

① 黄敏．论企业文化激励功能及实现途径[J]．武汉理工大学学报，2005(8)：113-115.

② 张晨琦．创业生态系统中新创企业成长演进机制研究[D]．天津：天津大学，2018.

③ 杨俊宴，曹俊．动·静·显·隐：大数据在城市设计中的四种应用模式[J]．城市规划学刊，2017，236(4)：39-46.

4.3 众创空间的运行机制

“机制”一词来源于生物学，指有机体的构造、功能和相互关系，管理学引申为一个工作系统的组织或部分之间相互作用的过程和方式。运行机制即社会体系或工作系统在有规律的运转过程中，影响这一过程的内外部各种因素的单元、结构、模块及其相互之间的关系，以及这其中各种因素发挥作用、产生影响的作用过程和工作原理及运动方式。众创空间的运行机制即众创空间在促进“大众创业，万众创新”过程中，其内外部的各种要素之间的相互关系及作用机理。众创空间是资源和政策集聚的地方，空间与外界的边界是开放的，空间内部的孵化企业既存在竞争关系，又是共生关系，分析众创空间运行机制对提升众创空间孵化效率、成功率有着重要的意义。

4.3.1 入驻与资源共享机制

众创空间是依托政府职能部门、产业园区、龙头骨干企业、科研院所、高校建设的，为相关的创业者提供低成本、便利化、全要素、开放式的创业服务平台。入驻机制是众创空间对外开放的门户，由于创客圈的创业者数量众多，并不是所有的创新都适合转化成商品并得到市场认可，因此众创空间虽然门槛不高，但并不是所有的创业项目都能入驻，因为在现实中，每一个众创空间都有其自身的运营方向和遴选机制，只有符合条件的创业项目才能够入选。每个众创空间都会根据自身特点打造各自特有的空间文化，构建起不同的社会关系网络，聚集各种资源条件，吸引相关创业项目向空间靠拢。一般而言，这些创业项目只有通过空间的遴选，才有机会入驻空间。这种入驻遴选机制大致是按照“申请—考核—入驻”这一流程展开：申请进入众创空间的创新创业者或项目团队向空间管理方递交申请，并提供项目可行性报告、创业计划书及所需的其他材料；受理申请后，管理方对申请人进行考察并审核材料的真实性，提交项目评审组讨论决定；申请批准后，管理方与申请人签订入驻协议，明确双方权利义务。① 能够成功入驻的项目一般具有以下特点：一是已经成功实践的创业项目，或项目展现出足够的创新力，创业团队有明确且非常合理的创业目标及创业规划；二是项目发展方向应当符合该众创空间发展定位，如一些众创空间要求项目必须是高新技术领域，符合我国高新技术产业导向；三是项目市场发展潜力大，预期的经济与社会效益显著。

资源共享机制就是入驻众创空间的所有项目都可以免费或者以极低的成本享受到空间各种资源。一是硬件设施共享。凡是入驻的项目都可以免费或者以极低的价格获得一块办公经营场地，其配套水电、办公设施等也能得到各种优惠，空间里的公共设施、会议、展示场所可以共享，甚至有些众创空间还提供了配套的人才房租赁等优惠项目。二是资金的帮扶。一些众创空间为入驻项目提供了补助资金、种子基金或启动资金，帮助入驻项目迅速落地发展，同时，众创空间也聚集了各种创投机构与天使投资机构，为入驻空间的创业者提供融资服务和创业资金支持，相关的资本方通过借款、收购、投资等方式，帮助创业者持续开展创业活动。三是共享发展增值机会。大多众创空间都有建立创业导师“传、帮、带”一体化的工作和服务机制。有些众创空间会邀请行业里成功的企业家、专家和投资人等组成专职或兼职创业导师团队，为创业者提供创业指导、咨询等服务；有些众创空间定期或是不定期举办诸如创新、创业类主题沙龙、主题大讲堂、专题训练营等活动；有些众创空间有着比较强大的社会资源整合能力，他们通过对接社会组织、高等院校、科研单位、行业部门以及各类行业服务机构，通过借力政府服务延伸，链接本地存量科研设施与生产资源，为创业者提供金融、工商、法务、财政等政策申请、研发投入、科技攻关、金融服务、成果交易、检测认证等一体化、专业化服务。

① 高嵩．大连理工大学众创空间的构建与运行研究[D]．大连：大连理工大学，2018.

4.3.2 资源聚合与成长促进机制

在自然环境中，各种生物的生长繁衍都需要丰富的外部资源持续的供给，各种资源的有效供给直接影响着各种生命的成长，进而影响整个生态圈的发展与平衡。在我国，众创空间也类似于一个个生态圈，众创空间聚集着众多的优质资源，通过资源的聚集与整合源源不断地为创新创业项目供给能量。众创空间正是通过对创业者、创业项目不断集聚的方式吸收社会各种优质资源，为空间内的创业项目持续不断地输送营养。在这个过程中，资源集聚和资源整合两大机制发挥着非常重要的作用。

首先是资源集聚机制。众创空间的门槛相对较低，他们对各路而来的创客广泛接纳吸收，“众创空间”因而也成了“创业者的天堂”，社会上各种资源朝空间不断流进。另外，众创空间还通过免费为内部创客提供一些有针对性的能力提升服务，例如，为他们举办一些公益讲座、创业沙龙以及各类创新创业大赛来促进他们知识、技能的提升，这也吸引着各种社会资源不断注入众创空间。

其次是资源整合机制。在众创空间中，存在着众多创新创业项目，他们共同构成庞大的生态系统，这一系统能够不断地吸收外部资源并非常迅速地将其转化为本系统内部的资源体系。这一体系通过众创空间内部生态圈进行有序的流动，同时分阶段、分层次地给予空间内创新创业项目以资源支持，服务创新创业项目成长。

除了第一部分讲述的公共性、共享性资源外，在众多的创业资源中，根据众创空间的目标定位以及内部各种创业项目的差异，众创空间集聚和整合着更多相关门类的发展性资源，主要表现在以下三个方面。

一是战略性政策、知识与信息资源的整合。众创空间是落实“大众创业，万众创新”国家战略而兴起的业态，其战略性、政策导向性都高于一般的创业孵化器，在众创空间汇集了国家战略性产业发展政策、关键知识与信息资源。

二是新技术、新模式、新生态的整合。在众创空间中，信息、资源及资本等资源高度集中，同时带来战略性新技术、新模式和新生态的高度集中和快速迭代，在众创空间生态圈中集聚的新商业模式和新产业技术之间，不断进行着融合、碰撞与创新，最终形成可以实现商业价值的新产品。比如，在众创空间中，资本方不仅可以为创业者提供创业资金，同时他们现身说法，带来诸多丰富的投资经验、开阔的产业视角和深邃的战略观察，更能为空间中的创业项目进行战略指导，帮助他们升级产业技术、优化商业模式。

三是商业运营能力的整合。在众创空间中，活跃的不仅是资本、资源、信息、技术，还有人才。众创空间的生态圈一旦形成，便会吸引众多富有创业经验和能力的创客加入。他们带来不同模式的商业运营经验，在众创空间中因不同的需求而聚集、碰撞出多彩的火花。他们根据不同主体间的不同需求进行再组合、开发，进而打造出独具特色的商业运营能力，包括创业团队管理、产品开发与产品营销等多种能力，进而形成具有竞争优势、富有创新性、短时间不容易被模仿的核心竞争力。

4.3.3 经验分享与容错试错机制

在众创空间中，空间内部随时都发生着信息、资源和资本的流动，这些创业关键要素的流动也是维持众创空间不断发展的根本动力。在众创文化的作用下，众创空间不断地实现和促进着各创业生态圈的循环代谢。实质上，众创空间发挥了促使空间内各种信息、物质和资本在各个创客族群间进行流动的推进器的作用。在众创空间发展起来的众创文化包括两种：成果共享文化和容错试错文化，也可以称为经验分享机制与容错试错机制，这两种机制是聚集创业者、创业项目、创业资源的重要因素。

经验分享机制是指众创空间中由创业者自发形成的，创业者之间、创业者与其他主体间互相分享最新的观点、创业经验以及创业成果的文化共享机制。众创空间运营主体通过定期不定期举办各类型的创新创业活动，促使空间中创业者与系统内的其他创客分享创业经验、知识和创业成果，充分发挥了信息的价值，体现了经验、知识和信息传播的无边界性。

容错试错机制是指在众创空间存在的鼓励探索、创新与允许失败的一种内部机制。通常来讲，在众创空间中的创业项目，其前期规模一般都比较小，用不着投入过多的资金，因此其失败的风险也相对较小。同时，在众创空间内部的风险投资、风险补偿等机制能大大降低创业失败的风险，从而促使有创新创业想法的组织或个人不会因为害怕项目失败而对创业行动望而却步，这样既增强了众创空间内的创业文化氛围，又能够吸引更多的创业者和创业项目聚集。

4.3.4 评价与退出机制

评价机制即众创空间为达成预期的孵化目标对其内部孵化项目定期采取的绩效考评机制。一般而言，这种评价有两种实施方式，一种是众创空间运营主体主动采取评价；另一种是众创空间运营主体聘请第三方进行评价。评价的内容大致可以分为四个模块：一是财务情况。主要考察项目价值创造的能力、盈利能力以及投资回报情况等。二是客户情况。主要考察项目市场占有情况、客户满意度等，关注项目是否可以为市场供给有竞争力的产品、服务，是否能够获得客户的青睐。三是内部管理情况。主要考察项目内部的运营和管理效率，关注项目内部建设、团队管理、生产控制、上下游供应链管理以及研发能力等情况。四是参与学习与成长情况。主要考察项目是否有可持续发展能力，关注项目参与众创空间培训、竞赛、技能学习等情况。这种评价分为定期和不定期，定期评价一般以季度、半年、一年为周期开展，对于一些重点项目，市场发展迅速的项目采用不定期评价。评价结果往往运用于众创空间的资源投入、孵化项目的问题诊断、项目的跟踪管理等方面。评价机制的实施有利于及时掌握空间内部项目的发展状况，从而有针对性地提供必要的帮扶，促进项目的发展。

项目退出机制是众创空间运营的重要组成部分，只有有序地退出，才有源源不断的项目进来。项目的退出一般有三种情况：一是项目毕业。项目毕业是指在众创空间孵化的项目，经过一定时间的发展培育，其市场占有率逐步提高、商业模式逐渐成熟、营业收入稳定增长、利润率持续提高、项目溢价回报率不断提升、内部管理不断完善、团队不断壮大、规模持续扩张，建立了现代企业制度和健全的财务制度，年营业总收入、固定资产和自有资金达到一定额度，需要更多的资源和更大的发展空间时，需要退出众创空间，寻找更大的发展平台。二是项目失败。主要是项目在运营过程中发展滞后、商业模式缺乏前景、没有利润来源，长期亏损，管理混乱，难以维系团队发展；违反国家法律法规和相关政策规定；主要从事与众创空间发展方向无关的生产经营活动，或所从事的业务与其申报的项目不符；严重或屡次违反有关管理规定，给众创空间造成重大经济或名誉损失；不按规定上报项目实施进度，隐瞒真实情况，弄虚作假，经要求整改仍不到位；被相关管理部门责令停产停业、吊销营业执照等重大行政处罚或被人民法院破产清算；不接受甲方的定期考核或考核不合格，经整改仍不合格的，应当及时退出。三是存在较大风险的项目。这类项目是指经过众创空间培育和自身的发展，项目出现较大经营风险，其研发进展受限、商业模式过时或不成熟、市场营销不畅、资本回报不稳定、内部管理出现问题、团队学习和创业热情减退，出现较大失败风险的情况，应当及时退出孵化。

5　创业企业视角下众创空间创业生态系统调查研究

前文主要是从理论层面、系统论的角度对众创空间创业生态系统进行了全面的阐述，从人力资源、金融支持、政策环境、产业生态、服务需求五个维度，构建了众创空间创业生态系统模型，简称众创空间创业生态系统的“五星”模型。这个模型是否符合实际？众创空间中的各个创业企业在它们创业过程或企业发展历程中体认到哪些生态要素最为重要？目前它们还有哪些需求？它们面临的困难有哪些？这些问题需要进一步实证研究，探讨这些问题，一方面可以实证“五星”模型的有效性；另一方面可以把握众创空间中的各个创业企业的发展需求、面临的问题，以便提出有针对性的对策建议。

5.1　众创空间创业生态系统调查研究工具的编制

鉴于众创空间中的各个创业企业的主要负责人日常工作事务较为繁忙，开展大面积的访谈并不现实，因而基于方便原则，本研究决定采用问卷调查方法对众创空间中的各个创业企业现实需求进行调查研究，开展小镇融合模式的众创空间创业现状的实证研究。

本研究的目标是把握众创空间中的各个创业企业的发展需求、面临的问题，以便提出精准的对策建议。因而编制众创空间创业生态系统调查问卷是整个研究重点之所在。整个问卷编制的思路和步骤如下：

5.1.1 梳理文献，问卷初稿编制

梳理众创空间创业生态系统文献研究成果，在他人理论研究的基础上，构建初步的众创空间创业生态系统问卷的理论框架，即对众创空间创业生态系统构成要素重要性的认知、对众创空间创业生态系统构成各要素满意程度评价，形成众创空间创业生态系统调查问卷初稿。

具体说来，梳理了众多创业生态系统的文献资料，根据文献研究成果，概括提炼了“人力资源、金融支持、政策环境、产业生态、服务需求”五大维度，以五大维度作为建构众创空间创业生态系统的要素。其实这五大维度的每一维度本身也是一个生态系统，而且每个维度的构成要素也众多。考虑到创业者工作繁忙，调查问卷设计的选项数量太多，回答问卷时间超过 15 分钟，容易导致无效问卷增加，因而问卷设计主要内容为“问卷填写者的基本信息及企业发展情况、众创空间创业生态系统各要素重要程度评分、众创空间创业生态系统各要素满意程度评价、众创空间创业生态系统各要素存在的问题”四部分。问卷填写者的基本信息主要包括性别、年龄、受教育程度。企业发展情况包括企业所属领域、企业所处发展阶段、企业融资情况等总共 6 个方面，众创空间创业生态系统五大要素，具体包括：(1)人力资源(创新)要素(高等院校、科研院所、行业协会、猎头公司、劳动力市场)；(2)金融生态要素(银行、风险投资人或机构、互联网金融、民间资本、政府扶持资金)；(3)政策环境要素(人才政策、科技政策、创业扶持政策、税收政策、金融信贷政策)；(4)产业生态要素(客户、上下游企业、产业联盟、孵化器、加速器)；(5)服务生态圈(创业教育培训、创业媒体、社交平台、电商平台、金融服务)。5 大维度每个维度有 5 个重要要素，总共 25 个要素，也即 25 道题。众创空间创业生态系统各要素满意程度评价，其构成要素以及各要素的子要素具体内容与众创空间创业生态系统五大要素及其子要素内容相同，这样问卷初稿总共 56 道题目。

5.1.2 专家审阅，问卷二稿形成

采用德尔菲法，把众创空间创业生态系统调查问卷初稿发送给相关理

论工作研究者，让专家对众创空间创业生态系统调查问卷初稿进行审核，提出修改意见和建议，形成众创空间创业生态系统调查问卷第二稿。

具体说来，笔者请教一位讲授教育研究方法课程的副教授，他做过多次调查研究，调查问卷设计技能及问卷调查研究方法运用娴熟，也懂得教育统计方法，能熟练运用 SPSS 软件，虽然创业教育他涉及不多，但审核问卷设计足够资格。笔者与他交流了问卷设计目的、想法之后，把众创空间创业生态系统调查问卷初稿发送给他，请他提出修改建议。三天后，他修改了初稿指导语，并提出了两条重要修改建议，一是初稿重点在对五大要素的各个构成要素的重要性进行排序，此外还有必要对五大要素即五大维度本身进行排序；二是初稿的第三部分是对众创空间创业生态系统各要素满意程度评价，如果创业者对众创空间创业生态系统各要素存在不满意，现实中也肯定存在不满意的地方，因而调查问卷必须对众创空间创业生态系统要素存在不满意的原因进行调查，这样的调查才更为深入。为了降低敏感度，而且调查不满意的原因也是为了发现问题，因而把不满意的原因调查项改为存在的问题调查。笔者认为这两条建议比较中肯，因而对初稿进行了修改，增加了五大要素本身重要性排序选项，按照创业生态文献研究，以及笔者对创业生态现实的了解，重点分析影响众创空间创业生态系统要素存在的问题。鉴于各生态系统要素存在的问题有很多，不可能一一列举，因而把主要问题列举出。具体内容为：(1)人力资源要素(对各单位、组织提供的人才、技术创新等情况的评价)存在的主要问题包括高校对创新创业人才培养不足，高等院校、科研院所与创业企业缺乏深度融合，高等院校、科研院所技术成果转化难，专业型管理人才缺乏，猎头公司引进符合企业发展的高端人才难，通过劳动力市场、社会招聘很难找到符合企业发展的人才，行业组织人才输送、流动难；(2)金融生态要素(对各机构以及民间资本提供资金支持情况的评价)存在的主要问题包括融资渠道狭窄、融资门槛高，没有抵押和担保，向银行、金融机构融资难，政府创业扶持资金申请程序繁琐、获批难，天使基金、风险投资获取渠道不足，向互联网金融机构融资成本高，民间资本进行创业投资的运作保障机制尚未健全等；(3)政策环境要素(对各级各类政策及执行情况的评价)存在的主要问题包括政策门槛过高、执行部门众多，金融信贷政策执行不到位，创业扶持政策落地难，财税减免政策落实不到位，人才配套政策不完善，高端人才激励政策落实难等；(4)产业生态圈(对各产业要素支持情况的评价)存在的主要问题包括市场需求不旺盛，上下游企业融合不够、未能形成产业链，行业协会(商会)资源对接不足、作用发挥不明显，孵化器(加速器)团队专业化程度不高、服务能力不足等；(5)服务生态圈(对各类服务要素支持情况的评价)存在的主要问题包括生活配套服务与社交网络不能满足创业者需求，创业教育培训实用性不强，政策宣传与咨询服务不到位，金融服务不到位、电商(物流)平台不能满足企业发展需求等。这样第二稿问卷内容就由“问卷填写者的基本信息及企业发展情况、众创空间创业生态系统各要素重要程度评分、众创空间创业生态系统各要素满意程度评价、众创空间创业生态系统各要素存在的问题调查”四大部分构成。

5.1.3 实践审视，问卷三稿完善

笔者利用私人关系，运用访谈法，访谈了企业公司主管，将修改好的众创空间创业生态系统调查问卷第二稿，请创业企业公司主管从实践维度进行修改，提出修改建议，形成了众创空间创业生态系统调查问卷第三稿。

具体说来，笔者找到创办了两家公司的张总，张总与笔者具有良好的工作关系和师生关系。张总是浙江平阳人，1982年出生，中共党员，平阳县第十五届、第十六届政协委员，现任南麂基金岛金融研究会常务副会长，浙江环诺环保科技股份有限公司董事长、温州青大资产管理有限公司董事长。尽管张总的创业道路并不是一帆风顺，在校期间创办的第一家企业温州天海工业设备清洗有限公司早已不复存在，但他一直在创新创业的道路上勇毅前行。从工业清洗转型工业制造，先后创办了自己的浙江环诺环保科技股份有限公司(2017年9月成功挂牌新三板)、温州青大资产管理有限公司，目前两家公司的经营状况良好，发展势头迅猛。多年的创业经

历，使得张总对企业管理和创业生态有着很深的理解。

对第二稿的修改，主要由张总提出修改意见，由笔者以及教育研究方法课程的副教授记录、商讨。张总对调查问卷第二稿逐一进行了阅读，遇到认为有异议的选项、表述不清的选项、与现实不符或遗漏的选项，提出修改意见，最后大家一起商定。阅读完第二稿问卷后，张总认为调查问卷的五个圈及其要素是对的，大方向没有大问题，但他认为金融生态圈维度的"互联网金融"这一选项需要清晰说明，所谓的传统银行现在都开展了网络服务，互联网金融需要突出互联网性质，因而需要举例加以说明，比如腾讯网商银行，评估速度非常快，简便，利率优惠，适合初创企业公司(互联网属性特别强)。因而建议把"互联网金融"改为"互联网金融(类似微众银行)"。产业生态圈里的"市场"改为"市场需求"这样更明确，同时建议增加"龙头企业"要素，因为现实情况是有龙头企业组成产业生态圈，创业容易成功，缺乏龙头企业引领，众创空间创业容易失败。"上下游企业"改为"上下游配套企业"，把"孵化器""加速器"两个要素合并为"孵化器、加速器"一个要素。建议生态服务圈的"政策咨询服务机构"和"金融服务机构"两个要素合并为"政府(政策、金融)咨询服务机构"，这样更简洁清晰。在生态服务圈增加"第三方服务机构"要素，因为企业需要第三方认证服务。张总对众创空间创业生态系统各要素存在的问题提出了较多的修改建议，在人力资源生态圈各要素存在的问题方面，张总提出增加"高校培养的人才与市场脱节"这一问题，高校培养了很多人才，但现实存在高校培养的人才与企业需要不一致现象。同时把"猎头公司引进符合企业发展的高端人才难"改为"猎头公司难找到与企业需求相匹配的人才"，把"通过劳动力市场、社会招聘很难找到符合企业发展的人才"改为"通过劳动力市场、社会招聘难找到企业所需、性价比合适的人才"，也就是说，人才匹配、性价比适宜问题是目前企业遇到的主要问题。在金融生态圈各要素存在问题方面，把"天使基金、风险投资获取渠道不足"改为"天使基金、风险投资获取渠道不足、周期长"。在政策环境生态圈各要素存在的问题方面，建议"财税减免政策落实不到位"改为"财税减免政策宣传不到位"，因为政策常变，企业如果不留意，财税减免申请时间容易过期，享受不到政策优惠。“高端人才激励政策落实难”改为“高端人才激励政策波动大，人才流动性大”，现实情况是高端人才激励政策落实不难，问题是各地政策不一样，变化大，县一级无序竞争，导致人才队伍稳定不够，流动性大。同时建议增加“各地区科技政策不均衡，补助多少不一”“政府扶持政策不及时，引进大学生企业补贴繁琐”。在产业生态圈各要素存在的问题方面，建议增加“缺乏龙头企业的引领”问题，建议把“上下游企业融合不够，未能形成产业链”改为“上下游企业融合不够，未能形成产业链配套”，“行业协会(商会)资源对接不足，作用发挥不明显”改为“行业协会(商会)资源对接不足，协同作用不明显”，“孵化器(加速器)团队专业化程度不高、服务能力不足”改为“孵化器(加速器)体量不足，专业化程度不高”。在服务生态圈各要素存在的问题方面，建议将“创业教育培训实用性不强”改为“创业教育培训针对性不强”，删除“金融服务不到位”的问题，增加“缺乏第三方服务机构”“第三方机构不够专业，服务面覆盖不够广”问题，“电商(物流)平台不能满足企业发展需求”改为“电商(物流)平台不能完全满足企业需求”。这样完成众创空间创业生态系统调查问卷的第三稿。相比之下，第三稿的众创空间创业生态系统各要素存在的问题设计更符合创业生态实际。

5.1.4 调查试测，问卷四稿完成

采用德尔菲法，请相关专家审核问卷调查第三稿，并对第三稿进行了试测，根据结果对众创空间创业生态系统调查问卷的框架和测题进行调整，直到第四稿，确定了众创空间创业生态系统调查问卷的结构，分析了问卷的信度和效度，一系列结果说明测验的性能较好。

具体说来，笔者把调查问卷的第四稿发送给了温州大学创业学院院长，请其审核，温大创业学院院长是创业教育方面的专家，对企业创业情况也熟知，他审核后，认为可以进行试测，并把第四稿调查问卷进行了试测，α 系数为 0.85，项目效度均为 0.7 以上，问卷信效度良好，符合统计

要求。

5.2 众创空间创业生态系统调查研究基本情况

5.2.1 调查对象的选择

本次调查研究的对象是杭州的梦想小镇，之所以选择梦想小镇，是因为梦想小镇本身就是一种新型众创空间，同时也是众创空间的聚集地，截至2021年年底，梦想小镇集聚了国家级众创空间16家，省级众创空间24家。时任浙江省省长李强在梦想小镇视察时表示："要把梦想小镇打造成众创空间的新样板、信息经济的新增长点、特色小镇的示范工程，使之成为全球创业高地。"梦想小镇区位优势明显、核心价值先进、创业类型多样，项目成效显著、创业服务周全，创业生态系统优良、辐射效应显现，因而具有较强的代表性、典型性。

具体说来，梦想小镇是杭州市未来科技城"规划中的一块重要的组成部分，毗邻西溪湿地、杭州师范大学，以及全球知名的阿里巴巴总部，区位优势十分明显"。① 作为国家四大人才基地、国家级海外高层次人才创业基地、省人才特区、市城西科创产业集聚区的创新极核，未来科技城为梦想小镇的建设提供了良好的产业基础、人才资源和发展空间。依托未来科技城良好的产业、人才以及空间优势，紧紧把握"大众创业、万众创新"发展机遇，梦想小镇秉承"产城融合、资智对接、有核无边、辐射带动、政府主推、市场主体、共生共荣、共享共治"的核心价值观，"致力于打造众创空间的新样板、信息经济的新增长点、特色小镇的新范式、田园城市的升级版和世界级的互联网创业高地"。②

---

① 陈博文．基于空间句法和POI数据的特色小镇空间形态研究[D]．杭州：浙江农林大学，2019.

② 应天煜．筑梦成镇[M]．杭州：浙江大学出版社，2021：104.

“梦想小镇定位于‘互联网创业小镇’和‘天使小镇’双镇融合发展”，[①]已建成的主体主要包括互联网村、天使村、创业集市、创业大街四大板块。“其中互联网村重点鼓励和支持‘泛大学生’群体创办电子商务、软件设计、信息服务、集成电路、大数据、云计算、网络安全、动漫设计等互联网相关领域产品研发、生产、经营和技术(工程)服务的企业。天使小镇重点培育和发展科技金融、互联网金融，集聚天使投资基金、股权投资机构、财富管理机构，着力构建覆盖企业发展初创期、成长期、成熟期等各个不同发展阶段的金融服务体系”。[②] 创业大街是梦想小镇的旅游板块，也有创业企业入驻，建筑在原来仓前古街的基础上改造而成，既保留了古街风韵，又增加了现代设计感。创业集市靠近杭州地铁五号线良睦路站，主要提供餐饮、住宿、金融、健身等生活服务。

梦想小镇自 2015 年 3 月 28 日正式开园以来，一直致力于创业平台的搭建和创业服务体系的完善。截至 2022 年 3 月，梦想小镇已集聚创业项目 2879 个，创业人才 23324 名，“形成了一支以‘阿里系、浙大系、海归系、浙商系’为代表的创业‘新四军’队伍”，[③] 254 个项目获得百万元以上融资，融资总额达 135.97 亿元。累计引进了深圳紫金港创客、良仓孵化器等知名孵化器，为企业提供资本、人才、科技等全方位服务。赛伯乐投资、普华资本、华睿投资、元璟资本、海邦投资、天使湾创投等一大批 PE、VC、天使投资机构快速集聚，“双创”生态环境不断完善和优化。小镇还在上海、合肥等地相继开出了“梦想分号”，被浙江省授牌“最强辐射小镇”。[④]

---

① 程晓刚．杭州梦想小镇：打造世界级互联网创业高地[N]．中国文化报，2022-08-13(3)．

② 陈博文．基于空间句法和 POI 数据的特色小镇空间形态研究[D]．杭州：浙江农林大学，2019.

③ 程晓刚．杭州梦想小镇：打造世界级互联网创业高地[N]．中国文化报，2022-08-13(3)．

④ 杭州梦想小镇七周年：双创梦生根鱼米之乡 花开科技新城[EB/OL]．[2023-03-10]．http：//www.zj.chinanews.com.cn/jzkzj/2022-03-28/detail-ihawzavp3865122.shtml.

5.2.2 调查实施情况

本次调查采用网络平台问卷星的形式，参与调查的企业共有 152 家，从问卷答题情况来看，问卷有效率 100%，其具体参与人员、企业分布如下：

①人口学特征统计。

从图 5-1、图 5-2、图 5-3 可以发现一般人口学特征：一是男性创业者较多，比例大大超过女性。二是创业者的年龄较小，年轻化特征明显。依据统计数据可知，创业者的年龄聚集在 20～40 岁，其比例高达 76.97%，其中 30～39 岁人数最多，比例达 48.3%，这表明众创空间的创业者的年龄特征呈年轻化，年轻人是众创空间创业的主力军。三是创业者的受教育程度较高。从数据统计可知，大专以上学历比例高达 99.34%，高中及以下学历比例仅为 0.66%，这表明在信息数字时代，相比于 20 世纪 90 年代的个体户、万元户时代，创业的“草根性”特征不明显，创业的“知识化”“专业化”“高学历化”特征显著。其中本科学历人数比例为 58.55%，硕士比例为 19.08%，大专比例为 11.18%，博士比例占 6.58%。从受教育程度来看，本科层次的创业活跃度最高，硕士学历的创业活跃度其次，本硕学历是众创空间的创业主力，而博士层次的创业活跃度偏低。从在校和非在校生比例来看，非在校生比例高，高校在校学生创业者的比例很小，占

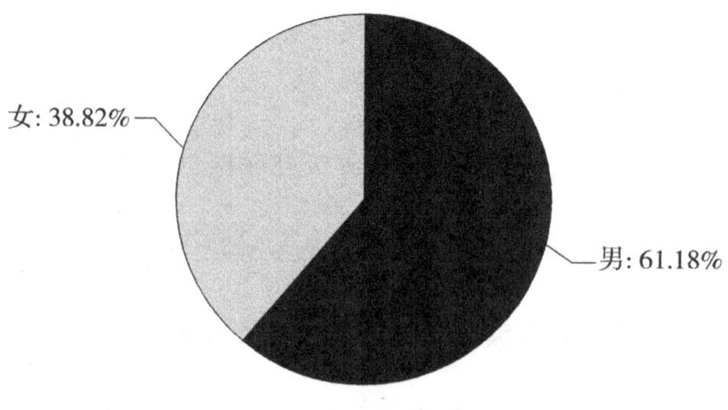

图 5-1　性别分布图

3.94%，从中也可验证一个事实，即在校学生创业存在劣势，其时间、精力、知识、经验、资金、资源较为有限，创业成功的比率较低。为此，可以得出一个结论：整体而言，30～39岁的男性年轻人中，本科学历层次是众创空间的创业主力军，而高中和博士层次是众创空间的非创业主力。

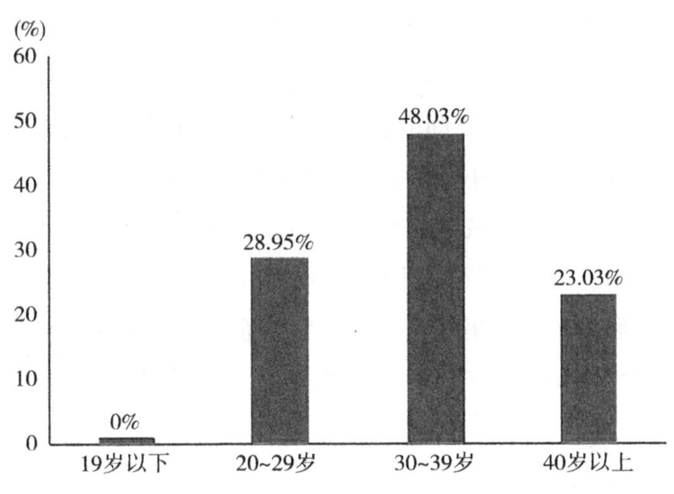

图 5-2　年龄分布图

选　项	小计	比　例
高中及以下	1	0.66%
大专	17	11.18%
本科	89	58.55%
硕士	29	19.08%
博士	10	6.58%
在校本专科生	3	1.97%
在校硕博士生	3	1.97%
本题有效填写人次	152	

图 5-3　受教育程度分布图

②企业发展现状统计分析。

企业处于不同的发展阶段，其发展需求存在差异，为了把握企业的不同发展需求，故调查了企业发展的基本现状。从图 5-4 显示的统计数据可知，信息经济领域企业比例为 32. 89%、节能环保领域企业比例为 7. 24%、健康领域企业比例为 4. 61%、旅游领域企业比例为 0. 66%、时尚领域企业比例为 1. 97%、金融领域企业比例为 9. 21%、高端装备制造领域企业比例为 5. 92%、文化产业领域企业比例为 15. 79%、其他行业的比例为 21. 71%。数据显示，众创空间的企业门类多样，属于信息经济领域的企业比例最高，这证实了梦想小镇确实是“互联网创业小镇”，名不虚传，也侧面反映了互联网之都——杭州的互联网创业文化氛围浓厚。由于巨头阿里巴巴集团的辐射，乌镇世界互联网大会的影响，浙江省数字经济的推进，这里出现了互联网产业聚集效应。文化领域企业比例也不小，这从侧面反映了杭州作为吴越和南宋都城，人杰地灵，人文古迹众多，文化底蕴深厚。

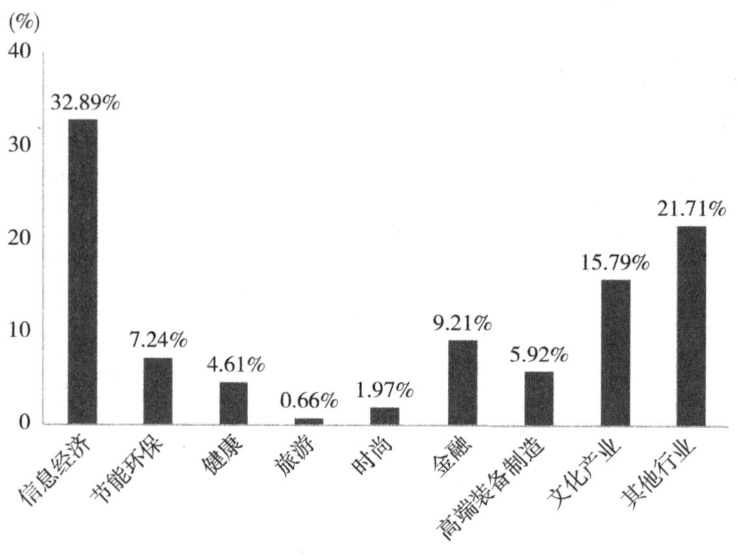

图 5-4　企业所属领域

从图 5-5 统计数据可知，从企业的生命周期来看，众创空间的企业发展处于初创期的比例为 50. 66%，处于成长期的比例为 30. 92%，处于成熟稳定期比例为 13. 82%，处于高速发展期比例为 3. 29%，处于衰退期比例为 1. 32%，由此可知，整体而言，众创空间的企业大多处于初创期、成长期。一般来说，“初创企业往往伴随资金短缺、人才匮乏(通常只有创始人及为数不多的核心员工)和业务开拓困难等各种问题”。[①] 初创企业泛指刚刚成立、没有充足资金、没有丰富资源的企业。不同类型的企业客观上要求众创空间在提供创业服务时，需要考虑企业属性，统筹兼顾，充分利用区位显性资源，挖掘隐性资源，向互联网创业、文化领域适当倾斜，构建良好的互联网创业、文旅创业的生态因子。

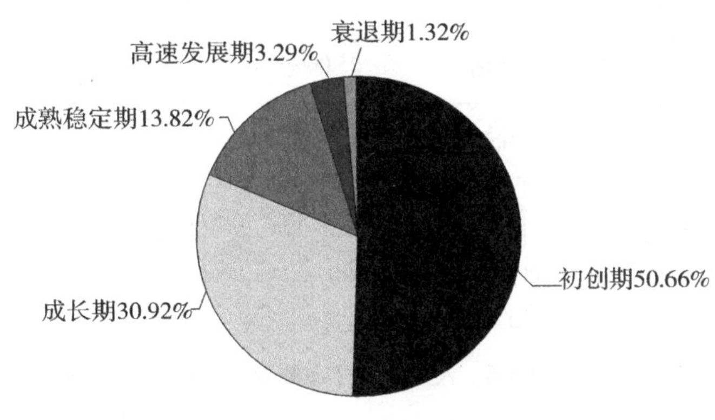

图 5-5 企业发展阶段

5. 2. 3 创业者对创业生态圈重要性体认

①人力资源生态圈各要素重要性体认。

图 5-6 统计数据显示，从极端值来看，9. 87%的创业者认为高等院校不重要，73. 68%的创业者认为高等院校重要。39. 47%的创业者认为科研

---

① 乔宝刚．初创企业创业者素质冰山模型的构建与应用[M]．青岛：中国海洋大学出版社，2017：42.

院所不重要，而42.76%的创业者认为科研院所在创业过程中重要。37.5%的创业者认为劳动力市场不重要，37.5%的创业者认为劳动力市场重要，统计可以发现，持相反看法的人数比例相同。54.6%的创业者认为猎头公司对创业不重要，21.71%的创业者认为猎头公司重要。58.55%的创业者认为行业组织对创业不重要，24.34%的创业者认为行业组织重要。从比例来看，人力资源生态圈要素的重要性排列如下：高等院校、科研院所、劳动力市场、行业组织、猎头公司。

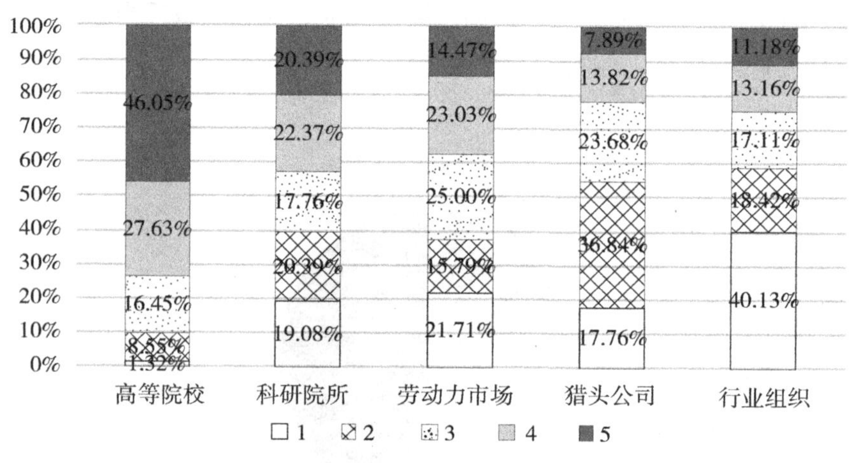

图5-6　人力资源生态圈要素排序

从人力资源的角度来看，创业是一种智力创造活动。创业者之所以看重高等院校的人力资源价值，认为是最重要的人力资源要素，从个人与高校的关系来看，不排除“自己人效应”。调查可知，创业者基本接受过高等教育，创业者在他们的母校——高等院校“求学问是”，开阔视野，扩大眼界，结交友朋，交流思想，发展特长，获得精神享受，看见个人价值，即他们在母校学习过、生活过，母校留下他们的成长印迹，他们对母校饱含情感，从情感归属来看，母校在他们的心中留有一席之地，母校充当着“重要的他人”角色，创业者以母校的学习、生活为原型，建构其对“高等教育的感知价值”,① 因而认同高等院校的情感价值。从创业与高等院校的关系认知来看，高等教育赋予创业者一定的身份、地位，开发他们的智力潜能，提升他们的专业能力或创业能力，获得一定的创业资源，激发他们的创业激情与梦想，接受高等院校教育是创业者人生中一段宝贵的经历，因而他们认同高等院校的“发展价值、结果价值”。② 相比之下，高等院校是培养人才的重要场所，高等院校的创业教育“不仅为学生提供了体验式学习、技能培养的平台，而且最关键的是促进了学生思维方式的转变”，成为“新技能和思维方式的孵化者”,③ 创业者成立公司后，高等院校是他们公司人才的重要供给者，因而他们认同高等院校的创业价值。

科研院所是从事科学研究的机构和单位，其主要职责功能是开展基础科学研究，创造发明，研发新技术，转化科研成果，开发新产品，服务国家、地方的政治、经济、文化的发展。至于创业者也比较看重科研院所要素，是因为科研院所是人才聚集之地，同样也是创新创业人才的“蓄水池”，能为众创空间的创业者提供人力资源支持。相比之下，劳动力市场所能提供的人才数量更多，层次、类型多样，这是劳动力市场要素的优势，但劳动力市场存在“分割较为严重”现象，“研究发现，劳动力市场分割会加剧工资扭曲，妨碍社会充分就业，不利于经济平稳运行。它也会削弱人力资本存量，减缓企业技术创新进程”,④ 也即劳动力市场扭曲使得工资低的本地高素质人才外流，外地的高素质人才拒入，容易使得企业难以找到与自身发展相匹配的人才，增加创业失败的风险。⑤ 这些不利因素导

① 张鹏，李刚，吕立杰．高等教育顾客感知价值［J］．高教发展与评估，2016（6）：62-70.

② 张鹏，李刚，吕立杰．高等教育顾客感知价值［J］．高教发展与评估，2016（6）：62-70.

③ 王文礼．美国高校教育创业人才培养研究［J］．比较教育研究，2022（6）：91-92.

④ 周正柱，周鹃．劳动力市场分割的经济效应：研究综述与展望［J］．劳动经济研究，2022（2）：121.

⑤ 赵新宇，郑国强．劳动力市场扭曲与创业活动的异质性———基于中国综合社会调查数据的实证研究［J］．江海学刊，2019（5）：93.

致劳动力市场要素在创业者心里期望值不高，重要性降低。

行业组织为相同行业人员或众多企业组成的一种专业技术、共同利益诉求、价值旨趣趋同的实践共同体。行业组织因能把握本行业的市场信息、发展现状、未来趋势，能更好地掌握本行业的人才需求，为创业者提供有价值的人才服务信息。但行业组织一般采用会员制，遵循“会员逻辑”,①“导致行业组织号召力不够、缺少话语权、服务职能不足”,② 因而在创业者心中地位不高。

至于猎头公司，“作为发现、追踪、评价、甄选和提供高级人才的服务公司”,③ 在快速、专业、精准帮助企业引进高端人才方面具有重要的作用，但其价格不菲的服务费用使得初创企业、规模较小的企业望而却步。

②金融生态圈各要素重要性体认。

图 5-7 统计数据显示，从极端值来看，13.81%的创业者认为银行在创业过程中不重要，69.73%的创业者认为银行在创业过程中重要。49.35%的创业者认为互联网金融不重要，而 27.63%的创业者认为互联网金融在创业过程中重要。25.65%的创业者认为政府扶持资金不重要，52.63%的创业者认为政府扶持资金重要。38.82%的创业者认为风险投资人对创业不重要，39.48%的创业者认为风险投资人重要，对这一要素的重要性持相反看法的比例大致相等。72.37%的创业者认为民间资本对创业不重要，10.52%的创业者认为民间资本重要。

一般来说，初创阶段的企业资金缺乏，尤其是对年轻的创业者来说，缺乏资金积累。从比例来看，金融生态圈要素的重要性排列如下：银行、政府扶持资金、风险投资人、互联网金融、民间资本。

① 张建民，江华．国外行业组织政策参与研究及对我国的启示[J]．南京社会科学，2012(2)：81.

② 刘根华，胡彦．行业组织参与职业教育的问题及路径研究[J]．高等工程教育研究，2016(4)：147.

③ 王晓莉．试论猎头公司在区域人才竞争中的作用[J]．中国集体经济，2012(19)：121.

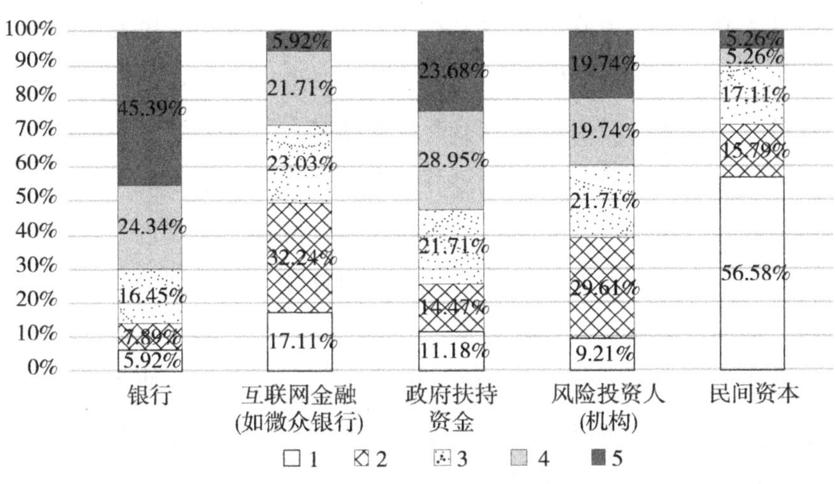

图 5-7　金融生态圈要素排序

从金融视角来看，“创业是一种投资活动”。创业需要激情、梦想、能力，也需要资金的支持，足够的资金支持能让创业梦想变成现实。一般而言，大多数创业者在创业时仅凭自己积累或自筹的资金难以满足创业的资金需求，必须寻求外部资金的支持。对创业者来说，“外部融资无非两种途径：民间借贷和正规金融”。① 正规金融融资渠道是银行、创业扶持机构。研究表明，“区域内银行分支机构扩张显著提高了当地企业创立数量。银行分支机构扩张对公司制企业创立数量的影响更加显著，而且相比大型国有银行的分支机构扩张，中小银行分支机构扩张对地区创业活动的激励效应更强”。② 一般来说，众创空间的中小企业难以得到大型银行的大额贷款，存在融资难的问题，而中小型银行出于利益追求、分散风险的目的，以及自身难以提供大额资金的局限性，因而更愿意向中小型企业提供中小额创业资金，缓解中小型企业融资难的问题，因而不难理解对中小型企业(包括大型企业)来说，银行是最重要的金融机构、资金来源。

① 高超，蒋为．中小银行、金融结构与居民创业[J]．南开经济研究，2021(3)：17.

② 张光利，秦丽华，杨长汉，焦敏智．银行分支机构扩张与地区创业行为[J]．中央财经大学学报，2022(10)：22.

自从大众创业、万众创新口号提出以后，尤其是《中华人民共和国中小企业促进法》的颁布，为了支持“双创”，促进中小企业的发展，支持中小企业的技术创新，政府设立中小企业发展基金，成立各种不同类型的中小企业发展专项扶持资金以扶持、引导中小企业的健康发展。大多数政府扶持基金具有政策性、引导性、非营利性、普惠性、无偿性、资助性、类型多样性的特点、优势，因而受到创业者的青睐，是众创空间企业较为重要的融资渠道或创业资金来源。

风险投资基金是专业投资者将资金投入初创或处于快速发展期、具有潜力的企业，以期获得巨大利润回报的一种资本。风险投资基金在融资方面能有效地帮助企业解决资金渴求问题，同时能为企业提供发展战略咨询、财务监控、企业管理等增值性服务，促进企业发展，但引入风险投资基金的企业需要以巨大的利润分割作为回报，这点往往不被创业者所喜欢。

互联网金融被誉为传统金融的“搅局者”“变局者”“补局者”。与传统金融服务相比，“利用互联网金融模式进行融资具有非常明显的优势。首先，成本低。资金供求双方可以通过网络平台自行完成信息甄别、匹配、定价和交易，无传统中介、无交易成本、无垄断利润。其次，效率高。信息处理由计算机完成，速度更快。最后，覆盖广。互联网突破了时间和地域限制，服务更直接，客户更广泛”。① 但互联网金融并不是一个非常成熟的行业，目前还存在着资金短缺、专项业务服务能力不足、扶持优惠力度不大等缺陷，以及“法律风险、系统性风险、技术操作风险和流动性风险等”，② 因而创业者对互联网金融的重要性体认一般。

民间资本是改革开放、经济发展的产物和成果。经济发展积累了大量的民间资本，“民间资本天然的趋利性及其在市场敏感性和灵活性方面的

① 翟一擎．大学毕业生借助互联网金融进行创业的思考［J］．中国集体经济，2018(10)：98.

② 刘敏．“双创”视角下的互联网金融发展及商业实践研究——评《互联网金融创新与创业》［J］．江西财经大学学报，2023(1)：封二.

特性，使民间资本主导创业投资具有明显的比较优势，国有商业银行贷款门槛高、手续繁琐，民间借贷门槛低、灵活性强但融资风险高”，① 虽然民间资本具有一定的优势，政府也鼓励民间资本进入创新创业领域，投资创业企业，民间资本也确实能在一定程度上缓解创业企业融资难的问题，但由于国内“制度缺陷及现有金融市场体系的不足，这些庞大的民间资本的活力难以得到充分激活”。② 鉴于民间资本存在着较大的金融风险和社会关系的复杂性，因而不难理解民间资本在创业者心中的地位不高，因此需要建立健全民间资本进入金融市场的制度，引导民间资本“走正道”，充分发掘民间资本的积极效应。

③政策环境生态圈各要素重要性体认。

图 5-8 统计数据显示，从极端值来看，18.42%的创业者认为创业扶持政策不重要，67.11%的创业者认为创业扶持政策重要。15.79%的创业者认为税收政策不重要，而 49.35%的创业者认为税收政策在创业过程中重要。31.58%的创业者认为金融信贷政策不重要，52.63%的创业者认为金融信贷政策重要。59.21%的创业者认为人才政策对创业不重要，15.79%的创业者认为人才政策重要。75.00%的创业者认为科技政策对创业不重要，15.13%的创业者认为科技政策重要。从百分比来看，政策环境生态圈各要素的重要性从高到低排列如下：创业扶持政策、金融信贷政策、税收政策、人才政策、科技政策。

从政策的角度来看，创业是一种合乎规则的、创造性地满足社会需求、具有社会价值的经济活动。创业扶持政策是政府为了“稳就业，保民生”的政策诉求以及产业转型升级的经济诉求而出台的一系列激励、扶持民众开展创业的引领性政策。对创业者来说，创业活动合乎政策规定即创业取得了“合法性”，获得政府、社会认可是创业生存的前提，享受创业扶持政策是创业企业发展的基石之一。大量的创业扶持政策出台为企业创业

① 赵振宇，王斐俊．解决民间资本参与创业投资瓶颈的对策[J]．经济纵横，2013(12)：53.

② 盖凯程．引导民间资本融入创新创业[J]．财经科学，2015(12)：6.

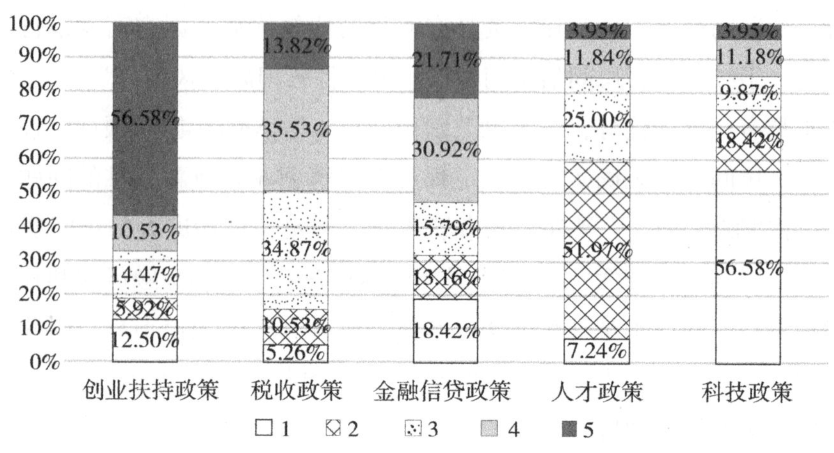

图 5-8 政策环境生态圈要素排序

活动营造了良好的经营环境，建构了良好的创业生态，有助于提升创业者的创业胜任力、核心竞争力，帮助他们的企业降低创业风险。大量的研究也表明"创业机会政策与创业技能政策对创业绩效有显著的正向影响"。① 尤其是对处于初创时期和发展时期的企业来说，创业扶持政策对他们具有"引领作用、调控作用、保障作用"。② 因而创业扶持政策对创业者及其企业发展来说至关重要。

金融信贷政策"影响企业成长环境，成为企业外生力量，引导企业经营行为"。③ 金融信贷政策其本质是政府借助金融手段引导、助推社会创业，为社会个体提供创业机会、条件和保障，让创业者实现自我价值和社会价值。国内外研究表明"金融系统在资源分配和资金集散等方面的独特作用：其能帮助企业在技术创新过程中应对各种不确定性和挑战，加快企

① 文亮，刘炼春，何善．创业政策与创业绩效关系的实证研究[J]．学术论坛，2011(12)：128.

② 薛志谦．我国青年创业扶持政策的现状、价值及优化[J]．中国青年研究，2017(2)：86.

③ 郑曙光．论促进中小微企业成长的金融政策支持体系[J]．宁波大学学报(人文科学版)，2012(6)：8-9.

业创新发展步伐，保证经济健康增长”。① 创业离不开金融政策的支持，金融信贷政策是创业企业成长与发展的重要支持要素和助推力量，因而本次接受调查的创业者认为，金融信贷政策是政策环境中较重要的要素。

“创业税收政策是以支持创业过程为核心，同时通过改进文化、制度等环境因素，改善培育创业家和中小企业的税收政策。”②研究表明“不同的税制对现有企业和创业企业的影响不同，在累进税制下，税收对创业的影响又取决于创业者自身的风险态度，税收优惠并非促进创业的必然选择”。不论是跨国研究还是国内研究，税收对创业的影响方向和程度差异都较大。③ 这一研究结论也表明，适合的创业税收政策是必要的。不可否认的是，创业企业资金短缺、融资难是一个普遍存在的问题，如果再加上企业税收负担太重，势必影响企业的生存与持续发展，税收政策仍然是政策环境生态圈中一个影响创业活动的不可忽视因素。

人才是第一资源，经济发展的创新驱动转向，以及科技进步、产业升级都需要人才。人才政策是“以政府为主体制定的人才引进、激励、培养、使用、管理等各项环节的一系列干预措施的总和”。④ 近年来，全国各地开展了“抢人大战”，国家和地方政府出台了各种人才政策，重视高层次创业人才引进、培养、服务工作，以期提升地方的创新能力，推动地方经济社会发展。人才政策的出台，营造了友好的创业环境，有利于激发人才的创业才能，提升人才的创业业绩和社会价值。但必须看到，不少地方的人才政策执行出现了偏差现象，比如“人才政策重引进、培养、激励，轻保障、

① 转引杜跃平，马晶晶．科技创新创业金融政策满意度研究[J]．科技进步与对策，2016(9)：96.

② 周培岩，杨艳．创业税收政策研究综述[J]．学习与探索，2011(6)：160.

③ 王宝顺．创业、经济增长与税收政策[J]．中南财经政法大学学报，2017(3)：80.

④ 瞿晓理．“大众创业，万众创新”时代背景下我国创新创业人才政策分析[J]．科技管理研究，2016(17)：41.

服务、评价，具备一定规模性和指导性，实际操作性偏弱”。① 因而创业者把人才政策要素排序靠后。

科技政策作为指导、支持和调整我国科技活动的工具和手段，引领着科技创新活动，是我国科技发展的重要战略准则和制度保障。② 有研究发现：科技政策的效力普遍不足，尤其是技术政策和创新政策，在政策目标体系中，鼓励完善创新体系的政策得到了高度重视，但对一些更有利于技术创新的政策，重视不足；政策工具缺乏协调性，需求政策在数量和效力上远不如供给政策和环境政策；政策目标的效果明显好于政策工具，很多政策需进一步调整。③ 也有研究者发现我国科技政策存在不同程度的碎片化问题，包括政策内容短板现象、制定主体间协同度低、政策工具目标价值取向多元、执行主体间缺乏协调、政策执行出现偏差、评估标准不尽一致、政策延续性不足等。④ 这些问题的存在影响了科技政策功能和作用最大限度地发挥，因而创业者把科技政策要素的重要性排在最后面。

④产业生态圈各要素重要性体认。

图 5-9 统计数据显示，从极端值来看，9.86%的创业者认为市场需求不重要，88.16%的创业者认为市场需求重要。47.37%的创业者认为龙头企业不重要，而 27.63% 的创业者认为龙头企业在创业过程中重要。15.78%的创业者认为上下游配套企业不重要，54.61%的创业者认为上下游配套企业重要。58.55%的创业者认为行业协会对创业不重要，17.11%的创业者认为行业协会重要。68.42%的创业者认为孵化器、加速器对创业不重要，12.50%的创业者认为孵化器、加速器重要。从百分比来看，产业

① 瞿晓理．“大众创业，万众创新”时代背景下我国创新创业人才政策分析[J]．科技管理研究，2016(17)：45-46.

② 刘鸿渊，姚娟，彭新艳，刘菁儿．中国科技政策研究的回顾与展望[J]．科学管理研究，2021(6)：18.

③ 李春艳，孟维站，徐喆，刘宇佳．对我国 1985—2017 年科技政策的数量、效力及效果的评价[J]．东北师大学报(哲社版)，2019(1)：摘要.

④ 段忠贤，詹召芮．科技政策碎片化现象及治理机制[J]．科技管理研究，2018(11)：21.

生态圈各要素的重要性从高到低排列如下：市场需求、上下游配套企业、龙头企业、行业协会、孵化器(加速器)。

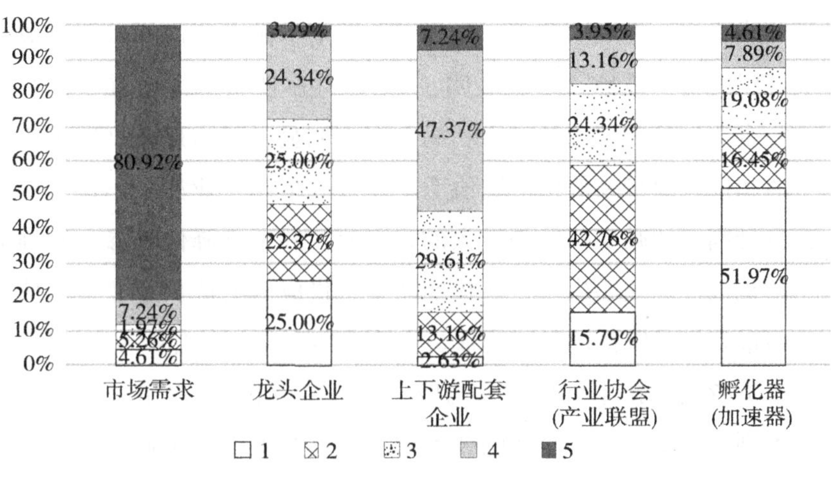

图 5-9 产业生态圈要素排序

从市场需求的角度看，创业就是发现市场需求，寻找商机，通过创办企业满足市场需求，实现价值目标的活动。多层次、多类型的市场需求为大众创业提供了大量的条件、商机，也驱动、引导大众的创业与创新。创业者如果不了解市场用户的真实需求，而陶醉于自己的美妙创业设想，其开发出来的产品往往会脱离实际，导致创业失败。如果创业者能够洞察市场需求，把握市场真实的当下需求、潜在需求、未来需求和与之相关的需求，做出精准的市场需求变化判断，其创业决策必定是正确的，只有选择符合市场需求的创业项目，才能达成创业目标。

创新驱动是创业企业生存和发展的特征、趋势。研究表明“国内市场需求对技术创新产生重大的影响。国内市场需求降低技术创新的成本、牵引技术创新、为持续的技术创新提供市场条件，挑剔性的国内需求对技术创新起到激发作用”。① 因而基于市场需求导向是创业的基本法则，为此，

① 周怀峰．国内市场需求对技术创新的影响[J]．自然辩证法研究，2008(8)：42.

众创空间的创业者认为产业生态圈中市场需求是最重要的要素。

近年来，随着5G、云计算、大数据、物联网、人工智能等数字技术在工业领域的运用，技术赋能、数字化转型已成为企业发展的必由之路，合作共赢已成为产业发展的共识，加强产业链上下游企业协同发展已成为政府相关部门的工作重点。研究表明，“信息共享使整个供应链系统利润增加，核心企业虽然在信息共享后利润增值不明显，但信息共享给供应链上的供应商和销售商带来的价值增值明显。核心生产企业如果不进行信息共享，其自身利润的减少幅度是最大的，因此，并不会降低其参与和推动信息共享的积极性。核心生产企业将推动整个供应链的成员企业进行信息共享，从而推动供应链协同，实现成员企业之间利益共享”。① 另有研究者对供应链上下游企业技术创新投入与收益进行了分析，“得出了单独上游企业的技术创新比单独下游企业的技术创新能够给上下游企业带来更多的收益，也能给消费者带来更多的剩余，而上下游企业都开展技术创新带来的上下游企业收益和消费者剩余都是最多的”。② 可见，上下游企业进行技术创新、信息共享、合作研发等能有效实现利益最大化。在现实中，众创空间的创业者也体认到上下游企业配套能给自身企业提供选择合作的对象和机会，因而认为上下游配套企业是产业生态圈中较为重要的要素。

龙头企业是“面向终端市场，提供完整(或整体)功能产品与服务，市场份额居同行前列，且符合引领行业价格、引领行业技术创新、制度与管理创新三个引领条件之一的企业”。③ 龙头企业具有创新“引领效应”、技术“溢出效应”、行业“示范效应”，④ 产业链上游龙头企业和下游龙头企业

---

① 方忠民，陈治亚．基于信息共享的核心生产企业与上下游企业的协同分析[J]．湘潭大学学报(哲社版)，2013(3)：25.

② 王吉林，季建华，刘丽萍．供应链上下游企业技术创新投入与收益分析[J]．管理技术，2008(2)：99.

③ 金明，钟键能，黄进良．“龙头企业”、“产业七寸”与产业链培育[J]．中国工业经济，2007(1)：54.

④ 金岳，岳亚静．行业创新水平是决定龙头企业创新能力的条件吗——基于异质性与中介效应传导机制的检验[J]．宏观经济研究，2022(10)：45.

均有利于本地企业成长，并且后者的作用更强。为此，如果一个产业缺乏“龙头企业”，其产业链是不完整的，也缺乏竞争力。对于众创空间的企业来说，其希望众创空间存在龙头企业，以便发挥龙头企业“以大带小”作用，为其带来红利，享受龙头企业的技术、利润“溢出效应”，但技术溢出存在距离衰减效应，因而龙头企业在众创空间的创业者心中的重要性尚可。

行业协会是一类以行业为主线、活跃在社会经济领域并以互益性和非营利性为主要特征的社会组织。当前，行业协会已成为我国经济建设和社会发展的重要力量，是推进营商环境优化、国内国际双循环发展新格局形成、国家治理现代化体系建设等重大战略的重要推动力。① 在推动创新驱动发展战略的背景下，应发挥行业协会在补充市场和政府力量方面的重要作用，推动企业技术创新和产业转型升级。但行业协会面临着发展困境，例如，行业协会发展面临发展不平衡、地位不明确、管理体制约束、法律环境缺失、功能不完善等问题，呈现了“无作为”“不作为”“难作为”的现状，面临自主性、自治性、自生性不足的发展困境，② 因而接受调查的创业者认为行业协会这个产业生态圈要素对他们的创业不甚重要。

孵化器“是创业企业的支持性系统，通过一系列的业务支持提供专门的资源和服务，促进创业公司成长和发展”。③ 加速器是企业孵化器升级迭代进化的结果。随着我国经济进入新常态，孵化器量的扩张趋缓，入孵企业对孵化器的基础服务和创业支持越来越要求精准性、匹配性、个性化，对孵化器的孵化能力、孵化效率要求不断提高，因而“综合型和平台型孵化器的孵化模式已不能较好地适应与匹配，价值创造能力随之快速下降，

① 张冉，楼鑫鑫．中国行业协会研究热点与展望：基于知识图谱的分析[J]．治理研究，2021(1)：47.

② 张冉，楼鑫鑫．中国行业协会研究热点与展望：基于知识图谱的分析[J]．治理研究，2021(1)：52.

③ 张炜，王重鸣．企业孵化器创业机制的理论研究[J]．科技进步与对策，2004(5)：110.

行业影响力快速丧失”。[①] 另有研究表明，“我国城市的创业孵化效率整体水平较低，能达到资源配置有效的城市屈指可数；无论是全国层面还是地区层面，目前我国各城市的孵化能力与孵化效率不具有相关关系，即没有出现效率与能力的同步提升”，[②] 加之孵化器(加速器)对入孵企业的选择有着较高的门槛，因而接受调查的众多中小企业创业者认为孵化器(加速器)对创业企业的影响力有限。

⑤服务生态圈各要素重要性体认。

图 5-10 统计数据显示，从极端值来看，15.13%的创业者认为众创空间运营机构不重要，71.05%的创业者认为众创空间运营机构重要。32.23%的创业者认为生活配套和社交平台不重要，而 36.84%的创业者认为生活配套和社交平台在创业过程中重要。21.05%的创业者认为政府的政策、金融等咨询服务机构不重要，50.66%的创业者认为政府的政策、金融等咨询服务机构重要。46.72%的创业者认为第三方服务机构对创业不重要，29.6%的创业者认为第三方服务机构重要。84.87%的创业者认为电商(物流)平台对创业不重要，11.84%的创业者认为电商(物流)平台重要。从百分比来看，服务生态圈各要素的重要性从高到低排列如下：众创空间运营机构、政府的政策、金融等咨询服务机构、生活配套和社交平台、第三方服务机构、电商(物流)平台。

众创空间运营机构的功能主要是“整合创新创业资源、提升创新创业效率、弘扬创新创业文化”，[③] “以创新创业者的需求为核心，通过市场化、专业化、集成化、网络化、资本化的途径整合相关资源，既帮助创新创业

① 张延平，冉佳森，黄敬伟，郭波武．专业孵化器主导的创业生态系统价值共创：基于达安创谷的案例[J]．南开管理评论，2022(3)：105.

② 赵峥，刘杨，杨建梁．中国城市创业孵化能力、孵化效率和空间集聚——基于 2016 年中国 235 座地级及以上城市孵化器的分析[J]．技术经济，2019(1)：112.

③ 吴杰，战炤磊，周海生．“众创空间”的理论解读与对策思考[J]．科技管理研究，2016(11)：39.

者突破资源瓶颈，又帮助资源所有者实现自身价值”①。“众创空间所搭建的综合服务平台可以解除创新创业者的后顾之忧，使其专注于核心任务，更好地进行专业化的创造性劳动，从而全面提升创新创业活动的效率、成功率。”②鉴于众创空间运营机构在企业创业过程中的决定性作用，因而众创空间的创业者认为，在服务生态圈中众创空间运营机构要素居于最重要地位。

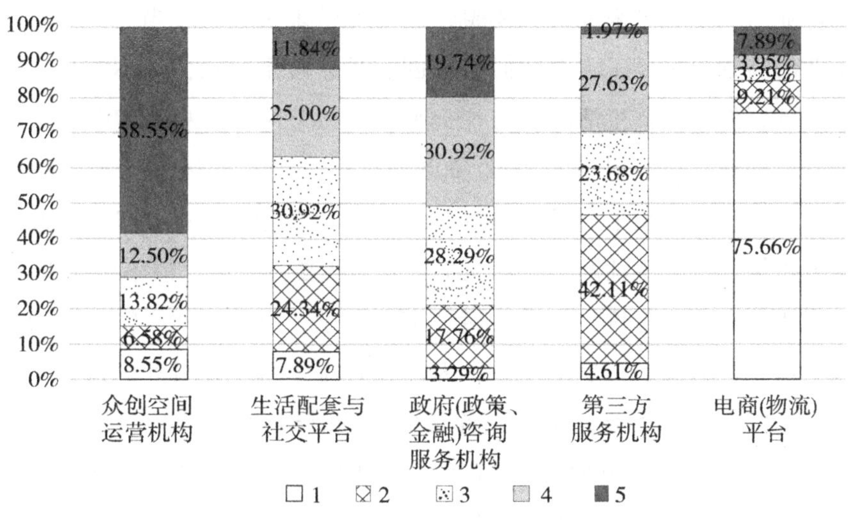

图 5-10　服务生态圈要素排序

自从2015年国务院颁布了《关于大力推进大众创业万众创新若干政策措施的意见》后，各级地方政府为推进“双创”出台了一系列的鼓励创新创业的政策，“主要包括人才、财税、金融、孵化服务、公共服务等”。③ 政策制定的部门数量较多、政策文种类型多样、政策内容丰富、涉及的利益

① 吴杰，战炤磊，周海生．“众创空间”的理论解读与对策思考[J]．科技管理研究，2016(11)：39.

② 吴杰，战炤磊，周海生．“众创空间”的理论解读与对策思考[J]．科技管理研究，2016(11)：39.

③ 宋卿清，穆荣平．创新创业：政策分析框架与案例研究[J]．科研管理，2022(11)：83-92.

相关主体众多，对于创业者来说要弄清楚这些政策的内容、优惠条件、政策工具的组合效应等较为费时费力，因此他们迫切需要咨询服务机构，咨询政府相关部门有关人才、财税、金融等政策内容，争取享受到更多的政策优惠，因而创业者认为，在服务生态圈中政策咨询服务机构要素居于比较重要地位。

创业既是一项复杂的商业活动，也是一项需要耗费大量精力的创新活动。创业给创业者带来成功的体验，也可能带来失败感。当然，无论是创业企业的高管或是员工，对他们来说创业是非常重要的，但不是生命、生活的全部，他们需要生活配套与社交平台来调节工作、享受闲暇，以便更好地开展创业活动，让自己的生命更加丰盈。当然从组织管理的角度来看，生活配套与社交平台是“保健因素”，相比众创空间运营机构、政府咨询服务机构来说，生活配套与社交平台要素重要性一般，但不可缺少。

对于创业企业来说，企业运转、事务繁杂，由于时间、精力有限，创业者不可能事事关心，事事亲力亲为，因而需要第三方服务机构承担创业企业的一些非核心事务，让创业者有更多的时间和精力放在核心业务上，因而创业者认为第三方服务机构有一定的重要性，但与众创空间运营机构、政府咨询服务机构、生活配套和社交平台三个要素相比，第三方服务机构的重要性排在这三个要素的后面。杭州作为中国电子商务之都，方便、快捷的电商物流平台不会成为创业企业发展的制约因素，因而可以理解创业者将电商物流平台的重要性排在最后。

⑥五大生态圈重要性体认。

图 5-11 统计数据显示，从极端值来看，10. 53%的创业者认为政策环境生态圈不重要，74. 34%的创业者认为政策环境生态圈重要。25. 66%的创业者认为金融生态圈不重要，而 42. 1%的创业者认为金融生态圈在创业过程中重要。7. 24%的创业者认为产业生态圈不重要，59. 21%的创业者认为产业生态圈重要。80. 27%的创业者认为人力资源生态圈对创业不重要，11. 19%的创业者认为人力资源生态圈重要。76. 31%的创业者认为服务生态圈对创业不重要，13. 16%的创业者认为服务生态圈重要。从百分比来

看，五大生态圈的重要性从高到低排列如下：政策环境生态圈、产业生态圈、金融生态圈、人力资源生态圈、服务生态圈。

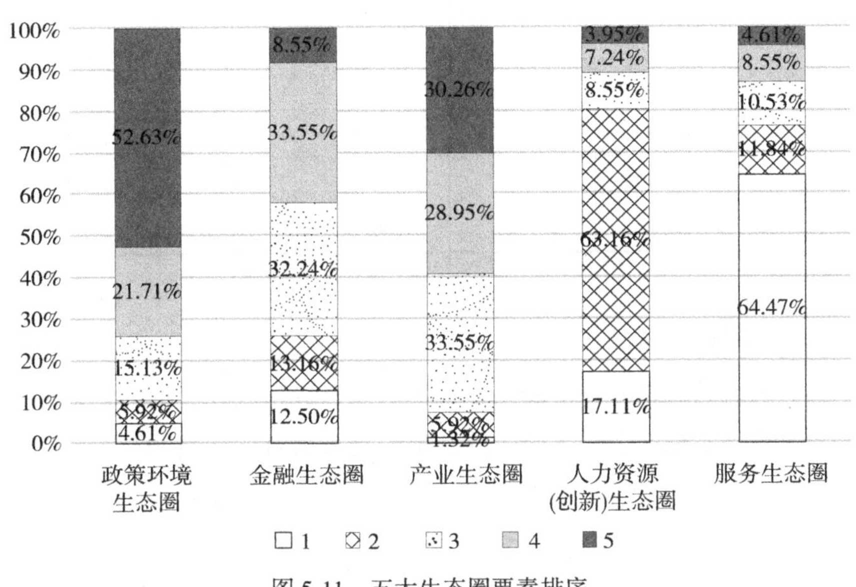

图 5-11　五大生态圈要素排序

5.2.4　创业者对五大创业生态圈满意度分析

①人力资源生态圈各要素满意度现状。

第一，高等院校满意度。

从人力资源的角度来看，创业需要具备解决复杂性问题的综合能力，需要自身的学习和外界的培养、支持。高校则是培养各种专业人才和创业人才的场所。由表 5-1 可知，0. 7%的创业者对高等院校非常不满意，19. 7%的创业者对高等院校比较不满意，25. 0%的创业者对高等院校满意度一般，33. 6%的创业者对高等院校比较满意，21. 1%的创业者对高等院校非常满意。总体而言，20. 4%的创业者对高等院校提供的服务不满意，54. 7%的创业者对高等院校提供的服务满意。

表 5-1 高等院校满意度

		频率	百分比	有效百分比	累积百分比
有效	非常不满意	1	0.7	0.7	0.7
	比较不满意	30	19.7	19.7	20.4
	一般	38	25.0	25.0	45.4
	比较满意	51	33.6	33.6	78.9
	非常满意	32	21.1	21.1	100.0
	总计	152	100.0	100.0	

第二，科研院所满意度。

科研院所的职责是科学研究、技术研发、成果转化，同时在研发过程中培养人才。对创业公司来说，科研院所是人力资源支持力量之一。由表5-2 统计数据可知，3.9%的创业者对科研院所非常不满意，21.1%的创业者对科研院所比较不满意，24.3%的创业者对科研院所满意度一般，38.2%的创业者对科研院所比较满意，12.5%的创业者对科研院所非常满意。总体而言，25%的创业者对科研院所提供的服务不满意，50.7%的创业者对科研院所提供的服务满意。

表 5-2 科研院所满意度

		频率	百分比	有效百分比	累积百分比
有效	非常不满意	6	3.9	3.9	3.9
	比较不满意	32	21.1	21.1	25.0
	一般	37	24.3	24.3	49.3
	比较满意	58	38.2	38.2	87.5
	非常满意	19	12.5	12.5	100.0
	总计	152	100.0	100.0	

第三，行业组织满意度。

行业组织的属性、功能被定义为非营利性组织，服务性的“社会团体”“桥梁”“纽带”。因而，从人力资源的视角来看，行业组织也具有人才服务功能，可为创业企业提供专业人才服务，也是人力资源生态圈中的支持要素。由表5-3可知，2.6%的创业者对行业组织非常不满意，21.1%的创业者对行业组织比较不满意，30.9%的创业者对行业组织满意度一般，29.6%的创业者对行业组织比较满意，15.8%的创业者对行业组织非常满意。从数据来看，23.7%的创业者对行业组织提供的服务不满意，45.4%的创业者对行业组织提供的服务满意。

表5-3 **行业组织满意度**

		频率	百分比	有效百分比	累积百分比
有效	非常不满意	4	2.6	2.6	2.6
	比较不满意	32	21.1	21.1	23.7
	一般	47	30.9	30.9	54.6
	比较满意	45	29.6	29.6	84.2
	非常满意	24	15.8	15.8	100.0
	总计	152	100.0	100.0	

第四，猎头公司满意度。

猎头公司的本质属性就是为不同类型的创业公司搜寻、甄别、挑选人才，是通过为创业公司提供专业化的人才招募服务而获利的中介组织。由表5-4可知，5.3%的创业者对猎头公司非常不满意，14.5%的创业者对猎头公司比较不满意，30.9%的创业者对猎头公司满意度一般，38.8%的创业者对猎头公司比较满意，10.5%的创业者对猎头公司非常满意。从统计数据来看，19.7%的创业者对猎头公司提供的服务不满意，49.3%的创业者对猎头公司提供的服务满意。

表 5-4　　猎头公司

		频率	百分比	有效百分比	累积百分比
有效	非常不满意	8	5. 3	5. 3	5. 3
	比较不满意	22	14. 5	14. 5	19. 7
	一般	47	30. 9	30. 9	50. 7
	比较满意	59	38. 8	38. 8	89. 5
	非常满意	16	10. 5	10. 5	100. 0
	总计	152	100. 0	100. 0	

第五，劳动力市场满意度。

劳动力市场发育成熟度影响着市场对创业公司人才的数量、质量供给，进而影响着创业活动的质量。由表 5-5 可知，4. 6%的创业者对劳动力市场非常不满意，15. 1%的创业者对劳动力市场比较不满意，32. 2%的创业者对劳动力市场满意度一般，38. 2%的创业者对劳动力市场比较满意，9. 9%的创业者对劳动力市场非常满意。从统计数据来看，19. 7%的创业者对劳动力市场对创业人才的支持不满意，48. 1%的创业者对劳动力市场对创业人才的支持满意。

表 5-5　　劳动力市场

		频率	百分比	有效百分比	累积百分比
有效	非常不满意	7	4. 6	4. 6	4. 6
	比较不满意	23	15. 1	15. 1	19. 7
	一般	49	32. 2	32. 2	52. 0
	比较满意	58	38. 2	38. 2	90. 1
	非常满意	15	9. 9	9. 9	100. 0
	总计	152	100. 0	100. 0	

②金融生态圈各要素满意度现状。

第一，银行满意度。

银行是创业融资的“蓄水池”。由表5-6可知，5.9%的创业者对银行非常不满意，15.8%的创业者对银行比较不满意，24.3%的创业者对银行满意度一般，35.5%的创业者对银行比较满意，18.4%的创业者对银行非常满意。由统计数据可知，21.7%的创业者对银行的金融服务不满意，53.9%的创业者对银行的金融服务满意。

表5-6　　银　行

		频率	百分比	有效百分比	累积百分比
有效	非常不满意	9	5.9	5.9	5.9
	比较不满意	24	15.8	15.8	21.7
	一般	37	24.3	24.3	46.1
	比较满意	54	35.5	35.5	81.6
	非常满意	28	18.4	18.4	100.0
	总计	152	100.0	100.0	

第二，风险投资机构(人)满意度。

风险投资是创业企业的一种融资渠道，对于促进企业创新，增加企业价值，提高企业绩效，具有增值作用。由表5-7可知，2%的创业者对风险投资机构非常不满意，17.1%的创业者对风险投资机构比较不满意，33.6%的创业者对风险投资机构满意度一般，33.6%的创业者对风险投资机构比较满意，13.8%的创业者对风险投资机构非常满意。总体而言，19.1%的创业者对风险投资机构提供的服务不满意，47.4%的创业者对风险投资机构提供的服务满意。

表 5-7　　风险投资机构(人)

		频率	百分比	有效百分比	累积百分比
有效	非常不满意	3	2.0	2.0	2.0
	比较不满意	26	17.1	17.1	19.1
	一般	51	33.6	33.6	52.6
	比较满意	51	33.6	33.6	86.2
	非常满意	21	13.8	13.8	100.0
	总计	152	100.0	100.0	

第三，互联网金融满意度。

互联网金融服务具有金融和互联网的双重属性，与传统金融相比，互联网金融具有便利性、灵活性的特性，受到一些小微创业企业的欢迎。由表 5-8 可知，3.3%的创业者对互联网金融非常不满意，19.7%的创业者对互联网金融比较不满意，29.6%的创业者对互联网金融满意度一般，37.5%的创业者对互联网金融比较满意，9.9%的创业者对互联网金融非常满意。总体而言，23.0%的创业者对互联网金融提供的服务不满意，47.4%的创业者对互联网金融提供的服务满意。

表 5-8　　互联网金融(如微众银行)

		频率	百分比	有效百分比	累积百分比
有效	非常不满意	5	3.3	3.3	3.3
	比较不满意	30	19.7	19.7	23.0
	一般	45	29.6	29.6	52.6
	比较满意	57	37.5	37.5	90.1
	非常满意	15	9.9	9.9	100.0
	总计	152	100.0	100.0	

第四，民间资本满意度。

民间资本对于创业企业来说，也是一种融资渠道，在某些时刻能缓解创业融资困境，因而也是金融生态圈的一个创业支持要素。由表 5-9 可知，4.6%的创业者对民间资本非常不满意，16.4%的创业者对民间资本比较不满意，33.6%的创业者对民间资本满意度一般，33.6%的创业者对民间资本比较满意，11.2%的创业者对民间资本非常满意。总体而言，21.0%的创业者对民间资本提供的服务不满意，44.8%的创业者对民间资本提供的服务满意。

表 5-9 **民间资本**

		频率	百分比	有效百分比	累积百分比
有效	非常不满意	7	4.6	4.6	4.6
	比较不满意	25	16.4	16.6	21.2
	一般	51	33.6	33.8	55.0
	比较满意	51	33.6	33.8	88.7
	非常满意	17	11.2	11.3	100.0
	总计	151	99.3	100.0	
缺失	系统	1	0.7		
总计	152	100.0			

第五，政府扶持资金满意度。

政府扶持资金对创业企业来说是一种纾困帮扶资金，因而是创业企业比较喜欢的一种融资渠道。由表 5-10 可知，1.3%的创业者对政府扶持资金非常不满意，17.8%的创业者对政府扶持资金比较不满意，27.6%的创业者对政府扶持资金满意度一般，36.2%的创业者对政府扶持资金比较满意，17.1%的创业者对政府扶持资金非常满意。总体而言，19.1%的创业者对政府扶持资金提供的服务不满意，53.3%的创业者对政府扶持资金提供的服务满意。

表 5-10 **政府扶持资金**

		频率	百分比	有效百分比	累积百分比
有效	非常不满意	2	1.3	1.3	1.3
	比较不满意	27	17.8	17.8	19.1
	一般	42	27.6	27.6	46.7
	比较满意	55	36.2	36.2	82.9
	非常满意	26	17.1	17.1	100.0
	总计	152	100.0	100.0	

③政策环境生态圈各要素满意度现状。

第一，人才政策满意度。

人才是创业的主体，创业人才是宝贵的资源。近几年来城市的“抢人大战”及其人才政策的出台，表明各地对人才政策的扶持力度较大。众创空间的创业者对创业人才政策满意度如何？由表 5-11 可知，2.0%的创业者对人才政策非常不满意，27.0%的创业者对人才政策比较不满意，30.3%的创业者对人才政策满意度一般，27.0%的创业者对人才政策比较满意，13.8%的创业者对人才政策非常满意。总体而言，29%的创业者对人才政策提供的扶持力度不满意，40.8%的创业者对人才政策提供的扶持力度满意。

表 5-11 **人才政策**

		频率	百分比	有效百分比	累积百分比
有效	非常不满意	3	2.0	2.0	2.0
	比较不满意	41	27.0	27.0	28.9
	一般	46	30.3	30.3	59.2
	比较满意	41	27.0	27.0	86.2
	非常满意	21	13.8	13.8	100.0
	总计	152	100.0	100.0	

第二，科技政策满意度。

由表5-12可知，4.6%的创业者对科技政策非常不满意，15.11%的创业者对科技政策比较不满意，26.3%的创业者对科技政策满意度一般，36.2%的创业者对科技政策比较满意，17.8%的创业者对科技政策非常满意。总体而言，19.7%的创业者对科技政策提供的服务不满意，54.0%的创业者对科技政策提供的服务满意。

表5-12 **科技政策**

		频率	百分比	有效百分比	累积百分比
有效	非常不满意	7	4.6	4.6	4.6
	比较不满意	23	15.1	15.1	19.7
	一般	40	26.3	26.3	46.1
	比较满意	55	36.2	36.2	82.2
	非常满意	27	17.8	17.8	100.0
	总计	152	100.0	100.0	

第三，创业扶持政策满意度。

由表5-13可知，4.6%的创业者对创业扶持政策非常不满意，11.8%的创业者对创业扶持政策比较不满意，28.9%的创业者对创业扶持政策满意度一般，32.2%的创业者对创业扶持政策比较满意，22.4%的创业者对创业扶持政策非常满意。总体而言，16.4%的创业者对创业扶持政策提供的服务不满意，54.6%的创业者对创业扶持政策提供的服务满意。

表5-13 **创业扶持政策**

		频率	百分比	有效百分比	累积百分比
有效	非常不满意	7	4.6	4.6	4.6
	比较不满意	18	11.8	11.8	16.4
	一般	44	28.9	28.9	45.4
	比较满意	49	32.2	32.2	77.6
	非常满意	34	22.4	22.4	100.0
	总计	152	100.0	100.0	

第四，税收政策满意度。

由表5-14可知，3.9%的创业者对税收政策非常不满意，13.8%的创业者对税收政策比较不满意，23.0%的创业者对税收政策满意度一般，42.8%的创业者对税收政策比较满意，16.4%的创业者对税收政策非常满意。总体而言，17.8%的创业者对税收政策提供的服务不满意，59.2%的创业者对税收政策提供的服务满意。

表5-14 **税收政策**

		频率	百分比	有效百分比	累积百分比
有效	非常不满意	6	3.9	3.9	3.9
	比较不满意	21	13.8	13.8	17.8
	一般	35	23.0	23.0	40.8
	比较满意	65	42.8	42.8	83.6
	非常满意	25	16.4	16.4	100.0
	总计	152	100.0	100.0	

第五，金融信贷政策满意度。

由表5-15可知，3.3%的创业者对金融信贷政策非常不满意，15.1%的创业者对金融信贷政策比较不满意，33.6%的创业者对金融信贷政策满意度一般，32.2%的创业者对金融信贷政策比较满意，15.8%的创业者对金融信贷政策非常满意。总体而言，18.4%的创业者对金融信贷政策提供的服务不满意，59.2%的创业者对金融信贷政策提供的服务满意。

表5-15 **金融信贷政策**

		频率	百分比	有效百分比	累积百分比
有效	非常不满意	5	3.3	3.3	3.3
	比较不满意	23	15.1	15.1	18.4
	一般	51	33.6	33.6	52.0
	比较满意	49	32.2	32.2	84.2
	非常满意	24	15.8	15.8	100.0
	总计	152	100.0	100.0	

④产业生态圈各要素满意度现状。

第一，市场需求满意度。

由表5-16可知，1.3%的创业者对市场需求非常不满意，13.8%的创业者对市场需求比较不满意，33.6%的创业者对市场需求满意度一般，28.9%的创业者对市场需求比较满意，22.4%的创业者对市场需求非常满意。总体而言，15.1%的创业者对市场需求不满意，51.3%的创业者对市场需求满意。

表5-16 **市场需求**

		频率	百分比	有效百分比	累积百分比
有效	非常不满意	2	1.3	1.3	1.3
	比较不满意	21	13.8	13.8	15.1
	一般	51	33.6	33.6	48.7
	比较满意	44	28.9	28.9	77.6
	非常满意	34	22.4	22.4	100.0
	总计	152	100.0	100.0	

第二，龙头企业满意度。

由表5-17可知，2.0%的创业者对龙头企业非常不满意，21.1%的创业者对龙头企业比较不满意，30.9%的创业者对龙头企业满意度一般，30.9%的创业者对龙头企业比较满意，15.1%的创业者对龙头企业非常满意。总体而言，23.0%的创业者对龙头企业不满意，46.0%的创业者对龙头企业满意。

表5-17 **龙头企业**

		频率	百分比	有效百分比	累积百分比
有效	非常不满意	3	2.0	2.0	2.0
	比较不满意	32	21.1	21.1	23.0
	一般	47	30.9	30.9	53.9
	比较满意	47	30.9	30.9	84.9
	非常满意	23	15.1	15.1	100.0
	总计	152	100.0	100.0	

第三，上下游配套企业满意度。

由表5-18可知，1.3%的创业者对上下游配套企业非常不满意，15.8%的创业者对上下游配套企业比较不满意，30.3%的创业者对上下游配套企业满意度一般，36.8%的创业者对上下游配套企业比较满意，15.8%的创业者对上下游配套企业非常满意。总体而言，17.1%的创业者对上下游配套企业不满意，52.6%的创业者对上下游配套企业满意。

表5-18 **上下游配套企业**

		频率	百分比	有效百分比	累积百分比
有效	非常不满意	2	1.3	1.3	1.3
	比较不满意	24	15.8	15.8	17.1
	一般	46	30.3	30.3	47.4
	比较满意	56	36.8	36.8	84.2
	非常满意	24	15.8	15.8	100.0
	总计	152	100.0	100.0	

第四，行业协会(商会)满意度。

由表5-19可知，2.6%的创业者对行业协会(商会)非常不满意，17.1%的创业者对行业协会(商会)比较不满意，30.9%的创业者对行业协会(商会)满意度一般，35.5%的创业者对行业协会(商会)比较满意，13.8%的创业者对行业协会(商会)非常满意。总体而言，19.7%的创业者对行业协会(商会)不满意，49.3%的创业者对行业协会(商会)满意。

第五，孵化器(加速器)满意度。

由表5-20可知，6.6%的创业者对孵化器(加速器)非常不满意，16.4%的创业者对孵化器(加速器)比较不满意，27.0%的创业者对孵化器(加速器)满意度一般，34.2%的创业者对孵化器(加速器)比较满意，15.8%的创业者对孵化器(加速器)非常满意。总体而言，23.0%的创业者对孵化器(加速器)不满意，50.0%的创业者对孵化器(加速器)满意。

表 5-19　　行业协会（商会）

		频率	百分比	有效百分比	累积百分比
有效	非常不满意	4	2.6	2.6	2.6
	比较不满意	26	17.1	17.1	19.7
	一般	47	30.9	30.9	50.7
	比较满意	54	35.5	35.5	86.2
	非常满意	21	13.8	13.8	100.0
	总计	152	100.0	100.0	

表 5-20　　孵化器（加速器）

		频率	百分比	有效百分比	累积百分比
有效	非常不满意	10	6.6	6.6	6.6
	比较不满意	25	16.4	16.4	23.0
	一般	41	27.0	27.0	50.0
	比较满意	52	34.2	34.2	84.2
	非常满意	24	15.8	15.8	100.0
	总计	152	100.0	100.0	

⑤服务生态圈各要素满意度现状。

第一，生活配套与社交平台满意度。

由表 5-21 可知，2.0%的创业者对生活配套与社交平台非常不满意，18.4%的创业者对生活配套与社交平台比较不满意，29.6%的创业者对生活配套与社交平台满意度一般，34.2%的创业者对生活配套与社交平台比较满意，15.8%的创业者对生活配套与社交平台非常满意。总体而言，20.4%的创业者对生活配套与社交平台不满意，50.0%的创业者对生活配套与社交平台满意。

表 5-21　　**生活配套与社交平台**

		频率	百分比	有效百分比	累积百分比
有效	非常不满意	3	2.0	2.0	2.0
	比较不满意	28	18.4	18.4	20.4
	一般	45	29.6	29.6	50.0
	比较满意	52	34.2	34.2	84.2
	非常满意	24	15.8	15.8	100.0
	总计	152	100.0	100.0	

第二，众创空间运营机构满意度。

由表 5-22 可知，3.9%的创业者对众创空间运营机构非常不满意，18.4%的创业者对众创空间运营机构比较不满意，25.0%的创业者对众创空间运营机构满意度一般，30.3%的创业者对众创空间运营机构比较满意，22.4%的创业者对众创空间运营机构非常满意。总体而言，22.3%的创业者对众创空间运营机构不满意，52.7%的创业者对众创空间运营机构满意。

表 5-22　　**众创空间运营机构**

		频率	百分比	有效百分比	累积百分比
有效	非常不满意	6	3.9	3.9	3.9
	比较不满意	28	18.4	18.4	22.4
	一般	38	25.0	25.0	47.4
	比较满意	46	30.3	30.3	77.6
	非常满意	34	22.4	22.4	100.0
	总计	152	100.0	100.0	

第三，政府(政策、金融)咨询服务机构满意度。

由表 5-23 可知，1.3%的创业者对政府(政策、金融)咨询服务机构非常不满意，19.7%的创业者对政府(政策、金融)咨询服务机构比较不满意，28.9%的创业者对政府(政策、金融)咨询服务机构满意度一般，

34.2%的创业者对政府(政策、金融)咨询服务机构比较满意，15.8%的创业者对政府(政策、金融)咨询服务机构非常满意。总体而言，21.1%的创业者对政府(政策、金融)咨询服务机构不满意，50.0%的创业者对政府(政策、金融)咨询服务机构满意。

表5-23　**政府(政策、金融)咨询服务机构**

		频率	百分比	有效百分比	累积百分比
有效	非常不满意	2	1.3	1.3	1.3
	比较不满意	30	19.7	19.7	21.1
	一般	44	28.9	28.9	50.0
	比较满意	52	34.2	34.2	84.2
	非常满意	24	15.8	15.8	100.0
	总计	152	100.0	100.0	

第四，第三方服务机构满意度。

由表5-24可知，2.6%的创业者对第三方服务机构非常不满意，19.1%的创业者对第三方服务机构比较不满意，30.3%的创业者对第三方服务机构满意度一般，36.2%的创业者对第三方服务机构比较满意，11.8%的创业者对第三方服务机构非常满意。总体而言，21.7%的创业者对第三方服务机构不满意，48.0%的创业者对第三方服务机构满意。

表5-24　**第三方服务机构**

		频率	百分比	有效百分比	累积百分比
有效	非常不满意	4	2.6	2.6	2.6
	比较不满意	29	19.1	19.1	21.7
	一般	46	30.3	30.3	52.0
	比较满意	55	36.2	36.2	88.2
	非常满意	18	11.8	11.8	100.0
	总计	152	100.0	100.0	

第五，电商(物流)平台满意度。

由表5-25可知，4.6%的创业者对电商(物流)平台非常不满意，13.8%的创业者对电商(物流)平台比较不满意，25.7%的创业者对电商(物流)平台满意度一般，28.3%的创业者对电商(物流)平台比较满意，27.6%的创业者对电商(物流)平台非常满意。总体而言，18.4%的创业者对电商(物流)平台不满意，55.9%的创业者对电商(物流)平台满意。

表5-25 **电商(物流)平台**

		频率	百分比	有效百分比	累积百分比
有效	非常不满意	7	4.6	4.6	4.6
	比较不满意	21	13.8	13.8	18.4
	一般	39	25.7	25.7	44.1
	比较满意	43	28.3	28.3	72.4
	非常满意	42	27.6	27.6	100.0
	总计	152	100.0	100.0	

5.2.5 创业者对各生态圈存在问题确认

为了促进众创空间更好地为企业发展服务，依据对张总等3人的访谈和文献研究，本研究专门对众创空间的人力资源生态圈、金融生态圈、政策生态圈、产业生态圈、服务生态圈五大生态圈存在的问题进行了调查，其结果如下：

①人力资源生态圈存在的问题。

由表5-26数据统计可知，77.5%的创业者认为高校培养的人才与市场脱节，创新创业人才培养不足；78.1%的创业者认为高等院校、科研院所与创业企业缺乏深度融合；60.9%的创业者认为高等院校、科研院所技术成果转化难；34.4%的创业者认为猎头公司难找到与企业需求相匹配的人才；72.8%的创业者认为通过劳动力市场、社会招聘难找到企业所需、性价比合适的人才；22.5%的创业者认为行业组织人才输送、流动难。

表 5-26 **人力资源生态圈存在的问题**

		响应		个案百分比
		个案数	百分比	
人力资源生态圈存在的问题[a]	高校培养的人才与市场脱节，创新创业人才培养不足	117	22.4%	77.5%
	高等院校、科研院所与创业企业缺乏深度融合	118	22.6%	78.1%
	高等院校、科研院所技术成果转化难	92	17.6%	60.9%
	猎头公司难找到与企业需求相匹配的人才	52	9.9%	34.4%
	通过劳动力市场、社会招聘难找到企业所需、性价比合适的人才	110	21.0%	72.8%
	行业组织人才输送、流动难	34	6.5%	22.5%
总计		523	100.0%	346.4%

a. 使用了值 1 对二分组进行制表。

②金融生态圈存在的问题。

由表 5-27 数据统计可知，76.7%的创业者认为融资渠道狭窄，融资门槛高；76.7%的创业者认为没有抵押和担保，向银行、金融机构融资难；65.3%的创业者认为政府创业扶持资金申请程序繁琐、获批难；37.3%的创业者认为天使基金、风险投资获取渠道不足、周期长；52.0%的创业者认为互联网金融机构融资成本高；35.3%的创业者认为民间资本进行创业投资的运作保障机制尚未健全。

表 5-27　　**金融生态圈各要素存在的问题频率分布**

		响应		个案百分比
		个案数	百分比	
金融生态圈各要素存在的问题[a]	融资渠道狭窄，融资门槛高	115	22.3%	76.7%
	没有抵押和担保，向银行、金融机构融资难	115	22.3%	76.7%
	政府创业扶持资金申请程序繁琐、获批难	98	19.0%	65.3%
	天使基金、风险投资获取渠道不足、周期长	56	10.9%	37.3%
	互联网金融机构融资成本高	78	15.1%	52.0%
	民间资本进行创业投资的运作保障机制尚未健全	53	10.3%	35.3%
总计		515	100.0%	343.3%

a. 使用了值 1 对二分组进行制表。

③政策环境生态圈存在的问题。

由表 5-28 数据统计可知，77.5%的创业者认为政策门槛过高、执行部门众多；62.9%的创业者认为金融信贷政策执行不到位；67.5%的创业者认为创业扶持政策落地难；59.6%的创业者认为财税减免政策宣传不到位；18.5%的创业者认为人才配套政策不完善；33.8%的创业者认为高端人才激励政策波动大，人才流动性大；20.5%的创业者认为各地区科技政策不均衡，补助金额差异较大，人才队伍不稳定。

④产业生态圈存在的问题。

由表 5-29 数据统计可知，76.0%的创业者认为市场需求不旺盛；62.7%的创业者认为缺乏龙头企业的引领；75.3%的创业者认为上下游企业融合不够，未能形成产业链配套；66.0%的创业者认为行业协会(商会)资源对接不足，协同作用不明显；46.7%的创业者认为孵化器(加速器)体量不足，专业化程度不高。从反映的这些问题来看，市场需求不旺盛问题最为突出；其次是上下游企业融合不够，未能形成产业链配套；再次为行业协会(商会)资源对接不足，协同作用不明显以及缺乏龙头企业的引领问题。

表 5-28　　**政策环境生态圈存在的问题频率**

		响应		个案
		个案数	百分比	百分比
政策环境生态圈存在的问题[a]	政策门槛过高、执行部门众多	117	22.8%	77.5%
	金融信贷政策执行不到位	95	18.5%	62.9%
	创业扶持政策落地难	102	19.8%	67.5%
	财税减免政策宣传不到位	90	17.5%	59.6%
	人才配套政策不完善	28	5.4%	18.5%
	高端人才激励政策波动大，人才流动性大	51	9.9%	33.8%
	各地区科技政策不均衡，补助金额差异较大，人才队伍不稳定	31	6.0%	20.5%
总计		514	100.0%	340.4%

a. 使用了值 1 对二分组进行制表。

⑤服务生态圈存在的问题。

由表 5-30 数据统计可知，74.2%的创业者认为生活配套服务与社交网络不能满足创业者需求；72.2%的创业者认为众创空间运营机构管理服务不到位；72.2%的创业者认为政策宣传与咨询服务不到位；35.8%的创业者认为缺乏第三方服务机构；58.3%的创业者认为第三方机构不够专业，服务面覆盖不够广；10.6%的创业者认为电商(物流)平台不能完全满足企业需求。

表 5-29 产业生态圈存在的问题频率

		响应		个案百分比
		个案数	百分比	
产业生态圈存在的问题[a]	市场需求不旺盛	114	23.3%	76.0%
	缺乏龙头企业的引领	94	19.2%	62.7%
	上下游企业融合不够，未能形成产业链配套	113	23.1%	75.3%
	行业协会(商会)资源对接不足，协同作用不明显	99	20.2%	66.0%
	孵化器(加速器)体量不足，专业化程度不高	70	14.3%	46.7%
总计		490	100.0%	326.7%

a. 使用了值 1 对二分组进行制表。

表 5-30 服务生态圈存在的问题频率分布

		响应		个案百分比
		个案数	百分比	
服务生态圈存在的问题[a]	生活配套服务与社交网络不能满足创业者需求	112	23.0%	74.2%
	众创空间运营机构管理服务不到位	109	22.3%	72.2%
	政策宣传与咨询服务不到位	109	22.3%	72.2%
	缺乏第三方服务机构	54	11.1%	35.8%
	第三方机构不够专业，服务面覆盖不够广	88	18.0%	58.3%
	电商(物流)平台不能完全满足企业需求	16	3.3%	10.6%
总计		488	100.0%	323.2%

a. 使用了值 1 对二分组进行制表。

5.3 调查结论

5.3.1 五大生态圈各要素重要性体认

①人力资源生态圈各要素重要性体认。

通过问卷调查统计分析可知，在创业亲身经历过程中，众创空间的创业者认为在人力资源生态圈中，高等院校是最为重要的人力资源要素，科研院所为次重要的人力资源要素，再次为劳动力市场要素、行业组织要素，排在最后的为猎头公司这一人力资源要素。这一调查结论符合人们对人力资源生态圈的五大要素重要性的日常观察。

②金融生态圈各要素重要性体认。

从融资角度看，通过问卷调查数据分析可以推断出以下结论：基于金融生态系统实际，众创空间的创业者认为银行是最重要的融资渠道，银行资金是最重要的创业支持资金，是创业金融生态圈中最重要的要素。政府扶持资金是创业企业第二重要的融资来源，是创业金融生态圈中排名第二位的要素。再次为风险资金、互联网金融资金要素，重要性排名最后的为民间资本要素。

③政策环境生态圈各要素重要性体认。

创业须有良好的政策环境，可以降低创业风险，更重要的是获得扶持能使企业得以存活、发展。根据调查数据分析，政策环境角度方面，从政策的执行情况来看，相比之下，创业者认为创业扶持政策是最为重要的政策支持性要素，金融信贷政策是政策环境生态圈中第二重要的政策支持性要素，再次为税收政策要素、人才政策要素，排名最后的政策支持性要素为科技政策要素。

④产业生态圈各要素的重要性体认。

从调查数据分析可知，创业者认为市场需求是产业生态圈中最为重要的支持要素，从一定程度来说，市场需求是创业的一种动力和客观条件，市场需求萎缩则创业维艰，市场需求旺盛则创业容易走向成功。因而创业者大多认同市场需求为产业生态圈第一重要要素。在产业生态圈中，上下游配套企业要素因具有共生效应、协同效应而被创业者认为是第二重要的支持要素，因能发挥龙头引领作用，成为“链主”带动其他企业的发展，龙头企业被创业者认为是第三重要的支持要素，行业协会、孵化器(加速器)被认为是第四、第五重要的支持要素。

⑤服务生态圈各要素的重要性体认。

服务系统的本质属性为创业的支持性因素，从问卷调查数据分析可知，创业者认为众创空间运营机构是服务生态圈中最为重要的支持要素，政府咨询服务机构为服务生态圈中第二重要的支持要素，这两个要素直接涉及创业企业，影响创业活动效率，生活配套和社交平台为服务生态圈中第三重要的支持要素，相比之下，第三方服务机构为第四位次的支持要素，而电商(物流)平台为服务生态圈中排名最后的支持要素。

5.3.2 五大生态圈满意度

①人力资源生态圈的满意度。

从调查数据统计结果来看，众创空间的创业者对高等院校、科研院所、劳动力市场、行业组织、猎头公司的满意度均等于或超过45%，这一数据表明部分创业者对人力资源生态圈的五大要素在提供人才、技术创新等方面整体满意度较高，众创空间在构建人力资源生态圈方面服务较好，能为创业者提供良好的服务。当然必须看到，也有20%~29%的创业者对人力资源生态圈的这五大要素在提供人才、技术创新等方面不太满意，说明人力资源生态圈的建构工作还有待进一步完善。

②金融生态圈的满意度。

从调查数据统计结果来看，众创空间的创业者对银行、风险投资机构(人)、互联网金融(如微众银行)、民间资本、政府扶持资金的满意度均等于或超过44%，这一数据表明部分创业者对金融生态圈的五大要素在提供资金等方面整体满意度较高，众创空间在构建金融生态圈方面的服务工作较好，能为创业者提供融资，排忧解难。当然必须看到，也有15.8%~19.7%的创业者对金融生态圈的这五大要素在提供资金等方面不太满意，说明金融生态圈的建构工作还有待进一步完善。

③政策环境生态圈满意度。

从调查数据统计结果来看，众创空间的创业者对人才政策、科技政策、创业扶持政策、税收政策、金融信贷政策的满意度均等于或超过40%，这一数据表明部分创业者对政策环境生态圈的五大要素在创业政策执行等方面整体满意度较高，众创空间在构建政策环境生态圈方面的服务工作较好，能为创业者提供较为满意的政策服务。当然必须看到，也有10%~29%的创业者对政策环境生态圈的这五大要素在提供创业政策服务方面不太满意，说明政策环境生态圈的服务工作还有待进一步完善。

④产业生态圈满意度。

从调查数据统计结果来看，众创空间的创业者对市场需求、龙头企业、上下游配套企业、行业协会(商会)、孵化器(加速器)的满意度均等于或超过46%，这一数据表明部分创业者对产业生态圈的五大要素对创业支持情况的整体满意度较高，众创空间在构建产业生态圈方面的工作较好，能为创业者提供较为满意的创业服务。当然必须看到，也有17%~23%的创业者对产业生态圈的这五大要素在提供服务方面不甚满意，说明产业生态圈的建构工作还有待进一步完善。

⑤服务生态圈满意度。

从调查数据统计结果来看，众创空间的创业者对众创空间运营机构、生活配套与社交平台、政府(政策、金融)咨询服务机构、第三方服务机构、电商(物流)平台的满意度均等于或超过48%，这一数据表明部分创业者对服务生态圈的五大要素对创业的支持情况整体满意度较高，众创空间在构建服务生态圈方面的工作较好，能为创业者提供较为满意的创业服务。当然必须看到，也有18%~22%的创业者对服务生态圈的这五大要素在提供服务方面不甚满意，说明服务生态圈的建构工作还有待进一步完善。

5.3.3 五大生态圈存在的问题

①人力资源要素问题确认。

由调查数据统计可知，绝大部分创业者认为高校培养的人才与市场脱节，创新创业人才培养不足，高等院校、科研院所与创业企业缺乏深度融合，技术成果转化难；通过劳动力市场、社会招聘难找到企业所需、性价比合适的人才。也有一部分创业者认为猎头公司难找到与企业需求相匹配的人才，行业组织人才输送、流动难。

②金融生态要素问题确认。

由问卷调查数据统计可知，绝大部分创业者认为融资渠道狭窄，融资门槛高，没有抵押和担保，向银行、金融机构融资难，政府创业扶持资金申请程序繁琐、获批难，互联网金融机构融资成本高。当然也有一部分创业者认为天使基金、风险投资获取渠道不足、周期长，民间资本进行创业投资的运作保障机制尚未健全。

③政策环境要素问题确认。

由问卷调查数据统计可知，绝大部分的创业者认为政策门槛过高、执行部门众多，金融信贷政策执行不到位，创业扶持政策落地难，财税减免政策宣传不到位。也有一部分创业者认为人才配套政策不完善，高端人才激励政策波动大，人才流动性大，各地区科技政策不均衡，补助金额差异较大，人才队伍不稳定。

④产业生态圈要素问题确认。

由问卷调查数据统计可知，一部分创业者认为市场需求不旺盛，缺乏龙头企业的引领，上下游企业融合不够，未能形成产业链配套，行业协会(商会)资源对接不足，协同作用不明显，孵化器(加速器)体量不足，专业化程度不高。

⑤服务生态圈要素问题确认。

由问卷调查数据统计可知，大部分的创业者认为生活配套服务与社交网络不能满足创业者需求，众创空间运营机构管理服务不到位，政策宣传与咨询服务不到位，第三方服务机构不够专业，服务面覆盖不够广。一部分创业者认为缺乏第三方服务机构，电商(物流)平台不能完全满足企业需求。

6 创业企业视角下众创空间创业生态系统的优化策略

众创空间创业生态系统包括人才、金融、政策、产业、服务等多个生态圈，每个生态圈均有各自的功能定位。在五大支撑生态圈中，人才是核心，资金是保障，政策是土壤，市场是导向，服务是依托，共同构成了一个有机的生态系统。[①] 浙江作为创新创业的热土，众创空间的建设和发展相对成熟，分析其生态要素存在的问题并提出优化策略，能为其他地区众创空间创业生态系统的构建指明方向，提供遵循。本章基于前文对众创空间创业生态的理论研究和浙江实践，以创业企业为视角，针对众创空间的创业企业在发展中存在的问题，从以下五个方面提出优化众创空间支撑生态系统的对策与建议。

6.1 多管齐下，构建创业生态系统人力资源生态圈

人才是第一资源，创新是第一动力，创新驱动的本质是人才驱动，区域经济的竞争、企业间的竞争，归根结底就是人才尤其是高层次人才的竞争。人才竞争的背后是企业人才环境和人才培养、使用、成长机制的竞争，众创空间人才生态环境直接决定着企业能否吸引留住人才，为企业创

① 向武，黄成兵．众创空间创业生态系统要素研究[J]．河南教育(高教版)，2018，157(5)：102-105.

造最大的价值。戴尔·卡耐基就曾说："假如我的企业被烧掉了，但把人留住，我20年后还是钢铁大王。"杰克·韦尔奇也曾说："人才即是一切，有人才的公司才能成为最大的赢家。"现代人力资源管理把人当作一种能够创造价值的特殊资源，认为人是可开发的资源，是能创造价值的资本。无论是对于众创空间还是创业企业，人才一直都是创新实践的主体和关键，只有构建良好的人力资源生态圈，才能让企业在创新驱动、转型升级中步伐更加坚定有力。

6.1.1 高校：扎实推进创新创业人才培养

众创空间作为创新创业孵化平台，亟须大量的创新创业人才；高校作为国家创新体系的重要组成部分，在国民教育体系中占有举足轻重的地位，是创新人才培养的主要阵地。创新教育和创业实践是高校创新创业人才培养的两大命题。创业教育是以培养大学生创新精神和创业能力为基本价值取向的教育，旨在激发学生创新意识，培养学生创新能力。高校要坚持把创新创业教育贯穿人才培养全过程，以提高人才培养质量为核心，以培养高水平创新创业人才为重点，深化教学改革，健全工作机制，强化资源保障，注重工作成效，努力提高人才培养质量，不断提升服务经济社会发展能力。当前，绝大多数高校都开展了创业教育，但就创业教育水平而言，与发达国家相比有明显差距。大部分高校缺乏系统的创业人才培养方案，在创业师资队伍建设、课程体系设置、机制体制保障、实践平台的搭建等方面存在缺失，导致高校创业教育和当下大学生创客的实际需求相脱节。① 前文调研显示，77.5%的创业者认为高校培养的人才与市场脱节，创新创业人才培养不足。

针对高校的创新教育与创业实践，学校应当根据学生的特点和需求，分层分类实施创新创业人才培养。分层方面，一是通过通识教育培育全体

① 米银俊，许泽浩．全过程融合 构建创客教育生态系统[J]．中国高等教育，2016，566(11)：46-48.

学生的创业意识与创业精神；二是通过众创空间等挖掘兴趣学生的创业潜能；三是通过特色班级等发展意向学生的创业知能；四是通过创业园区等提升创业学生的创业实务。分类方面，一是开设青年创客班、创业先锋班、创业管理班、创业精英班等类型的创业教育试点班，满足个性化学习需要。二是以区域新兴产业创业为导向，形成大学生创业项目与地方众创空间的链接，重点突出在创业实践环节的顶层设计，如打造分布式的1+X众创空间，建立院系+学校创客空间；构筑多样化的创业文化平台，成立未来企业家俱乐部、大学生创新创业联盟等社团；做强实践导向的创业实务平台，构建专业工作室—学院创客空间—学校创业园区—区域众创空间四级孵化平台，为大学生小微企业孵化、科研成果转化提供一站式服务。创新教育与创业实践的有机融合，有助于大学生创客在实践中发现和解决问题，提高创业项目的质量和成活率，增加大学生创业成功的可能性，为众创空间输送更多的创新创业人才。

6.1.2 科研院所：充分发挥科技创新在创业中的引领作用

科研院所是科学研究和技术开发的基地，是培养高层次科技人才的基地，是促进高科技产业发展的基地。① 科研院所从事探索性、创造性科学研究活动，具有知识和人才独特优势，是实施创新驱动发展战略、建设创新型国家的重要力量。② 可以说，科研人员是众创空间科技创业人才重要的潜在来源和后备力量，有潜力成长为科技创业领军人才。鼓励引导科技人才离岗创办企业或兼职创新、在职创办企业创业，这是一条可行之路，对创业者和众创空间各有其益。

科研院所无论是在科技人才储备方面，还是在科技平台的建设方面，都有其明显的优势，但也存在着与市场和产业脱节等问题。前文的调研数

① 马永红，张飞龙，刘润泽．广义科教融合：研究生教育的本质回归及实现路径[J]．清华大学教育研究，2022，43(4)：60-70.

② 杜冉冉．新能源汽车产业产学研创新网络研究[D]．柳州：广西科技大学，2020.

据显示，78.1%的创业者认为高等院校、科研院所与创业企业缺乏深度融合，60.9%的创业者认为高等院校、科研院所技术成果转化难。面对存在的问题，科研院所要主动对接市场和产业需求，联合政府和企业，搭建科技创新服务平台，探索“产业出题、学者接题、政府助题、协同拓题”的科技创新机制，深入推进科企融合，不断提高科研院所科技成果供给能力和水平。与此同时，开展职务科技成果所有权或长期使用权改革，变“先转化、后奖励”为“先赋权、后转化”，加大对科技成果完成、转化作出重要贡献的科技人员及团队的奖励力度，充分调动科技工作者主动参与成果转化的积极性。科研院所可以通过科研设施、技术资源的开放共享，为众创空间和企业提供检验检测、研发设计、小试中试、技术转移、成果转化等社会化专业化服务，在某专业领域实现“众创”。① 以科技创新为产业赋能，助推产业转型升级，让科技创新成为企业高质量发展的“动力引擎”，充分发挥科技创新在创业过程中的引领作用，实现人才链、创新链、产业链的有机融合。

6.1.3 人才市场：优化创新创业人才服务环境

人才市场作为政府所属人才服务机构，承担着人才交流合作、人才市场化配置、毕业生就业、人才创业、人才评价、人才公共服务、人才教育培训等方面的职能。激发人才发展活力，助力人才创新创业是人才工作的重要任务，也是加快推进人才工作创新发展的主要抓手，更是推动创新驱动发展战略深入实施的根本保障。近年来，各地在激发人才创新创业活力方面作了一些有益的探索，取得了一定成效，但在人才招聘、人才培养、人才服务等方面还存在一些不足和差距。前文的调研显示，企业对人才市场的满意度只有48.1%，72.8%的创业者认为通过劳动力市场、社会招聘难以找到企业所需、性价比合适的人才。

众创空间为广大创新创业者提供了良好的网络空间、工作空间、社交

① 王添乐．长沙市众创空间发展现状及对策研究[D]．长沙：湖南大学，2018.

空间和信息共享空间。针对以上存在的问题，人才市场要立足区域实际，持续优化人才发展环境，落实落细各项人才政策，广纳天下英才，为各级各类众创空间和创业企业搭建人才服务平台，为人才创新创业做好全方位的服务。具体而言，可以从以下三个方面着手：一是提供人才创新创业的优惠政策。包含物质激励、住房保障、教育医疗、子女入学等方面，着力破解制约人才发展的体制机制障碍，营造良好的人才发展政策环境，激发人才创新创业创造活力。将人才关注的安家、办公、教育、医疗、子女教育等问题作为服务重点，当好"店小二"，念好服务经，为广大人才营造安心舒心的创业环境。二是为人才创新创业对接资源。立足人才创业发展需求，采取"政府搭台、企业唱戏"的方式，举办形式多样的资源对接交流活动，帮助创业企业汇集创新资源，补齐短板弱项，帮助创业企业茁壮成长。三是优化创业人才招聘服务。通过举办"众创空间"专场招聘会，为创业企业和创业人才搭建供需对接桥梁，为企业发展匹配性价比高的创新创业人才。

6.1.4 猎头公司：精准推荐创新创业高端人才

猎头是一种十分流行的人才招聘方式，是受企业委托寻访符合其要求的中高级人才的第三方机构。随着中国经济的快速发展，市场对猎头需求迅速提升，民营猎头公司也应运而生，快速崛起。与传统的企业人力内部招聘和职业中介服务不同的是，猎头追逐的目标始终是高能力、高职位、高价位三位一体的优秀人才，这些人才多是受过较好的高等教育、具有较好的履历与业绩表现的管理人才和科研人才。① 在人才被作为企业重要资本的今天，各类创新型企业对高端人才的争夺愈演愈烈，借助猎头公司已成为企业获取高端人才的重要手段之一。

通过前期的访谈和调研我们发现，猎头公司在发展过程中存在市场定

① 纪传贵．HC 人力资源公司猎头服务体系优化研究[D]．济南：山东财经大学，2022.

位不明确、管理运营不规范、人才资源信息有限、匹配度差等问题。前文的调研数据显示，34.4%的创业者认为猎头公司很难找到与企业需求相匹配的人才。众创空间集聚了众多的创业企业，亟须大量的高端创业人才，发挥好猎头公司的选才作用就显得尤为重要。猎头公司的规范化发展，离不开政府的监管和自身的建设，只有二者形成合力才能促进猎头事业的健康发展。对政府而言，要进一步完善有关人才服务机构的法律和政策，对从事高级人才服务的猎头企业给予支持，打造更为健全的猎头产业体系。通过指导组建猎头战略联盟，维护猎头行业秩序，建立健全行业公约，打造猎头服务品牌。对于猎头公司而言，要找准市场定位，进一步完善公司的网络化、专业化流程，培养打造一支专业化、高素质的顾问队伍，以客户和人才为中心，提高服务的精度和效度，为众创空间和创业企业的发展提供更多的高端人才。

6.1.5 行业协会：校企合作培养创新创业人才

行业协会作为新时期社会经济发展的产物，是介于政府、企业之间，商品生产者与经营者之间，同一行业中众多企业的联合体，它本身又不是企业，但它了解企业的需求，代表着企业的利益，可以协调高校、政府和企业三方力量，共同参与创新创业人才培养，解决校企合作中遇到的问题。① 行业协会可以将本行业发展的人才需求、技术需求以及国内外行业发展趋势等信息及时反馈给高等院校，为学校制定人才培养方案提供参考。

当前，行业协会与高等院校之间的合作内容相对单一，参与人才培养的广度和深度不够。前文的调查也显示，创业企业对行业协会的满意度不到50%，22.5%的创业者认为行业组织人才输送、流动难。针对存在的问题，行业协会只有深度参与高校创新创业人才的培养过程，才能发挥其在

① 白延虎．行业协会参与高校创业教育探究[J]．黑龙江科技信息，2017(11)：293-294.

创新型人才培养过程中应有的作用。一是参与创新创业教育人才培养方案的制订。行业协会熟悉企业创业过程和企业管理，对于如何培养创新创业人才有着真知灼见，参与指导高校创新创业教育人才培养方案的制订，可以使方案更加符合实际，从而培养出真正的创业者。二是参与创业教育教学与实践。通过组织行业内优秀企业家进课堂，开展创业沙龙、创业论坛等活动，激发学生的创业热情，解答学生在创业中遇到的问题，还可以通过设立大学生创新创业实践基地和项目孵化基地，为学生提供创业实践平台，培育有潜力的创业项目。三是参与创新创业教材的编写。当前的创新创业教材多为高校学者编写，过多强调理论而忽视实践，而行业协会中的企业家有着丰富的创业经历和企业管理经验，他们参与编写的教材更加贴近创业实际，容易使学生产生共鸣，有助于提高创业教育的实效。行业协会与高校的深入合作，能为高校营造良好的创业环境，推动高校教学管理改革，弥补创业师资不足，解决大学生创业过程中遇到的实践问题，培养输送更多的行业创新创业人才。

6.2 多方联动，打造创业生态系统金融生态圈

资金是创业的血液，融资是创业的血管，充足的资金是众创空间和创业企业运行和发展的必要条件；缺乏资金，一切商业活动都将停滞不前，任何创意都没有意义。如果我们把创业比作打仗，那么资金就是粮食和草，也是武器和弹药；没有粮食和草，团队和项目就无法生存，没有武器和弹药，企业就无法发展。资金是企业经济活动的第一推动力，企业获得稳定的资金，及时足额筹集到生产要素所需要的资金，对经营和发展有着至关重要的作用。众创空间聚集了大量的中小企业，融资困难已成为制约中小企业发展壮大的瓶颈，尤其是处在初创期和成长期的企业，诸多的不确定性使得其融资难度加大，成本增加。银行、互联网金融机构(如微众银行)、政府扶持资金、风险投资机构(人)、民间资本作为企业间接融资的主要来源，应构建多方联动的金融服务体系，增强金融、企业对接的针

对性、实效性，为企业提供源源不断的金融“活水”，助力企业高质量发展。

6.2.1 银行：发挥中小企业融资的主渠道作用

当前，我国中小企业获取资金的主要方式包括银行信贷、企业自有资金投入、资本市场融资等，其中，银行信贷仍然是中小企业最主要的资金来源。① 近年来，企业融资难、融资贵的现象有一定缓解，但是在具体融资过程中，中小企业通过银行信贷融资仍然存在不小的难度。银行发放贷款，最为广泛接受的抵质押品为不动产，中小企业人员流动性大、估值难度高的特点，决定了大多数中小企业没有足够的不动产作为抵质押品，加上其他信用信息的缺乏，导致企业在一定程度上存在融资困难。前文的调查数据显示，76.7%的创业者认为融资渠道狭窄，融资门槛高，76.7%的创业者认为自己没有抵押和担保，向银行、金融机构融资难。

针对上述存在的问题，银行机构应深入挖掘不同信贷主体可担保动产和权利的潜力，完善企业融资增信措施，尤其是推出中小企业的动产及权利融资政策，开发更多的信用贷款产品，发挥中小企业融资的主渠道作用。主要可从以下四个方面着手：一是持续完善增信分险体系。不断健全融资担保体系，实施奖补支持增量降费，拓展融资担保覆盖面，提高中小企业融资能力。综合运用再贷款、再贴现及监管评级、市场准入等政策工具和监管手段，引导银行精准滴灌中小企业。二是推动抵质押品融资创新。银行机构应根据自身业务开展情况和风险控制能力，将符合抵质押品条件的动产和权利纳入押品目录，科学合理拓展抵质押品范畴，如针对难以满足不动产质押融资的小微企业，可以推出异质性融资产品；针对技术投入高的科技型企业，创新知识产权质押融资产品。② 三是深入推进“金融顾问”服务。引导金融服务前移、下沉，通过“融资+融智”等方式提供金融、

① 王宝会．银行为企业融资构筑新桥[N]．经济日报，2022-10-11(9).

② 王宝会．银行为企业融资构筑新桥[N]．经济日报，2022-10-11(9).

法律、财务等专业服务，助力企业优化财务结构，改善内部管理，夯实融资基础。四是督促银行业全面落实授信尽职免责政策，建立授权、授信、尽职免责“三张清单”，巩固完善“敢贷、愿贷、能贷、会贷”服务机制。

6.2.2 互联网金融机构：为中小企业提供多元的融资选择

互联网金融对企业的融资、投资效率、技术创新等方面产生着一定的影响，对于当前传统的企业融资模式是一个很好的补充，其在减少信息不对称、优化资源配置等方面发挥了传统金融机构难以替代的重要作用。① 互联网金融机构的快速发展，为中小企业提供了更加多元的融资选择，解决了中小企业融资渠道单一的问题。互联网金融授信资质门槛低、授信额度灵活、融资方式多样、融资时间成本低，在提高中小企业融资效率的同时，提升了金融资源配置效益。然而，互联网金融机构在为创业企业提供融资服务的同时，还存在着融资优惠力度不大、融资专项业务不多、融资市场环境不佳、缺乏统一征信体系等问题。② 前文的调查数据显示，52.0%的创业者认为互联网金融机构融资成本过高。

针对上述存在的问题，互联网金融主体应出台优惠政策，创新金融产品，拓宽服务渠道，为中小企业提供多元的融资选择。具体可以从以下两个方面着手：一是出台互联网金融支持创新创业的优惠政策。如设立符合政策要求的网络贷款公司，面向创业者提供低利息贷款业务；创建网络投资公司，帮助创业企业进行债券发行；成立网络担保机构，为创业者提供低收费的担保服务；建立网络保险公司，面向创业企业提供费用相对低廉的信用保险业务。③ 二是创新金融服务产品。互联网金融机构应根据创业企业的融资需求，加快互联网金融信贷产品的开发，降低申贷门槛，为创

① 李敬聪．互联网金融对大学生创新创业意愿影响分析[D]．济南：山东大学，2022.

② 陶言诚．互联网金融助力小微企业创业孵化不足及对策[J]．山西农经，2020，278(14)：120-121.

③ 陈金波．互联网金融支持融资创业策略研究[J]．产业创新研究，2022，84(7)：97-99.

业企业提供易申请、速度快、成本低，且无需担保的小额贷款。除此之外，政府要进一步规范互联网金融业态，加强对互联网金融机构的审查、审批和监管，防范互联网金融风险，确保企业的资金安全。

6.2.3　政府扶持资金：为中小企业提供创业扶持资金

资金短缺是大多数初创企业经营发展面临的现实难题，由于初创企业规模偏小，信用评级较低，往往难以获得银行贷款和其他融资渠道的支持。政府扶持资金作为中小企业融资渠道之一，对解决中小企业的融资问题起到极其重要的作用。政府扶持资金主要包括科技成果转化基金、科技创新种子资金、中小企业担保资金、中小企业发展资金、企业技术创新资金、专利转化资金、技术改造贷款项目贴息资金等，采取补助和奖励的方式，为中小企业发展提供了资金来源。① 与银行贷款、上市融资、风险投资等方式相比，政府扶持资金是一种低成本融资方式，对于我国中小企业的建立、发展具有重要意义。

对于创业企业而言，只要符合国家和地方产业政策，都可以申请政府财政资金的支持。但从政府扶持资金的申报和执行过程来看，无论是企业层面还是政府层面，都或多或少存在一些问题。从政府层面来看，存在着扶持资金总体偏少、多头管理、申请程序繁琐、评审制度与评价体系不完善、立项投放周期长等问题。从企业层面来看，存在着对扶持资金的申报渠道和流程了解掌握不够、资金使用周期过短、重复申报等问题。前文的调查也显示，17.8%的创业者对政府扶持资金比较不满意，27.6%的创业者对政府扶持资金满意度一般，65.3%的创业者认为政府创业扶持资金申请程序繁琐、获批难。针对上述存在的问题，可从以下几个方面加以优化：一是进一步扩大扶持资金的规模，建立扶持基金制度。地方政府根据财政收入情况，保障扶持资金按照财政收入的增长幅度保持一定比例的上

---

① 任变英．小议政府扶持资金管理及运行的问题与对策分析[J]．中国管理信息化，2011，14(23)：30-31.

升，扩大扶持对象的范围，加大资金扶持力度。通过设立、参与创投基金、风险投资公司以及股权投资公司等形式，扩大政府扶持资金的规模，提高资金的使用效率。① 二是缩短申报和资金投放时间。明晰申报流程，做到申报资料标准化，专家评审、部门管理过程信息化，避免多头管理、减少审批环节，提高立项审批和资金投放的效率。三是进一步完善扶持资金的评审制度。加强对申报材料的真实性审查，防止资金申请和资助过程出现弄虚作假现象。通过建立扶持资金项目绩效评价体系，加大项目跟踪管理力度，切实做好项目实施、资金使用和绩效评价等工作，确保政府扶持资金的有效运行和效益最大化。

6.2.4 风险投资机构：为创业企业提供风险投资

经过30多年的发展，中国创业投资机构已经发展壮大，成为金融体系不可或缺的一部分。风险投资机构不仅可以为初创企业提供融资渠道，还在其发展过程中扮演着重要角色，具有项目筛选、资金投入、企业培育、孵化上市等功能。现有理论研究和实践表明，创业投资机构不仅能为被投资企业提供资金支持，还能够提供人力资源服务、品牌推广以及资源对接等非资本增值服务，在促进企业创新方面发挥着重要的作用。② 风险投资机构不仅具有挑选优质创业项目的特殊能力，而且能够通过整合资源和投后管理协助创业型企业应对创新过程中的不确定性，降低创业失败率，提升企业价值。③ 随着“双创”的不断推进，近年来，各类风险投资机构纷纷涌现，风险投资事业快速发展，特别是在“科创板”推出后，风险投资进入了高速发展时期。但是，纵观当前风险投资发展现状，还存在政府对风险投资扶持政策不足，高素质人才缺乏，风险投资基金来源单一等问题。前

① 覃丽平．高新技术产业发展中政府扶持资金运行模式评析[J]．山西科技，2015，30(2)：12-13，15.

② 钟春平，魏文江．创新加速器何以失效？——中国创业投资与创新的关系、成因及建议[J]．征信，2022，40(7)：6-13.

③ 吉云．风险投资进入能提升创业型企业的创新绩效吗？[J]．科学学与科学技术管理，2021，42(5)：32-50.

文的调查显示，17.1%的创业者对风险投资机构比较不满意，33.6%的创业者对风险投资机构满意度一般，37.3%的创业者认为天使基金、风险投资获取渠道不足、周期长。

众创空间作为创业孵化平台，拉近了风险投资机构与在孵企业之间的距离，为资本和项目的对接创造了条件。但众创空间入驻的大多为初创企业和中小企业，规模较小，产品竞争力不足，其发展存在着不确定性、高失败率等问题，导致风险投资机构出现投资偏向高科技企业，投资向后期阶段偏移的现象。针对存在的问题和现象，如何为创业企业创造更好的风险投资环境，需要政府和风险投资机构进一步加快风险投资体系建设，重点突破以下几个关键性环节：一是拓宽创业投资融资渠道，提升创业投资规模。本着“多方投入、风险共担、利益共享”的市场化运作原则，充分发挥不同投资主体的积极性，实现创业投融资渠道的多元化。[①] 通过利用部分政府资源成立政府引导基金，鼓励更多的大型企业、社会资本和外资通过创业投资基金参与一级资本市场，扩大创业投资规模。二是构建人才、技术、资本互利共赢的风险投资机制。风险投资实质是对人才创新价值的投资。没有人才创新创业，风险资本就无法增值；没有风险投资支持，人才的价值创造就无法得到市场实现。[②] 推动风险投资机构和高端人才创业项目的有效对接，建构人才、项目、资本开放合作、互利共赢的投融资机制。三是引导创业投资机构“投早投小”。充分发挥政府引导基金的示范带头作用，撬动社会投资机构投早投小。四是提高创业投资机构运营管理水平。加速培养高素质的风险投资人才，提高内部决策效率和项目决策的科学化水平。

6.2.5　民间资本：大力拓展民间投资融资渠道

当前，我国经济发展已经进入新常态，促进民间投资健康发展是适应

① 徐匡迪．加快我国创业投资体系建设[J]．中国投资，2002(6)：42-43.

② 李源潮．促进人才创业与风险投资有效对接　推动战略性新兴产业加快发展[J]．中国人才，2011，391(19)：4-5.

我国经济进入新常态的必然选择，是推进我国供给侧结构性改革的重要途径，是推动经济结构转型升级的重要动力，是实施创新驱动战略的迫切需要。① 长期以来，民间投资对国民经济增长产生持续的拉动作用，已经成为我国经济发展中的一支重要力量。民间投资的健康发展，有利于促进经济结构转型和新兴产业成长，有利于拓宽投资项目资金来源和优化公共服务供给，有利于推动消费升级和创造稳定就业，为经济社会发展增添持久动能。随着民间资本的规模越来越大，如何使民间资本更好地服务经济社会发展，引导民间资本进入“双创”体系建设，鼓励民间资本支持中小企业发展，已成为一个重要的课题。

由于政策的缺位和金融市场体系的不完善，导致大量民间资本的活力难以得到有效释放。一方面，实体经济特别是创新创业主体面临着融资难的关键性挑战；另一方面，民间资本虽然数量充裕，但由于其“进正门、走正道”的途径并不畅通，导致其投资潜力难以得到充分发挥。② 民间投资融资难、融资贵的问题依然存在。前文的调查显示，16.4%的创业者对民间资本比较不满意，33.6%的创业者对民间资本满意度一般，35.3%的创业者认为民间资本进行创业投资的运作保障机制尚未健全。针对上述存在的问题，应当从以下几个方面加以优化：一是加大对民间投资的扶持力度，拓宽民间资本投资领域。努力营造公平竞争的法治环境和市场环境，引导支持民间资本进入国家法律法规未禁止的行业，加快民间投资管理体制机制改革，降低市场准入门槛，拓展民间资本投资范围，优化民间投资结构。二是构建“互联网+民间资本”金融平台，推动互联网金融发展。加大金融创新力度，降低民间资本设立互联网金融机构的准入门槛，赋予民间资本进入金融业的“准入权”。进一步完善小额股权的众筹机制，通过设立政策性的引导基金，吸引更多的民间资本合理有序进入互联网金融领域，使之成为促进经济发展和金融改革的一个重要动力。三是培育发展天

① 方晓红．新常态背景下我国民间投资发展初探[J]．中外企业家，2017，576(22)：52-54.

② 盖凯程．引导民间资本融入创新创业[J]．财经科学，2015，333(12)：5-7.

使投资，鼓励社会资本投资科技型小微企业。支持民间资本参与天使投资，推动地下资本合法化和民间信贷规范化，引导其逐渐转化为天使投资(基金)；促进民营企业家向天使投资人身份的转化，使其成为天使投资的主力军。① 重点面向科技型的小微企业，通过股本融资、股份转让，为小微企业提供市场化的融资渠道。四是降低民间投资企业成本，推动民间投资健康发展。国家应降低民间投资企业的成本和税收负担，出台鼓励民间投资的税收优惠政策，取消涉及民间投资的不合理收费项目，切实降低民间投资机构的融资成本和运营成本，优化民间投资发展环境。

6.3　多措并举，优化创业生态系统政策环境生态圈

创新创业政策具有引导、激励和规范创新创业活动的重要功能，良好的政策环境对创业企业成长具有积极的促进作用。国务院办公厅 2015 年 3 月印发的《关于发展众创空间推进大众创新创业的指导意见》明确指出：推进大众创新创业要加强政策集成，进一步加大简政放权力度，优化市场竞争环境，完善创新创业政策体系，加大政策落实力度，降低创新创业成本，壮大创新创业群体。在公共治理理论中，政府的主要功能是为整个治理提供规范性的、整体性的制度规范，管理、引导、监督所有参与主体的行为，使公共利益达到最大化。② 众创空间和创业企业作为创新创业的主体，在政策的需求上是全方位、全过程的。因此，强化政府服务职能，建立符合市场需求的创新创业政策体系，构建良好的创新创业生态环境，推动众创空间和创业企业又快又好发展，是政府的职责所在。创业生态系统中的主要政策包括创业扶持政策、税收政策、金融信贷政策、人才政策、科技政策等。在政策的制定和实施上，需要多方协同，多措并举，因地制宜。

---

① 盖凯程．引导民间资本融入创新创业[J]．财经科学，2015，333(12)：5-7.

② 傅元媛．南京市众创空间发展策略研究[D]．南京：南京航空航天大学，2018.

6.3.1 创业扶持政策：优化创业补贴政策和小额贷款政策

中小企业在国民经济中扮演着至关重要的角色，不仅创造了大量的就业岗位，而且还是推动中国经济可持续发展的生力军。① 我国对中小企业进行政策扶持起步较晚，自2002年国家颁布了《中小企业促进法》以来，各级政府相继出台了多项支持中小企业发展的政策，尤其是国家在2011年制定了中小企业划型标准后，国家和地方针对中小企业出台了一系列指向性更强的扶持政策，主要包括行政收费优惠政策、创业实体注册条件的放宽政策、吸纳就业的奖励政策、小额贷款政策、社会保险优惠政策、免费创业培训政策等。在诸多的扶持政策中，最受企业关注和看重的还是各种创业补贴政策和小额贷款政策。因为在整个创业过程中，发展资金永远是创业者首要解决的问题，而通过创业补贴和小额贷款，可以让创业者享受到相关政策优惠，让创业者拿到启动资金，走好创业的"第一步"。

创业补贴政策和小额贷款政策对创业活动的开展有着直接的影响，从政策的执行和落实情况来看，还存在着申请程序复杂、审批周期长、获批额度小等问题，政策的实际可操作性不强，执行效率偏低。前文的调查数据显示，52.63%的创业者认为政府扶持资金重要，17.8%的创业者对政府扶持资金比较不满意，27.6%的创业者对政府扶持资金满意度一般，65.3%的创业者认为政府创业扶持资金申请程序繁琐、获批难。针对上述存在的问题，可以从以下几个方面进行优化：一是简化申报流程，提高审批效率。创业补贴和小额贷款申请具有很强的政策性，涉及人社、财政、银行等多个部门，需要经过申请、征信考察、项目考察、项目评审、担保评估、项目审批、银行审核等多个环节，审批手续复杂，等待周期长。主管部门应按照"申请标准化、审批规范化、材料精简化"的要求，实行"一窗受理、集中服务"，减少审批环节、降低审批成本。二是要降低申请门

---

① 王振国，徐艳．关于我国小微企业金融支持的问题与对策[J]．中国集体经济，2016，503(27)：84-86.

槛，扩大政策惠及面。通过设立创业补贴财政专项资金和小额贷款基金，引导社会资本参与小额信贷投放，降低审批门槛，扩大小额贴息贷款覆盖企业范围。为发展前景好、带动就业多、项目潜力大、“小升规”意愿强的中小企业提供创业补贴和小额贷款。三是要建立评估体系，加强风险的预防和审查。创业补贴和小额贷款的发放要遵守安全性、流动性与收益性相结合的原则，在保证信贷收益的同时尽量避免信贷资金遭受风险和损失。① 从政府部门、金融机构、大型企业聘请相关专业人员，组成“项目评审团”，对申请补贴和贷款的创业项目进行审查，确定风险系数，建立预警机制，提高补助和放贷资金的安全性。

6.3.2 税收政策：完善普惠性的税收优惠政策

建立健全有效的税收政策激励机制，有助于支持和促进自主创新发展，增强我国科技竞争实力，营造有利于创业创新的良好氛围和税收环境。② 自“双创”战略实施以来，国家财税部门相继出台了一系列激励创业创新的税收优惠政策，对国民经济发展和社会进步产生了积极影响。我国激励创业的税收优惠政策主要体现在支持小微企业发展、支持重点群体创业、支持创业投资、促进众创空间发展四个方面；激励创新的税收优惠政策主要体现在促进高新技术产业发展、鼓励企业人力资本投资和创新型人才、激励企业增加研发投入、鼓励技术转让和科技成果转化四个方面。③ 众创空间小微企业众多，优化完善支持小微企业发展的税收优惠政策，能有效缓解企业的资金压力，提高小微企业的市场竞争力。

税收优惠政策对于减轻中小企业的税收负担，激发全社会的创业热情起着重要的作用，但在政策的制定和落实方面，还存在着一些不足。如部

① 张九玲，杨东丽．大学毕业生小额创业贷款制度的问题与对策[J]．智富时代，2016，B375(9)：35.

② 蒙启华．促进科技创新税收政策研究——基于广西统计数据的分析[J]．经济研究参考，2017，2811(35)：6-12.

③ 牟可光，徐志，钱正平，等．对我国创业创新税收优惠政策的探讨[J]．经济研究参考，2017，2785(9)：25-43，59.

分政策适用范围小、规定条件多、申报程序繁琐、操作难度较大，部分纳税人对税收政策知晓程度不够高等。前文的调查数据显示，13.8%的创业者对税收政策比较不满意，23.0%的创业者对税收政策满意度一般，59.6%的创业者认为财税减免政策宣传不到位。针对上述存在的问题，应从以下几个方面加以优化：一是进一步加大宣传力度，提高纳税人对税收优惠政策的知晓率。充分利用网上网下等宣传宣讲阵地，搭建"线上线下"宣讲平台，针对不同行业、不同类型纳税人做好政策宣讲。建立科技主管部门和税务部门之间的信息交换机制，对于符合优惠政策申报条件的企业，点对点的提供纳税咨询与办税服务，帮助企业及时享受税收优惠政策。二是进一步加大税收优惠政策扶持力度，提高政策受惠面。各级财税部门通过设立专项奖补资金，加大对中小企业研发、技改、融资等扶持力度。进一步清理规范涉企收费，加快推进地方涉企行政事业性收费零收费，推进增值税等实质性减税，对小微企业、科技型初创企业实施普惠性税收减免。三是要进一步简化申报审批流程，增强税收优惠政策的可操作性。各级财税部门应系统梳理各项税费优惠政策，制定通俗易懂、简洁明了的分主题政策清单，优化精简申报审批流程，针对税费优惠政策的适用主体，向纳税企业分类推送相关税费优惠政策，努力实现"政策找人""送政策上门"。①

6.3.3 金融信贷政策：优化小微企业金融信贷政策

金融信贷政策是国家在一定时期经济政策中信用资金供给的一种体现，主要包括贷款供给政策和贷款的利率政策。信贷供给政策确定了贷款的投资、规模、支持点和限制对象，并确定了促进国民经济发展的总体目标；贷款利率政策规定了贷款利率总额和差别利率的原则。金融信贷政策连接着政府、银行和企业，通过银行体系的传导对企业产生不同的影响。对于创业企业而言，金融信贷政策尤为重要，它直接关系到企业的融资渠道和成本。对于大企业来说，由于资产信誉相对较好，受信贷政策的影响

① 《财会学习》2023[J]. 财会学习，2023，367(14)：2，174.

较小。而对于众多小微企业而言，由于其抗风险能力相对较差，银行等金融机构为了资金安全，只能设置更高的要求和更严格的贷款审批程序，使得小微企业的贷款需求更加难以满足。大多小微企业在融资过程中，存在着贷款渠道狭窄、条件受限、不良率高等问题。前文的调研数据显示，3.3%的创业者对金融信贷政策非常不满意，15.1%的创业者对金融信贷政策比较不满意，33.6%的创业者对金融信贷政策满意度一般，62.9%的创业者认为金融信贷政策执行不到位。

小微企业是吸纳就业的主力军，对促进经济增长和稳定就业具有重要作用，是经济的"晴雨表"。但小微企业融资难、融资贵仍是世界性难题。信贷政策作为国家重要的金融政策，通过引导信贷投向，调整信贷结构，促进产业结构调整和区域经济协调发展，对小微企业融资产生直接影响。针对上述存在的问题，笔者提出以下政策建议：一是继续通过定向降准、定向降息等方式维持对小微企业宽松的融资环境，保证银行业金融机构有充足的低成本资金，从而对小微企业形成稳定的金融支持。① 二是发挥政府性融资担保机构增信作用，加大对小微企业担保贷款贴息力度。地方各级政府性融资担保机构要进一步加大担保贷款贴息政策宣传和实施力度，强化保险、担保、信贷政策协同；通过建立风险基金补偿机制，组建完善政策性和商业性保险体系及担保组织，对符合条件的小微企业提供融资担保支持，及时履行代偿义务。三是完善小微企业信用评级制度，降低小微企业的融资门槛。通过制定科学的、切合实际的小微企业信用评级制度，客观评定小微企业的信用等级，防止由于信贷授信不及时或标准过高而将大部分小微企业排斥在信贷支持对象之外。四是进一步优化小微企业贷款的审批流程，将部分贷款审批决策移至贷前环节，提高审批效率。

6.3.4　人才政策：完善创业人才政策链条

健全人才体制机制是新时代做好人才工作的重要保障，把握新时代人

① 李腾飞．当前小微信贷业务的问题与改进路径[J]．上海金融，2019，471(10)：82-87.

才工作的关键是从制度、政策和服务保障层面实施更加积极、更加开放、更加有效的保障措施。人才政策是各级政府和企事业单位针对各级各类人才的引进、培育、管理、评价所制定的激励性政策，主要分为三大类，一是以“引”和“留”为主的人才引进保障类政策；二是以“育”为主的人才培养发展类政策；三是以“管”为主的人才管理和人才评价政策。近年来，各级政府从人才引进、培育、评价、流动、保障等方面出台了一系列的政策，对于优化人才发展环境，激发人才创新创业活力，促进人才事业发展，起到了积极的推动作用。但与此同时，也存在着政策体系不健全、重引进轻培育、服务和管理不够完善等问题。前文的调查数据也显示，27.0%的创业者对人才政策比较不满意，30.3%的创业者对人才政策满意度一般，18.5%的创业者认为人才配套政策不完善，33.8%的创业者认为高端人才激励政策波动大，人才流动性大。

人才政策通常会折射出一个地方发展环境的优劣，而做好人才工作是适应时代大势的现实要求，也是赢得城市竞争的必然选择，同时还是推进城市更高水平发展的重要保障。针对上述存在的问题，笔者提出以下政策建议：一是扩大人才政策范围。高校毕业生是人才的重要组成部分，各地在制定人才政策时，不能仅仅针对高层次人才，还应将大学生纳入人才政策扶持范围，扩大人才政策的受惠面。在大学生的流动、培养、激励、保障等方面制定更多可行的政策，充分发挥大学生创新创业主力军的作用。二是完善人才创业“链条”。在平台建设、产学研合作、知识产权保护、科技金融等方面，做到与人才引进使用培养政策高度契合，形成相互支撑的政策链条，突出政策叠加放大效应，从而进一步激发人才创新创业潜能。三是创新人才评价体系。建立多元的、能力导向的人才评价机制，突出德行、能力、业绩为主导的人才评价标准，克服重学历、资历，轻能力、业绩的倾向，做到以素质论高低，以能力比强弱，以业绩定优劣，进一步树立正确的人才发展导向。四是优化人才服务保障。为高层次人才开通户籍办理、子女入学、住房保障、医疗保健、工商税务等服务事项绿色通道，提供便捷化、规范化、亲情化服务，为人才创新创业解决后顾之忧。

6.3.5 科技政策：提高政策的导向性和针对性

科技政策内容涉及科技发展的路线、方针、法律法规、规划(或计划)、科技体制改革、知识分子和人才、知识产权、科技成果、高新技术产业化、基础研究、科技机构与中介服务、科技奖励、科学技术普及、国际科技合作、创新创业、经费与财务、税收、条件与标准、农村与社会发展等多方面，其核心是通过发展科学技术、实现自主创新来促进国民经济发展。① 在科技创新实践过程中，科技政策具有导向功能、管理功能、协调功能和控制功能，对构建国家创新创业体系及带动区域经济社会发展起着关键作用。但与此同时，科技政策也存在导向不明、政策错位、效用不足等问题。前文的调研数据显示，15.1%的创业者对科技政策比较不满意，26.3%的创业者对科技政策满意度一般。

科技政策对于创新创业的重要作用不言而喻，政府需要制定更加有利于创新创业的政策措施，为创业企业和科研机构提供必要的支持和保障，从而推动技术创新的发展和应用，为经济社会发展做出重要的贡献。针对上述存在的问题，笔者提出以下优化建议：一是加大对基础研究的政策支持。基础研究是科技创新的源头。习近平总书记指出，我国面临的很多“卡脖子”技术问题，根子是基础理论研究跟不上，源头和底层的东西没有搞清楚。应对国际科技竞争、实现高水平自立自强，推动构建新发展格局、实现高质量发展，迫切需要我们加强基础研究，从源头和底层解决关键技术问题。② 通过实施国家科技重大专项，支持前瞻性基础研究及关键技术产品开发，加大对颠覆性技术研发资助力度，在资金投入、研发平台建设、制度创新等方面给予大力支持。③ 二是进一步提高政策的针对性。

① 曹希敬，袁志彬．新中国成立70年来重要科技政策盘点[J]．科技导报，2019，37(18)：20-30.

② 切实加强基础研究 夯实科技自立自强根基[N]．人民日报，2023-02-23(1).

③ 袁永，李妃养，张宏丽．基于创新过程的科技创新政策体系研究[J]．科技进步与对策，2017，34(12)：92-98.

当前很多科技政策存在同质化现象，没有明确的产业导向和针对性，导致资源分散，不利于产业集群的形成和发展。因此，在制定政策时，需针对区域主导产业和创新创业主体，制定具有区域特色的政策法规，打造“政策引导、产业主导、企业协同”的科技政策体系，并保持政策的稳定性、长期性。三是要进一步强化政策的协同。各级政府在制定科技政策时，除了重点关注战略层面、基础层面的重大创新之外，还应推动实施创业孵化政策。利用科研众包、揭榜挂帅等科研新模式，为众多的创业企业解决科研难题。各政策主体在政策制定时，要针对不同层面、不同主体，统筹兼顾，协同推进，力争发挥政策的最大效用。

6.4 多点发力，培育创业生态系统产业生态圈

产业生态圈是加快区域经济增长、提升区域创新能力、提高区域竞争力的关键。① 产业生态圈的核心内涵，首先体现在内部各类产业要素通过有机整合形成某一类特色产业链条，从而强化生态圈内部的产业支撑；其次是利用资源禀赋开发并进入市场，紧紧依托优势资源延伸并拓展特色产业发展轨道，从而保持并提升特色产业的竞争优势。② 以产业共生与功能拓展为特点的产业生态圈，是创业生态系统中不可或缺的重要组成部分，对企业的发展产生直接影响。培育和打造产业生态圈，要从市场需求、龙头企业、上下游配套企业、行业协会（商会）、孵化器（加速器）等方面入手。

6.4.1 市场需求：提升企业发展与市场需求的匹配度

优胜劣汰、适者生存是市场经济法则，也是整个社会不断发展进步的

① 俞蔚．基于产业生态圈理论巴城昆曲小镇规划研究［D］．苏州：苏州科技大学，2017.

② 王晖，郑宏涛．特色小镇产业生态圈：要素、特征与运行机制［J］．生态经济，2023，39（1）：115-120.

原动力。随着我国市场经济的进一步发展，越来越多的企业已经树立起市场竞争观念，并充分认识到企业只要敢于竞争、善于竞争，能够占有市场且获取高额利润，就能够在竞争中取得胜利，使企业得到不断的发展。①企业和市场之间的关系是密不可分的，企业的发展来源于市场需求，市场需求促进企业创新和升级，企业发展与市场需求匹配度越高，就越能实现共同发展。众创空间作为创业孵化平台，为企业提供创新创业服务，其发展只有坚持市场需求导向，才能找到生存和发展的空间。但从前文的分析来看，部分众创空间发展定位不清晰，存在"遍地开花，有店无客"的现象。调查也显示，13.8%的创业者对市场需求比较不满意，33.6%的创业者对市场需求满意度一般，76.0%的创业者认为市场需求不旺盛。

针对部分众创空间和企业发展与市场需求脱节的问题，笔者提出以下建议：对于众创空间而言，无论是由政府主导建设，还是由企业主导建设，都应以市场需求为目标导向，根据市场环境的变化而不断调整施政策略。众创空间前期盈利能力差、市场前景不明朗，在生态导入期，需要政府动用行政资源积极参与，通过政府驱动发挥示范引领作用，但在产业生态成熟后，政府应适时退出，充分发挥市场配置资源的作用，依靠市场规律来驱动产业战略良性发展。② 对于创业企业而言，要准确把握市场需求变化和企业经营方向。在买方市场条件下，市场供求关系发生变化，需求成为主导市场的主要方面，它不仅决定企业生产什么、生产多少，而且决定产品价位的高低，市场半径的大小。③ 企业唯有提升与市场需求的匹配度，根据自身的特色和优势，生产高科技含量、高附加值的拳头产品，才能在市场竞争中处于不败之地。

6.4.2 龙头企业：打造专业型的众创平台

龙头企业通常是某个产业领域的领先者和代表者，他们成功吸引着更

① 单大明．创新需求——企业生存与发展的源泉[J]．商业研究，1999(1)：7-9.

② 刘建国．政府和市场参与众创空间创设的生态机制——基于全国52个市级行政区域的证据[J]．华东经济管理，2018，32(7)：55-64.

③ 李晋业．适应市场需求变化　加强企业营销工作[J]．前沿，1999(8)：17-19.

多的投资和人才进入该领域，带动整个产业链的发展。由于技术、资金等方面的优势，能够在市场竞争中占据较大优势，从而带动整个行业的技术创新，提升整个行业的竞争力。龙头企业作为集群投资主体、创新发动机、成功典范和区域品牌代表者，通过投资、创新、知识转移、品牌扩展等各种行为带动着集群中其他企业的发展，促进了集群整体的演进和升级。① 龙头企业对于整个社会的经济发展、产业升级、技术创新和提高国际竞争力都具有重要的意义。然而，前文的调查数据显示，21.1%的创业者对龙头企业比较不满意，30.9%的创业者对龙头企业满意度一般，62.7%的创业者认为缺乏龙头企业的引领。

针对龙头企业数量缺乏和作用发挥不足等问题，笔者提出以下建议：对于政府而言，一方面，要多培育扶持龙头企业，激励企业通过技改实现转型升级，鼓励企业兼并重组，强强联合；同时给予扶持行业内小微企业的龙头企业一些奖补政策，搭建平台，让企业之间更好对接合作，推动大小企业形成产业联盟。② 另一方面，要营造更加公平规范的竞争环境，进一步激发龙头企业自主创新的动力；使小微企业与大企业能和谐共生，形成自己的差异化优势，让更多产业形成龙头引领、梯队协同、优势互补的集群。③ 对于龙头企业而言：一方面，要充分发挥自身的影响力和资源优势，打造专业化的众创平台。通过搭建创客培训、技术研发、融资融商、资源对接等平台，吸引更多创业人才和创业企业加入；依托龙头企业的产业优势，打造"龙头企业+初创企业"的众创模式，为入驻企业提供多维度、全方位的服务。另一方面，龙头企业可以通过众创平台进行内外部资源的交流与融合，让高等院校、科研院所、投融资机构、服务中介等创业要素成为自身谋求发展的重要力量，从而实现众创平台的价值最大化和可持续发展。

---

① 贾生华，杨菊萍．产业集群演进中龙头企业的带动作用研究综述[J]．产业经济评论，2007，11(1)：129-136.

② 赵展慧．龙头企业要继续发挥带头作用[N]．人民日报，2020-08-19(18).

③ 赵展慧．龙头企业要继续发挥带头作用[N]．人民日报，2020-08-19(18).

6.4.3 上下游配套企业：提升围绕主导产业的配套能力

上下游配套企业是围绕主导产业内的龙头企业，与企业生产、经营、销售这些关键环节有内在经济联系的上游和下游的相关企业。在产业集群中，常常存在大量的中小企业，这些企业多数是在集群中参与配套协作，发挥“配角”的作用。① 在实际的产业链中，上下游企业之间的关系往往是相互依存的，一方面，上游企业的产品和技术决定了下游企业的生产和销售状况；另一方面，下游企业的需求又决定了上游企业的生产能力和资源分配。因此，上下游配套企业之间需要建立紧密的合作关系，共同推动产业链的发展和进步。但从前文的调查和分析来看，15.8%的创业者对上下游配套企业比较不满意，30.3%的创业者对上下游配套企业满意度一般，75.3%的创业者认为上下游企业融合不够，未能形成产业链配套。

上下游配套企业作为产业集群的重要组成部分，为产业链龙头企业提供服务，对促进产业发展起着重要的作用。就如何提高其配套能力，笔者提出以下建议：一是加大对上下游配套企业的扶持力度。出台中小企业配套能力提升行动计划，对区域产业的上下游配套企业进行成长性评估，加大对高成长性配套企业的财政扶持力度，利用财政资金的杠杆作用，引导配套企业进行技术改造与产品创新，延伸产业配套半径，增强企业配套能力。二是建立上下游配套企业的对接交流机制。发挥政府主管部门和众创空间的组织协调作用，通过编制重点产业协作配套指导目录，及时有效地向中小企业和龙头企业发布协作配套信息，组织召开产业集群配套对接会、龙头企业需求及中小企业供给信息发布会，推进产业链上下游、企业间信息共享和产品有效对接，为企业协作配套的对接提供强有力的支持。② 三是搭建上下游配套企业公共技术服务平台。坚持政府主导、企业主体、

① 刘春香．产业集群条件下中小企业的配套协作行为研究——以温州产业集群为例[J]．科技进步与对策，2007，204(8)：71-73.

② 张超．中小企业为大企业协作配套研究——机制体系的设计与构建[J]．科技管理研究，2015，35(6)：150-155.

市场运作的方式，依托高等院校、科研机构和龙头企业，为上下游配套企业建设公共技术服务平台，提升配套企业的技术创新能力和配套服务水平。

6.4.4 行业协会：发挥协会商会的独特作用

近年来，我国行业协会发展迅速。据《人民日报》报道，我国行业协会商会数量已达 11.39 万，全国行业协会商会共拥有企业会员总数超过 746 万家，总资产约 3500 亿元，基本形成了覆盖国民经济各个门类、各个层次的行业协会商会体系。① 行业协会商会作为社会公共服务体系中的重要组织，在推动产业转型升级，引领行业发展，促进企业进步等方面发挥着越来越重要的作用，为我国国民经济建设作出了重大贡献，已经成为促进我国市场经济发展的一支重要力量。行业协会商会在助推企业发展的同时，也存在组织管理乏力、职能定位不明、作用发挥不足等问题。前文的调查数据显示，17.1%的创业者对行业协会(商会)比较不满意，30.9%的创业者对行业协会(商会)满意度一般，66.0%的创业者认为行业协会(商会)资源对接不足，协同作用不明显。

充分发挥行业协会商会的独特作用，对形成更优的创新创业生态，激发全社会创新活力，助推民营企业转型升级和民营经济高质量发展具有重要意义。针对上述行业协会商会发展存在的问题，笔者提出两个方面的建议：第一，对于政府而言，要进一步加强对行业协会商会的分类指导和管理，明确行业协会商会的职权。严格遵照国务院办公厅印发的《行业协会商会与行政机关脱钩总体方案》等文件精神，按照建立“政社分开、权责明确、依法自治”的现代社会组织体制的要求，赋予行业协会商会更加明确具体的职权。持续推进简政放权，强化监督与评估，在给予行业协会商会自主发展空间的同时，促进行业协会商会规范化发展。通过引导、咨询、评估及监管等方式，促使行业性社会组织形成民主、高效的治理结构，既

① 李昌禹．我国行业协会商会数量达 11.39 万[N]．人民日报，2022-08-25(4)．

能够防止过分商业化或官僚化，也能够促使其走出低效的发展阶段。① 第二，对于行业协会商会而言，要进一步探索完善现代行业组织的法人治理结构，强化队伍建设，全面提升规范管理和有效服务的综合能力和水平。积极发挥沟通政企的桥梁纽带作用，当好行业发展“研究员”，政府决策的“参谋员”，行业企业的“服务员”，诚信从业的“监督员”。

6.4.5 孵化器：提升孵化器的专业孵化能力

孵化器(加速器)和众创空间同为创新创业服务平台，两者在功能上有所重叠，但在服务对象和服务功能上各有侧重。众创空间是一种能有效满足大众创新创业需求、具有较强专业化服务能力，低成本、便利化、全要素、开放式的新型创业服务平台，② 在服务对象上具有包容性和大众化，而孵化器(加速器)对入驻企业和项目有着严格的审核机制，服务的企业大多度过初创期，主要为成长性好的高科技企业提供创业服务。孵化器(加速器)在助推科技型中小企业发展的同时，存在模式定位不清、专业化程度不高、孵化能力不足等问题。前文的调查数据显示，16.4%的创业者对孵化器(加速器)比较不满意，27.0%的创业者对孵化器(加速器)满意度一般，46.7%的创业者认为孵化器(加速器)体量不足，专业化程度不高。

孵化器(加速器)作为创新创业的重要载体和服务平台，在促进科技成果与区域发展深度融合、加速创新成果产业化发展、带动就业、培养高科技企业、培养创新型企业家等方面发挥的作用不可替代。③ 针对孵化器(加速器)在发展中存在的问题，笔者提出以下建议：一是进一步明确政府促进孵化器(加速器)发展的作用定位，发挥市场作用。随着市场经济的深入

① 陈建国．行业性社会组织推动区域创新发展的作用思考——以中关村的经验为例[J]．理论探索，2014，209(5)：81-85.

② 杨艳娟，应向伟，叶灵杰．众创空间生态体系：理论检视、系统建构与发展策略——以浙江省为研究视域[J]．科技通报，2017，33(1)：254-258.

③ Stokan E，Thomson L，Mahu R J. Testing the Differential Effect of Business Incubators on Firm Growth[J]. Economic Development Quarterly：The Journal of American Economic Revitalization，2015，29(4).

发展，政府和科研院所主导的孵化器(加速器)数量正不断下降，由龙头企业和民间资本主导的孵化器(加速器)正在大幅增加。各级政府应进一步明确孵化器(加速器)的发展定位，简政放权，将孵化器(加速器)的运营交给市场，靠市场规律进行运作，发挥企业的主体作用，从而进一步激发孵化器(加速器)的活力。二是提高孵化服务能力，打造专属孵化品牌。当前各类孵化器(加速器)的运营模式主要有技术转移型、技术服务型、产业链型和投融资型四类，但这四类又不是孤立存在的，存在相互交叉。各类孵化器(加速器)要根据自身的特色，通过聚集科研机构、金融机构以及中介机构的优势资源，建设专业化的运营团队，打造属于自己的孵化品牌，避免“大而全”、追求“小而精”，为企业提供专属的孵化服务。三是进一步完善孵化器(加速器)的绩效评估体系，建立动态调整机制。以培育高新技术企业和科技创业人才为目标，以完善服务功能、强化服务主动性、增强服务绩效为导向，按照定性与定量、总量与比值相结合的方式，对孵化器的综合能力、整体水平和可持续发展状况进行客观评价，实施动态管理，以保障孵化器(加速器)不断适应创新创业的新需求。

6.5　多维协同，构筑创业生态系统服务生态圈

创业服务是对创业者提供创业指导、创业咨询及支持服务的总称，是创业企业和创业个人在创业过程中寻求外部支持、减少创业风险、取得成功的重要因素。创业服务的重要性不言而喻，它不仅可以帮助创业者把握市场动态，还能够提供有效的政策支持和高效的配套服务，从而大大提升创业者的成功率。创业服务体系是以政府部门和市场化服务机构为主体建构的，是在政府部门服务和政策引导下，通过与市场化服务机构的共同协作推进，为创新创业主体提供全方位的服务。① 以政府主导、企业主体、

① 张玲．健全创新创业服务体系研究——基于三明市国家小微企业创业创新基地示范城市的实践思考[J]．福建省社会主义学院学报，2017，123(6)：106-113.

多方参与为特点的服务生态圈，是创业生态系统中不可或缺的重要组成部分，对企业的发展产生直接影响。结合前文的调研与阐述，构筑创业生态系统服务生态圈，主要从众创空间运营机构、生活配套与社交平台、政府咨询服务机构、第三方服务机构、电商(物流)平台等几个方面入手。

6.5.1 众创空间运营机构：明确定位，提升管理服务水平

服务是孵化的灵魂，是众创空间与“二房东”之间最大的差异，也是其存在的意义。运营机构肩负着众创空间的日常运营，为入驻企业和团队提供专业化、系统化创新创业服务的重要使命，决定着众创空间的发展与未来。提升众创空间运营机构的服务水平，有利于推动创新要素与产业要素融合，吸引更多的人投身创新创业，促进人才、技术、资本等各类创新要素的高效配置和有效集成，从而推动“双创”目标的最终实现。众创空间运营机构在提供低成本、便利化、全要素、开放式创新创业服务的同时，也存在管理服务不到位的问题。前文的调查数据显示，3.9%的创业者对众创空间运营机构非常不满意，18.4%的创业者对众创空间运营机构比较不满意，25.0%的创业者对众创空间运营机构满意度一般。

针对众创空间管理服务不到位的问题，作为运营机构，应进一步明确众创空间的市场化定位，在运营策略上由同质化向差异化升级，在服务模式上由单一化向多元化升级，在组织形态上由分散化向联盟化升级，① 重点提升以下三方面的能力：一是提高众创空间的承载能力。运营机构要依托区域产业优势，集聚创新资源，加速创新要素与产业要素融合，着力孵化各类创新创业项目，形成多行业承载、多项目聚集的集群化效应，支撑区域战略新兴产业和高成长性产业发展。② 通过为创业企业提供产品设计、检验检测、知识产权、中试生产、推广销售等相关服务，实现产业链资源

① 李斌．提升河南省孵化机构和众创空间服务水平的路径与对策[J]．创新科技，2019，19(4)：29-34.

② 李斌．提升河南省孵化机构和众创空间服务水平的路径与对策[J]．创新科技，2019，19(4)：29-34.

的开放共享和高效配置，不断提升众创空间的承载能力。二是提高众创空间的运营能力。运营机构要建立健全管理制度和流程，提高管理效率和服务质量，加强与其他众创空间、企业、投资机构等的合作交流，拓展资源渠道，集聚一批熟悉产业领域的创业导师和培训机构，为创业企业提供多元化、个性化的服务。通过优化管理、创新服务、加强合作，不断提升众创空间的运营能力。三是提高众创空间的孵化能力。入孵项目的存活率是衡量众创空间孵化能力的重要指标，运营机构要从入孵项目的全生命周期着手，优选孵化项目、优化服务过程、建立共生关系，为创业企业提供全链条全过程的孵化服务。

6.5.2 生活配套与社交平台：以人为本，提升休闲生活品质

从生活视角来看，理想的创业是融于生活的，创业是为了生活、源于生活，在生活中，创业本身也可以是一种生活方式，当然，创业也可以是一份“工作”。按照马斯洛的需求层次理论来说，作为创业的主体——人具有多样、多层次的需求，而众创空间作为一种有形或无形的场所，应能满足创业者“工作、社交、休闲”的需求，并为这些需求满足提供保障或优惠，只有“工作、社交、休闲”三者平衡，才能实现物质生活与精神生活的二者兼顾。如果创业工作成本、生活成本过高，生活配套与社交平台匮乏，必定影响创业者的生活质量，降低创业者的满意度、幸福感，不利于企业生存发展，也不利于创业人才的生活、成长。因而许多地方政府出台生活服务配套政策，以减轻创业企业的创业成本，提高创业者的生活品质。从调查统计分析可知，2.0%的创业者对生活配套与社交平台非常不满意，18.4%的创业者对生活配套与社交平台比较不满意，29.6%的创业者对生活配套与社交平台满意度一般，由此可知，众创空间的生活配套与社交平台构建有待进一步提升。

如何完善生活配套服务与社交平台，创造良好的创业环境氛围，提升创业者的生活品质？第一，以人为本，提升生活幸福感。政府部门应着眼城市未来发展，打造优美、友好的居住环境，同时树立、落实以人为本理

念，从创业企业的发展需求出发，找准生活服务中的痛点问题，有针对性地改造生活服务设施，提升生活配套公共服务质量，解决创业企业员工的生活后顾之忧，比如改善居住条件，建设人才公寓，构建友好空间，打造花园式社区，解决子女看护和教育问题、交通出行问题、医疗养老问题、日常生活问题、公共体育锻炼问题等，让创业员工幸福、舒适地生活。第二，构建社交平台，提升休闲生活品质。借鉴“YOU+青年创业社区”①构建模式，精心打造社交场所，构建社交平台，“为创业者提供专业的集办公、生活、娱乐、交流、咨询、整合、融资为一体”②的“现代化连锁生活社区”③、生活乐园。以友爱、共享、共创、个性、平等、闲适为理念引领，组织丰富多彩的社会交往、休闲娱乐、文化体育活动，探索城市休闲生活的新模式，提升创业者的休闲生活品质，满足创业者对精神生活的追求。第三，关注城市发展规划，融入友好城市或宜居城市建设。众创空间的建设者应具有开阔的视野，关注所在城市战略发展规划，找到城市战略发展规划任务与生活配套、社交平台的关联处，尽可能地将生活配套与社交平台建构纳入城市品牌示范区的建设之中，一方面，为生活配套与社交平台建设争取资源；另一方面，也为城市品牌示范区的建设做出自己的贡献，做出品牌特色，成为城市品牌示范区建设中的一道亮丽风景线，实现双赢。

6.5.3 政府咨询服务机构：需求驱动，匹配创业企业发展

从政策的角度来看，创业涉及人才政策、技术创新政策、法律政策、金融政策、税务政策、信息政策、产业政策、物流政策等。从资源依附理论来看，创业成功在于创业企业充分利用了一切可利用的合法资源，创业

---

① 金盛翔．都市青年生活新模式——YOU+青年创业社区梦想小镇店产品专员张炜访谈[J]．杭州：我们，2016(9)：30-33.

② 金盛翔．都市青年生活新模式——YOU+青年创业社区梦想小镇店产品专员张炜访谈[J]．杭州：我们，2016(9)：30-33.

③ 金盛翔．都市青年生活新模式——YOU+青年创业社区梦想小镇店产品专员张炜访谈[J]．杭州：我们，2016(9)：30-33.

资源对创业是否成功具有重要影响。

为了营造良好的创业环境，构成良好的创业生态，激发创业企业活力，提升创业能力，帮助创业企业解决困难和问题，以便增加就业，活跃经济。同时为了平衡利益，调配各种资源，化解各相关利益者的矛盾，规范创业行为，理顺行业关系，不同的政府部门往往出台相关的创业激励、扶持政策或优惠政策，这些创业政策构成创业服务政策体系，对不同类型的创业企业进行帮扶和规范，助力创业企业的生存发展。

一般来说，每个创业企业自身所拥有的资源是有限的，要创业成功必然要寻求、利用外部资源，而创业政策是一种优质的外部资源。由于创业政策具有时效性、优惠对象的特定性、政策类型的多样性，如果创业企业专注于核心业务，不太关心创业政策，或不太熟悉政策，往往不能及时、有效获得相关创业政策的帮扶。调查中也发现，1.3%的创业者对政府(政策、金融)咨询服务机构非常不满意，19.7%的创业者对政府(政策、金融)咨询服务机构比较不满意，28.9%的创业者对政府(政策、金融)咨询服务机构满意度一般，因此创业政策咨询机构服务有待进一步提升。

如何提升政府咨询机构的服务质量？第一，分析需求，建立与创业企业发展相匹配的政策体系服务。从某种程度上说，创业政策的本质是一种服务，只有与创业企业需求相适应的创业政策才是真正为企业着想的政策，创业政策才能取得实质性的效益。为此，政府咨询服务机构应通过现场调研、问卷调查、文本分析等方式了解、分析不同类型的、处于不同发展阶段的创业企业的共同困境、个性需求，撰写政策调研报告，充当智库角色，为相关部门制定适宜的创业政策体系提供现实依据，以便政府调整、修改现有的创业政策体系，根据新情况、新需求制定新的创业政策体系，增强政策的针对性、实用性、增值性。第二，用心细心，做好政策宣传与咨询服务。制定创业政策体系是为了“有法可依”，但要真正落实，政府咨询服务机构应做好宣传、咨询等服务工作，通过建立创业政策微信圈、公众号、信息网络，将众创空间的不同类型的创业企业聚集一起，定时发布政策消息、新闻，及时提醒甚至上门服务，帮助相关创业企业申请政策优惠、履行政策义务等，让创业企业获得政策优惠、资源，消除疑惑，增加创业政策的透明度，扩大创业政策的影响力。第三，反馈创业政策实施效果，更好服务创业企业。创业政策的效能如何？对创业企业的影响到底有哪些？政府咨询服务机构在创业政策宣传、咨询、落实的过程中，应从“市场准入、金融支持、税费减免、创业培训、创业服务”①五个维度，收集不同类型企业、不同创业人群的相关数据、文本资料，分析创业政策的实际效果和问题，为政策制定部门完善创业政策体系提供可靠依据，以便创业企业获得优质创业政策支持，获得更多收益，创造更大价值。

6.5.4 第三方服务机构：用户至上，完善创业服务体系

创业是一项复杂的、系统性的工程，其涉及创业机会的识别、项目选择、风险评估、融资、人才、研发、服务、生产、营销、政策等多方面的事务。许多创业者不缺乏创业激情，学习能力也强，但在专业分工越来越细化、越来越复杂的时代，创业者不可能具备政策、法律、金融等与创业有关的各方面专业能力，也没有必要成为“万金油型”人才。在“专业化生存”的社会背景下，让“专业的人干专业的事”已成为创业者的共识，凡事亲力亲为，这种做法不能与创业过程中事务多样多变相适应，因此，整合资源，外包事务，寻求第三方机构服务，让创业企业轻装前行，专注于创业核心业务是创业企业生存、发展的必然选择和趋势。

“第三方服务具有独立性、专业性、增值性和契约性”②四大特征，能有效“促进行业发展，扩大行业丰度、提升企业竞争力，降低企业交易成本、整合服务业资源，提高专业化程度、促进经济体系柔性发展”。③ 因而承担第三方服务的机构以独立于创业者与消费者或服务者之外的身份，参与创业企业外包活动，为创业企业的客户提供专业服务，使创业企业的产

① 童婧之．杭州市创业政策及效果研究[D]．杭州：杭州师范大学，2012.

② 陈文丰，王丹．第三方服务的兴起和演变[J]．未来与发展，2003(3)：17-19.

③ 金盛翔．都市青年生活新模式——YOU+青年创业社区梦想小镇店产品专员张炜访谈[J]．杭州：我们，2016(9)：30-33.

品或服务不断增值。具体来说，第三方服务机构能成为企业创业的咨询者，问题诊断者，资源、信息、数据的提供者，产品或服务的检测者、评估者、宣传者、营销者，成为创业企业与客户之间的连接纽带，降低创业成本，促进创业成功。但也必须看到，目前第三方服务机构也存在数量不足、不够专业、服务面覆盖不够广等问题。前文调查数据可知，2.6%的创业者对第三方服务机构非常不满意，19.1%的创业者对第三方服务机构比较不满意，30.3%的创业者对第三方服务机构满意度一般，因而提升、优化第三方机构的服务很有必要。

如何提高第三方机构的创业服务质量？第一，以需求为驱动，提供专业服务。第三方服务机构应调查创业企业的发展现状、困境，把握创业企业的真实需求，发挥第三方服务机构的专业优势，满足创业企业的直接需求以及相关需求。当然不同类型创业企业的需求是不同的，众创空间主要有信息经济、节能环保、健康、旅游、时尚、金融、高端装备制造、文化8种类型的企业，因而，众创空间应该构建多样化的第三方机构平台，开展内容多样化的业务服务，以满足不同类型创业企业的差异化发展需求，为创业企业提供一站式的服务。第二，改善业务，提高服务能力。专业服务能力是第三方机构的优势，众创空间的第三方机构应不断提高服务能力，其途径一是根据不同类型业务体系及其衍生业务体系，从外部引进专业人才，组成专业团队，以提高第三方机构的服务能力，比如数据分析能力、审计能力、打包销售能力、企业宣传能力等。途径二是加强对第三方机构现有人员进行针对性的专业培训，在为创业企业服务的过程中不断提升服务能力。第三，打造资源整合服务平台，完善创业服务体系。创业企业的需求是多样的，包括“基础服务、代办业务、政府相关工作受理、高端服务”①，因而第三方机构应建立资源整合服务平台，有机串联起政府资源、人才资源、物流资源、金融资源、媒介资源、生活资源、客户资源

① 许进强．基于在孵企业需求的科技企业孵化器创业服务体系绩效评价研究［D］．广州：暨南大学，2011.

等，加强资源整合，完善创业服务内容、体系，帮助创业企业建立立体式、开放的服务资源生态。也使得第三方机构成为创业企业值得信赖的伙伴。

6.5.5 电商(物流)平台：开放共享，助力创业价值增值

电商(物流)平台是以信息网络为载体，为供需双方建立起互动关系，进行产品、信息、价值交换等的连接器。电商(物流)平台具有“枢纽作用”，能为创业企业之间牵线搭桥，使供给方和需求方或相关利益共同体直接建立联系，产生网络聚集效应，创造更大的利益和价值。电商(物流)平台能为创业企业建立起线下和线上融合市场、销售模式、跨境服务，乃至商业模式、市场生态，实现共生共赢。电商(物流)平台也能为创业企业与消费者之间建立良好的关系，为消费者提供良好的网购体验，有助于增强消费者对创业企业产品的黏性，以及对电商(物流)平台的忠诚度。虽然如此，但也必须看到，正如前文调查数据可知，4.6%的创业者对电商(物流)平台非常不满意，13.8%的创业者对电商(物流)平台比较不满意，25.7%的创业者对电商(物流)平台满意度一般。为此，有必要提高众创空间的电商(物流)平台满意度。

如何提高众创空间的电商(物流)平台满意度？电商(物流)平台应树立用户第一的服务意识，了解用户的真实需求，践行服务功能，为创业企业提供良好的服务，为其创业成功助力，并在此基础上实行服务转型，以适应数字化经济转型的趋势。第一，电商平台“应创设完整的物流服务网络，提升物流服务效率”“完善物流程序”,① 做好物流服务。为创业企业购买企业生产所需的材料、创业企业员工所需的生活物品等提供安全、便利、快捷的服务，为创业企业员工提高良好的购物物流服务体验，为创业企业生产提供良好的物流服务，为企业创业助力，提升创业企业员工生活满意

① 武冬莲．消费者特征、物流服务感知与电商平台忠诚度[J]．商业经济研究，2023(2)：123.

度。第二，电商平台可为创业企业与产品消费者或服务对象之间建立良好的“枢纽”“连接”，电商平台运用数字技术打造购物场景，提供高效、值得信赖的物流服务、信息服务，提高创业企业消费者的购物、服务体验等，促进创业企业与消费者或服务对象之间进行交易活动，为创业企业交易的双方或多方建立起“忠诚度”加分，增强用户对创业企业产品、服务的黏性，以及对电商物流平台的忠诚度，为创业企业存活、发展提供力所能及的保障。第三，电商服务平台服务模式转型升级，从物流服务到信息服务。电商服务平台在不泄露用户信息的前提下，为创业企业提供信息数字化服务，实行数据共享、信息共享，以便创业企业改进产品和服务质量，从而提高创业企业的创造价值、社会价值。电商服务平台让创业企业与其他利益相关者建立连接，“致力融通线上线下，引导多方协作，实现生态共创”①，“从业务服务进化至产业服务，通过大数据、人工智能等数字技术和企业全生命周期服务体系，与产业需求深度融合，实现‘聚众智、汇众力、创众业’”②，为创业企业构成一个新的商业生态服务体系。

① 周文辉、李婉婉．创业学习视角下服务电商平台 O2O 商业模式转型研究——以猪八戒网为例[J]．管理现代化，2021(2)：51.

② 周文辉、李婉婉．创业学习视角下服务电商平台 O2O 商业模式转型研究——以猪八戒网为例[J]．管理现代化，2021(2)：51.

7 总结与展望

为构建完善的众创空间创业生态系统，进一步推动众创空间健康可持续发展。本书以众创空间为研究对象，以创业生态系统理论为指导，聚焦创客主体，运用文献调研、比较分析、调查分析、案例分析等研究方法，全面梳理和分析了众创空间创业生态系统模型，构建了众创空间创业生态系统“五星”模型，提出了众创空间的运行机制，以杭州梦想小镇、云栖小镇等为案例地开展了实证调研，并针对存在的问题对众创空间创业生态系统的优化提出了对策与建议，以期为众创空间建设与发展提供借鉴和参考。经过较为系统的探索和分析，本书取得了一些成果和发现，同时由于主客观因素也存在一些缺憾和不足。

7.1 研究结论

7.1.1 全面阐述了众创空间创业生态系统的内涵

众创空间是创新创业的重要空间载体，创客(创业企业)是众创空间创业生态系统运行所围绕的核心，其发展情况决定了众创空间的发展状态，进而对整个创业生态系统产生影响。本研究通过文献分析和实地调研，总结归纳了众创空间创业生态系统的构成要素、内涵、特征和功能。从创业企业的视角，将众创空间创业生态系统支撑要素归纳为人力资源、金融、政策、产业和服务五大部分共二十五个要素，各要素根据其承担的角色不同，发挥不同的作用，通过彼此作用和资源互补促进创业生态系统的发展。

7.1.2 系统构建了众创空间创业生态系统模型

通过对众创空间创业生态系统支撑要素和模型构建研究，提出众创空间创业生态系统“五星”模型构想，从微观、中观、宏观三个层面将众创空间创业生态系统分为核心层、支撑层、外围层。核心层由五类创新创业者组成，形成了创客生态圈，是众创空间活动的主体，也是众创空间创业生态系统的活力源泉。支撑层由五大支撑生态圈组成，主要包括人力资源生态圈、金融生态圈、政策环境生态圈、产业生态圈、服务生态圈等，为创客和创业企业提供全链条的创新创业服务，推动众创空间的发展。外围层由五大创业环境组成环境生态圈，包括政治环境、经济环境、社会环境、文化环境和生活环境，是生态系统持续运行和健康发展的外在动力，为创新创业活动提供良好的环境和氛围。系统模型内各生态圈虽然有各自的功能和定位，但它们之间通过紧密合作、资源互补和价值交换相互依存、相互影响、共同发展。

7.1.3 具体分析了众创空间的运行机制

随着平台经济的发展，众创空间不断向服务平台的角色演化，众创空间的运行机制也逐渐以价值共创为导向。因此，本研究基于创业生态理论和价值共创理论，从资源共享、容错试错和评价退出三个方面出发，探索众创空间的入驻与资源共享机制、资源聚合与成长促进机制、经验分享与容错试错机制、评价与退出机制。并在此基础上简述了不同机制间的相互关联作用，在一定程度上揭示了众创空间的运行规律与成长路径。

7.1.4 认真调查了众创空间的浙江实践

通过文献研究和实地调研，全面总结了浙江省众创空间的发展历程、数量与区域分布、发展类型和特征。基于众创空间“五星”模型构想，设计了调查问卷，对梦想小镇、云栖小镇等众创空间的创业企业进行了调查和访谈，运用SPSS软件，全面分析了创业者对创业生态圈重要性体认以及对五大创业生态圈的满意度，并梳理出各生态圈存在的具体问题，对于政府制定相关政策、优化众创空间创业生态系统有着重要的实践意义。

7.1.5 精准提出了众创空间创业生态系统优化的对策与建议

在理论研究和实证研究的基础上，对创业企业视角下众创空间创业生态系统发展中存在的问题进行归纳，有针对性地提出了“多管齐下，构建创业生态系统人力资源生态圈；多方联动，打造创业生态系统金融生态圈；多措并举，优化创业生态系统政策环境生态圈；多点发力，培育创业生态系统产业生态圈；多维协同，构筑创业生态系统服务生态圈”的对策与建议，以期推动众创空间创业生态系统的优化。

7.2 研究不足

无论是在理论研究方面，还是在实践探索层面，国内外学者对众创空间的研究探索时间并不长，虽然已经取得了一定数量的研究成果，但还未能完全形成成熟的理论体系和实践框架，这种情况一方面为本研究提供了拓展空间；另一方面也是本研究的重点和挑战。特别是众创空间创业生态系统的构建和运行问题，我们更多是基于经验的理解和判断，欠缺长时间的实践探索，对其认知也是分散的、不成体系的。本研究试图通过创业生态系统理论及其模型对众创空间进行分析和阐述，以形成一个具有理论支撑的众创空间创业生态系统模型。回顾全文，在取得一些成果和贡献的同时，由于对相关理论探索不够以及实证样本资料的欠缺，本研究还存在一些局限之处，需要在未来的研究中进一步改进和完善，不足之处主要有以下两个方面。

7.2.1 理论研究不够系统全面

众创空间模式类型众多，发展阶段不一，其生态系统的构建具有很强的复杂性，很难将其全面地阐述清楚。本研究基于创业生态系统模型，在众创空间创业生态系统构成要素的提炼、运行机制的构建以及“五星”模型的构想等方面可能存在遗漏和局限性。在研究过程中，主要针对以梦想小镇为代表的新型众创空间进行了深入的研究，未对不同类型、不同发展阶段的众创空间进行分类研究，从而导致本研究在归纳和分析众创空间创业生态系统时不够全面和深入。

7.2.2 实证研究未全面深入展开

本研究选取了杭州市梦想小镇、云栖小镇等具有代表性的新型众创空间作为实证研究的案例，通过实地考察、企业主访谈、问卷调查等方式对众创空间进行了实证研究，提出了众创空间创业生态系统的优化对策与建议。实证研究的对象主要围绕梦想小镇展开，案例的选取具有一定的局限性，加之企业主工作繁忙，未能找到更多的企业主进行访谈和问卷调查，实证分析的样本不够丰富。同时，由于笔者的时间和精力有限，在实证研究中难免存在未考虑和考虑不周的地方，从而导致部分隐性的内容未能获取，问卷和访谈提纲的设计水平有待进一步提高。

7.3 未来展望

针对以上研究不足与局限，在接下来的研究工作中，需要进一步探索以下内容：

7.3.1 进一步完善现有研究成果，弥补本书研究局限与不足

随着大众创业、万众创新蓬勃发展，众创空间也逐渐从数量的扩张转为内涵式发展，其创业生态系统也将不断进行优化和升级，以适应创新创业活动的需求。在接下来的研究过程中，应针对不同类型、不同发展阶段的众创空间进行比较研究，系统分析众创空间创业生态系统各要素之间的逻辑关系，更多地采用定量研究的方法，构建仿真模型，进行仿真实验，

对各生态要素的相互影响进行量化研究，进一步对众创空间运行机制进行具体的路径分析，提出更为具体的对策和建议，从而使得研究更加深入全面。

7.3.2 开展案例动态追踪研究，不断优化和完善研究成果

本研究对梦想小镇等特色小镇的众创空间进行了实地调研分析，随着小镇的不断发展，对其进行动态追踪研究，可以更加持续地观察创新主体和众创空间发展的互动关系，更加准确地探索众创空间创业生态系统的发展特点和趋势，为研究成果的实践运用提供案例参考。除此之外，本研究仅选择了浙江省的数据进行了调查分析，研究的代表性和样本略显不足，未来的研究过程中可以进一步扩大研究范围，拓展样本和指标的收集数量，增强实证研究的效度和解释力，以此来优化和完善研究成果。

7.3.3 深入探索发现众创空间发展实践中的问题，发掘新的研究方向

众创空间是一个新兴的研究领域，涉及管理学、社会学、经济学等多学科的融合，随着众创空间的不断发展，通过深入的思考和发掘，新的研究视角将会呈现。本研究只是一个起点，关于众创空间的研究与探索将会不断深入地进行下去，如众创空间的分布特征及影响因素研究、众创空间创业绩效研究、众创空间政策效能评价研究等。

附　　录

附录 1　浙江省国家级众创空间名单(2015—2021 年)

第一批众创空间名单(2015 年)

序号	地区	众创空间名称	运 营 主 体
1	浙江	青创迭代空间	杭州青创教育科技研究院
2		浙江大学 e-works 创业实验室	浙江大学国家大学科技园发展有限公司
3		贝壳社	杭州科畅科技咨询有限公司
4		创业定制	浙江火炬创业咖啡有限公司
5		恒创客	杭州恒生百川科技有限公司
6		云咖啡	杭州梧桐云文化发展有限公司
7		楼友会	杭州楼友会创客商务有限公司
8		六和桥	杭州枫惠投资管理有限公司
9		福云创咖	杭州福牛投资管理有限公司
10		西湖创客汇	杭州汇文教育咨询有限公司
11		创业蜂房	杭州网新睿研科技服务有限公司
12		腾讯创业基地(杭州)	杭州兆丰天瑞投资管理有限公司
13		we-Link 之“1024”创新基地	杭州市高科技企业孵化器有限公司
14		王道互联网+众创空间	杭州王道电子商务有限公司

第二批众创空间名单(2015年)

序号	地区	众创空间名称	运 营 主 体
1	宁波市	宁波新材料众创空间	宁波新材料科技城创新创业发展有限公司
2		鄞州区大学生创业园7号众创空间	宁波市鄞州鄞创大学生创业园管理服务有限公司
3		宁波集物堂众创平台	宁波集物堂实业投资有限公司
4		西电筋斗云众创空间	西安电子科技大学宁波信息技术研究院
5		Pearl Space 众创空间	宁波市大学科技园管委会
6		中物科技园"SOS空间站"	浙江中物九鼎科技孵化器有限公司
7		宁波中科院创客空间	宁波中国科学院信息技术应用研究院

第三批众创空间名单(2016年)

序号	地区	众创空间名称	运 营 主 体
1	浙江	良仓众创空间	杭州良仓投资管理有限公司
2		银江创业梦工场	浙江银江股权投资管理有限公司
3		润湾创客中心	浙江润湾投资咨询有限公司
4		Equarter 众创空间	湖州微总部科技发展有限公司
5		金融客吧	湖州泓创投资管理合伙企业(有限合伙)
6		极客创业营	杭州极讯企业管理有限公司
7		沃创空间	杭州沃创文化创意有限公司
8		温州大学众创空间	温州大学
9		嘉禾地带	杭州嘉量科技企业管理有限公司
10		温州产业科技众创空间	温州职业技术学院
11		楚洲人才梦工场	玉环县众创人才科技创新服务中心
12		浙江工贸学院众创空间	浙江工贸职业技术学院
13		湾西众创空间	杭州湾西科技有限公司
14		台州众创空间	台州众创商务服务有限公司
15		独角兽	杭州独角兽投资管理有限公司
16		海宁苏河汇	海宁苏河汇科技企业孵化器有限公司
17		第七空间	杭州日报华知投资有限公司
18		吴兴众创空间	湖州吴兴区科技发展有限公司

续表

序号	地区	众创空间名称	运营主体
19	浙江	创客梦工场	温州市科技合作交流中心
20		创客码头	舟山市海创科技发展有限公司
21		映创空间	杭州映创科技有限公司
22		贝壳咖啡创客空间	嘉兴创新园发展有限公司
23		北斗创客家	嘉兴北斗创客管理有限公司
24		衢州苏河汇	衢州苏河汇投资管理有限公司
25		经纬创造社	杭州经纬天地创意投资有限公司
26		微巢空间	绍兴颐高电子商务有限公司
27		杭州幼发拉底创业空间	杭州跨星投资管理有限公司
28		狐仙会联创空间	浙江中科联创工业设计有限公司
29		创盒空间	杭州创盒企业管理有限公司
30		魔豆工坊	杭州魔豆工坊创业投资股份有限公司
31		零·一智慧谷	浙江秀洲科技创业发展有限公司
32		B2B 睿智工场	衢州文睿电子商务发展有限公司
33		凤岐茶社乌镇创客空间	凤岐(桐乡乌镇)创业服务有限公司
34		泰豪创空间	浙江乾华泰豪文化创意股份有限公司
35		创客公社	桐乡市科技创业园区投资开发有限公司
36		唯曦 V 创汇	杭州唯曦企业管理有限公司
37		创业小二	杭州聚场科技有限公司
38		UP+THINK 众创空间	嘉兴市向上创业投资管理有限公司
39		薪火工坊	浙江红连文化发展股份有限公司
40		258 邻客	衢州林垦网络科技有限公司
41		杭州望江创业大街	杭州望江新媒体产业管理有限公司
42		清创空间	浙江乾青企业管理有限公司
43		地信梦工场	浙江省梦工场地理信息技术有限公司
44		北京大学(金华)信息科技园创业孵化营	金华未名信息科技园有限公司
45		123 茶楼	杭州非茶文化策划有限公司
46		众创实验室	浙江省长三角生物医药产业技术研究园
47		温青汇	温州大门信息技术有限公司

续表

序号	地区	众创空间名称	运营主体
48	宁波市	宁波新材料创客中心	中国科学院宁波材料技术与工程研究所
49		“海蓝宝”众创空间	宁波工程学院
50		梦想 4.0 创新工场	宁波市北仑区智能装备创新服务中心
51		宁海求是众创空间	宁海县求是科技创业服务有限公司
52		甬创工社	宁波高新区甬港现代服务有限公司
53		宁波市创新设计众创空间	宁波和丰创意广场投资经营有限公司
54		万里笃创	浙江万里学院
55		复旦大学宁波创客服务中心	宁波复旦创新中心有限公司
56		数字科技园众创空间	宁波经济技术开发区数字科技园开发有限公司
57		创梦未来	宁波一舟电商企业管理有限公司
58		宁波市天使投资俱乐部	宁波市天使投资俱乐部
59		浙大宁波工研院	宁波成章科技发展有限公司

2017 年度国家备案众创空间名单

序号	地区	众创空间名称	运营主体
1	浙江	紫牛公社	杭州紫牛社投资管理有限公司
2		尚客汇众创空间	杭州尚坤文化创意有限公司
3		We+社区	温州源大创业服务股份有限公司
4		星沅空间	杭州星沅创业投资有限公司
5		楼友会 ·衢州众创空间	衢州颐高电子商务有限公司
6		智创汇	温州波弟机器人科技有限公司
7		原质创想众创空间	杭州原质趣客投资管理有限公司
8		中国电信创新创业基地(杭州)	杭州尚翼科技有限公司
9		创客蜂房	杭州蜂瑞投资管理有限公司
10		网尚空间	杭州必迅莱科技有限公司
11		七幸众创空间	湖州七幸科技投资有限公司
12		江南 1535	杭州知意诚文化创意有限公司
13		天地汇众创空间	杭州资森投资管理有限公司
14		浙江青年众创空间	浙江海龟科技有限公司

续表

序号	地区	众创空间名称	运营主体
15	浙江	绩优众创空间	杭州绩优孵化器管理有限公司
16		万创空间	杭州万创商务服务有限公司
17		速搜众创空间	浙江速搜网络科技有限公司
18		九山 ·创客广场	温州创客产业园开发有限公司
19		氢创社众创空间	浙江氢创投资有限公司
20		楼友会 · 嘉兴众创空间	嘉兴万创创客服务有限公司
21		温商 ·众创空间	温州商学院
22		数动空间	云楷智慧园科技(杭州)有限公司
23		爱合伙众创空间	天台昆禾投资发展有限公司
24		浙阿 020 工场	杭州浙阿科技有限公司
25		成章创客	杭州成章投资咨询有限公司
26		不死鸟众创空间	杭州不死鸟投资管理有限公司
27		创巢	杭州创巢投资管理有限公司
28		创立方众创空间	浙江启明投资管理有限公司
29		嘉兴学院大学生创业实践园	嘉兴学院
30		创意空间	温州市创意设计有限公司
31		蜂巢众创空间	蜂聚投资管理股份有限公司
32		汇梦空间	杭州梦航投资管理有限公司
33		创客邦垂直众创空间	德清火种孵化管理有限公司
34		拾青众创空间	杭州青筹网络科技有限公司
35		太库(嘉善)众创空间	太库(嘉善)科技孵化器有限公司
36		创梦工场	浙江创梦文化发展股份有限公司
37	宁波市	望春众创空间	宁波春华科技创业服务有限公司
38		正和创新工场	宁波正和汇聚创业服务有限公司
39		百事通众创空间	浙江佰事通商务服务有限公司
40		镇海 329 软件设计众创空间	宁波青创信息科技有限公司

2018年国家备案众创空间名单

序号	地区	众创空间名称	运营主体
1	浙江	青创迭代空间	杭州青创教育科技研究院
2		浙江大学e-works创业实验室	浙江大学国家大学科技园发展有限公司
3		贝壳社	杭州科畅科技咨询有限公司
4		创业定制	浙江火炬创业咖啡有限公司
5		恒创客	杭州恒生百川科技有限公司
6		云咖啡	杭州梧桐云文化发展有限公司
7		楼友会	杭州楼友会创客商务有限公司
8		六和桥	杭州枫惠投资管理有限公司
9		福云创咖	杭州福牛投资管理有限公司
10		西湖创客汇	杭州汇文教育咨询有限公司
11		创业蜂房	杭州网新睿研科技服务有限公司
12		腾讯创业基地(杭州)	杭州兆丰天瑞投资管理有限公司
13		we-Link之“1024”创新基地	杭州市高科技企业孵化器有限公司
14		王道互联网+众创空间	杭州王道电子商务有限公司
15		良仓众创空间	杭州良仓投资管理有限公司
16		银江创业梦工场	浙江银江股权投资管理有限公司
17		润湾创客中心	浙江润湾投资咨询有限公司
18		Equarter众创空间	湖州微总部科技发展有限公司
19		金融客吧	湖州泓创投资管理合伙企业(有限合伙)
20		极客创业营	杭州极讯企业管理有限公司
21		沃创空间	杭州沃创文化创意有限公司
22		温州大学众创空间	温州大学
23		嘉禾地带	杭州嘉量科技企业管理有限公司
24		温州产业科技众创空间	温州职业技术学院
25		楚洲人才梦工场	玉环县众创人才科技创新服务中心
26		浙江工贸学院众创空间	浙江工贸职业技术学院
27		湾西众创空间	杭州湾西科技有限公司
28		台州众创空间	台州众创商务服务有限公司

续表

序号	地区	众创空间名称	运营主体
29	浙江	独角兽	杭州独角兽投资管理有限公司
30		海宁苏河汇	海宁苏河汇科技企业孵化器有限公司
31		第七空间	杭州日报华知投资有限公司
32		吴兴众创空间	湖州吴兴区科技发展有限公司
33		创客梦工场	温州市科技合作交流中心
34		创客码头	舟山市海创科技发展有限公司
35		映创空间	杭州映创科技有限公司
36		贝壳咖啡创客空间	嘉兴创新园发展有限公司
37		北斗创客家	嘉兴北斗创客管理有限公司
38		衢州苏河汇	衢州苏河汇投资管理有限公司
39		经纬创造社	杭州经纬天地创意投资有限公司
40		微巢空间	绍兴颐高电子商务有限公司
41		杭州幼发拉底创业空间	杭州跨星投资管理有限公司
42		狐仙会联创空间	浙江中科联创工业设计有限公司
43		创盒空间	杭州创盒企业管理有限公司
44		魔豆工坊	杭州魔豆工坊创业投资股份有限公司
45		零·一智慧谷	浙江秀洲科技创业发展有限公司
46		B2B 睿智工场	衢州文睿电子商务发展有限公司
47		凤岐茶社乌镇创客空间	凤岐(桐乡乌镇)创业服务有限公司
48		泰豪创空间	浙江乾华泰豪文化创意股份有限公司
49		创客公社	桐乡市科技创业园区投资开发有限公司
50		唯曦 V 创汇	杭州唯曦企业管理有限公司
51		创业小二	杭州聚场科技有限公司
52		UP+THINK 众创空间	嘉兴市向上创业投资管理有限公司
53		薪火工坊	浙江红连文化发展股份有限公司
54		258 邻客	衢州林垦网络科技有限公司
55		杭州望江创业大街	杭州望江新媒体产业管理有限公司
56		清创空间	浙江乾青企业管理有限公司
57		地信梦工场	浙江省梦工场地理信息技术有限公司

续表

序号	地区	众创空间名称	运营主体
58	浙江	北京大学(金华)信息科技园创业孵化营	金华未名信息科技园有限公司
59		123茶楼	杭州非茶文化策划有限公司
60		众创实验室	浙江省长三角生物医药产业技术研究园
61		温青汇	温州大门信息技术有限公司
62		紫牛公社	杭州紫牛社投资管理有限公司
63		尚客汇众创空间	杭州尚坤文化创意有限公司
64		We+社区	温州源大创业服务股份有限公司
65		星沉空间	杭州星沉创业投资有限公司
66		楼友会·衢州众创空间	衢州颐高电子商务有限公司
67		智创汇	温州波弟机器人科技有限公司
68		原质创想众创空间	杭州原质趣客投资管理有限公司
69		中国电信创新创业基地(杭州)	杭州尚翼科技有限公司
70		创客蜂房	杭州蜂瑞投资管理有限公司
71		网尚空间	杭州必迅莱科技有限公司
72		七幸众创空间	湖州七幸科技投资有限公司
73		江南1535	杭州知意诚文化创意有限公司
74		天地汇众创空间	杭州资森投资管理有限公司
75		浙江青年众创空间	浙江海龟科技有限公司
76		绩优众创空间	杭州绩优孵化器管理有限公司
77		万创空间	杭州万创商务服务有限公司
78		速搜众创空间	浙江速搜网络科技有限公司
79		九山·创客广场	温州创客产业园开发有限公司
80		氢创社众创空间	浙江氢创投资有限公司
81		楼友会·嘉兴众创空间	嘉兴万创创客服务有限公司
82		温商·众创空间	温州商学院
83		数动空间	云楷智慧园科技(杭州)有限公司
84		爱合伙众创空间	天台昆禾投资发展有限公司
85		浙阿020工场	杭州浙阿科技有限公司

续表

序号	地区	众创空间名称	运营主体
86	浙江	成章创客	杭州成章投资咨询有限公司
87		不死鸟众创空间	杭州不死鸟投资管理有限公司
88		创巢	杭州创巢投资管理有限公司
89		创立方众创空间	浙江启明投资管理有限公司
90		嘉兴学院大学生创业实践园	嘉兴学院
91		创意空间	温州市创意设计有限公司
92		蜂巢众创空间	蜂聚投资管理股份有限公司
93		汇梦空间	杭州梦航投资管理有限公司
94		创客邦垂直众创空间	德清火种孵化管理有限公司
95		拾青众创空间	杭州青筹网络科技有限公司
96		太库(嘉善)众创空间	太库(嘉善)科技孵化器有限公司
97		创梦工场	浙江创梦文化发展股份有限公司
98	宁波市	宁波新材料众创空间	宁波新材料科技城创新创业发展有限公司
99		鄞州区大学生创业园7号众创空间	宁波市鄞州鄞创大学生创业园管理服务有限公司
100		宁波集物堂众创平台	宁波集物堂实业投资有限公司
101		西电筋斗云众创空间	西安电子科技大学宁波信息技术研究院
102		Pearl Space 众创空间	宁波市大学科技园管委会
103		中物科技园“SOS空间站”	浙江中物九鼎科技孵化器有限公司
104		宁波中科院创客空间	宁波中国科学院信息技术应用研究院
105		宁波新材料创客中心	中国科学院宁波材料技术与工程研究所
106		“海蓝宝”众创空间	宁波工程学院
107		梦想4.0创新工场	宁波市北仑区智能装备创新服务中心
108		宁海求是众创空间	宁海县求是科技创业服务有限公司
109		甬创工社	宁波高新区甬港现代服务有限公司
110		宁波市创新设计众创空间	宁波和丰创意广场投资经营有限公司
111		万里笃创	浙江万里学院
112		复旦大学宁波创客服务中心	宁波复旦创新中心有限公司
113		数字科技园众创空间	宁波经济技术开发区数字科技园开发有限公司

续表

序号	地区	众创空间名称	运 营 主 体
114	宁波市	创梦未来	宁波一舟电商企业管理有限公司
115		宁波市天使投资俱乐部	宁波市天使投资俱乐部
116		浙大宁波工研院	宁波成章科技发展有限公司
117		望春众创空间	宁波春华科技创业服务有限公司
118		正和创新工场	宁波正和汇聚创业服务有限公司
119		百事通众创空间	浙江佰事通商务服务有限公司
120		镇海 329 软件设计众创空间	宁波青创信息科技有限公司

2019 年国家备案众创空间名单

序号	地区	众创空间名称	运 营 主 体
1	浙江省	青创迭代空间	杭州青创教育科技研究院
2		浙江大学 e-works 创业实验室	浙江大学国家大学科技园
3		贝壳社	杭州科畅科技咨询有限公司
4		创业定制	浙江火炬生产力促进中心有限公司
5		恒创客	杭州恒生百川科技有限公司
6		云咖啡	杭州梧桐云文化发展有限公司
7		楼友会	楼友会创客空间(楼友会)
8		六和桥	杭州枫惠投资管理有限公司
9		福云创咖	杭州福牛投资管理有限公司
10		西湖创客汇	杭州汇文教育咨询有限公司
11		创业蜂房	杭州网新睿研科技服务有限公司
12		腾讯创业基地(杭州)	杭州兆丰天瑞投资管理有限公司
13		we-Link 之“1024”创新基地	杭州市高科技企业孵化器有限公司
14		王道互联网+孵化器/创客空间	杭州谋善科技有限公司
15		良仓众创空间	杭州良仓投资管理有限公司
16		银江创业梦工场	浙江银江股权投资管理有限公司
17		润湾创客中心	浙江润湾投资咨询有限公司
18		Equarter 众创空间	湖州微总部科技发展有限公司
19		极客创业营	杭州极讯企业管理有限公司

续表

序号	地区	众创空间名称	运营主体
20	浙江省	沃创空间	杭州沃创文化创意有限公司
21		温州大学众创空间	温州大学
22		嘉禾地带	杭州嘉量科技企业管理有限公司
23		温州产业科技众创空间	温州职业技术学院
24		楚洲人才梦工场	玉环县众创人才科技创新服务中心
25		浙江工贸学院众创空间	浙江工贸职业技术学院
26		湾西众创空间	杭州湾西科技有限公司
27		台州众创空间	台州众创商务服务有限公司
28		独角兽	杭州独角兽投资管理有限公司
29		海宁苏河汇	海宁苏河汇科技企业孵化器有限公司
30		第七空间	杭州日报华知投资有限公司
31		吴兴众创空间	湖州吴兴区科技发展有限公司
32		创客梦工场	温州市科技合作交流中心
33		创客码头	舟山市海创科技发展有限公司
34		映创空间	杭州映创科技有限公司
35		贝壳咖啡创客空间	嘉兴创新园发展有限公司
36		北斗创客家	嘉兴北斗创客管理有限公司
37		经纬创造社	杭州经纬天地创意投资有限公司
38		微巢空间	绍兴颐高电子商务有限公司
39		狐仙会联创空间	浙江中科联创工业设计有限公司
40		创盒空间	杭州创盒企业管理有限公司
41		魔豆工坊	杭州魔豆工坊创业投资股份有限公司
42		零·一智慧谷	浙江秀洲科技创业发展有限公司
43		B2B 睿智工场	衢州文睿电子商务发展有限公司
44		风岐茶社乌镇创客空间	风岐(桐乡乌镇)创业服务有限公司
45		泰豪创空间	浙江乾华泰豪文化创意股份有限公司
46		创客公社	桐乡市科技创业园区投资开发有限公司
47		唯曦 V 创汇	杭州唯曦企业管理有限公司
48		UP+THINK 众创空间	嘉兴市向上创业投资管理有限公司

续表

序号	地区	众创空间名称	运营主体
49	浙江省	薪火工坊	浙江红连文化发展股份有限公司
50		258邻客	衢州林垦网络科技有限公司
51		清创空间	浙江乾青企业管理有限公司
52		地信梦工场	浙江省梦工场地理信息技术有限公司
53		北京大学(金华)信息科技园创业孵化营	金华未名信息科技园有限公司
54		123茶楼	杭州非茶文化策划有限公司
55		众创实验室	浙江省长三角生物医药产业技术研究园
56		温青汇	温州大门信息技术有限公司
57		紫牛公社	杭州紫牛社投资管理有限公司
58		尚客汇众创空间	杭州尚坤文化创意有限公司
59		We+社区	温州源大创业服务股份有限公司
60		星沉空间	杭州星沉创业投资有限公司
61		楼友会·衢州众创空间	衢州颐高电子商务有限公司
62		智创汇	温州波弟机器人科技有限公司
63		原质创想·众创空间	杭州原质趣客投资管理有限公司
64		中国电信创新创业基地(杭州)	杭州尚翼科技有限公司
65		创客蜂房	杭州蜂瑞投资管理有限公司
66		网尚空间	杭州必迅莱科技有限公司
67		七幸众创空间	湖州七幸科技投资有限公司
68		江南1535	杭州知意诚文化创意有限公司
69		天地滙众创空间	杭州资森投资管理有限公司
70		浙江青年众创空间	浙江海龟科技有限公司
71		绩优众创空间	杭州绩优孵化器管理有限公司
72		万创空间	杭州万创商务服务有限公司
73		速搜众创空间	浙江速搜网络科技有限公司
74		九山·创客广场	温州创客产业园开发有限公司
75		氢创社众创空间	浙江氢创投资有限公司
76		楼友会嘉兴众创空间	嘉兴万创创客服务有限公司

续表

序号	地区	众创空间名称	运营主体
77	浙江省	温商·众创空间	温州商学院
78		数动空间	云楷智慧园科技(杭州)有限公司
79		爱合伙众创空间	天台昆禾投资发展有限公司
80		成章创客	杭州成章投资咨询有限公司
81		不死鸟众创空间	杭州不死鸟投资管理有限公司
82		创巢	杭州创巢投资管理有限公司
83		创立方众创空间	浙江启明投资管理有限公司
84		嘉兴学院大学生创业实践园	嘉兴学院
85		创意空间	温州市创意设计有限公司
86		蜂巢众创空间	蜂聚投资管理股份有限公司
87		汇梦空间	杭州梦航投资管理有限公司
88		创客邦垂直众创空间	德清火种孵化管理有限公司
89		拾青众创空间	杭州青筹网络科技有限公司
90		太库(嘉善)众创空间	太库(嘉善)科技孵化器有限公司
91		创梦工场	浙江创梦文化发展股份有限公司
92	宁波市	宁波新材料众创空间	宁波新材料科技城创新创业发展有限公司
93		鄞州区大学生创业园 7 号众创空间	宁波市鄞州鄞创大学生创业园管理服务有限公司
94		宁波集物堂众创平台	宁波集物堂实业投资有限公司
95		西电筋斗云众创空间	西安电子科技大学宁波信息技术研究院
96		Pearl Space 众创空间	宁波市大学科技园管委会
97		中物科技园“SOS 空间站”	浙江中物九鼎科技孵化器有限公司
98		宁波中科院创客空间	宁波中国科学院信息技术应用研究院
99		宁波新材料创客中心	宁波高晟新材料初创产业园发展有限公司
100		“海蓝宝”众创空间	宁波市宁工知识产业园管理有限公司
101		梦想 4.0 创新工场	宁波市北仑区智能装备创新服务中心
102		宁海求是众创空间	宁海县求是科技创业服务有限公司
103		甬创工社	宁波高新区甬港现代服务有限公司
104		宁波市创新设计众创空间	宁波和丰创意广场投资经营有限公司

续表

序号	地区	众创空间名称	运营主体
105	宁波市	万里笃创	浙江万里学院
106		复旦大学宁波创客服务中心	宁波复旦创新中心有限公司
107		数字科技园众创空间	宁波经济技术开发区数字科技园开发有限公司
108		创梦未来	宁波一舟电商企业管理有限公司
109		宁波市天使投资俱乐部	宁波市天使投资俱乐部
110		浙大宁波工研院	宁波成章科技发展有限公司
111		望春众创空间	宁波春华科技创业服务有限公司
112		正和创新工场	宁波正和汇聚创业服务有限公司
113		百事通众创空间	浙江佰事通商务服务有限公司
114		镇海 329 软件设计众创空间	宁波青创信息科技有限公司

2020 年度国家备案众创空间名单

序号	地区	众创空间名称	运营主体
1	浙江省	拎包客青年创业社区	杭州窝牛资产管理有限公司
2		湾区孵化器	杭州湾区科技企业孵化器有限公司
3		唯创空间	杭州唯创企业发展有限公司
4		杭州北部软件园众创空间	杭州市拱墅区经济发展投资有限公司
5		楼友会·临安众创空间	杭州桌面创客商务有限公司
6		丽泽空间	金华职业技术学院
7		工创谷众创空间	杭州市富阳区浙工大银湖创新创业研究院
8		MY CRAFT 众创空间	杭州寰银科技服务有限公司
9		求橙众创空间	杭州求橙投资管理有限公司
10		腾讯众创空间乌镇	桐乡兆丰天瑞投资管理有限公司
11		中科软智 D-Space 超级加速时空	缔时空(杭州)企业管理有限公司
12		鲲 AI 空间	杭州鱼昆投资管理有限公司
13		远方·极客众创空间	杭州远方帮实极客企业管理有限公司
14		楼友会·海盐众创空间	海盐双创科技服务有限公司
15		吴兴梦工场	浙江艾友汇投资管理有限公司

续表

序号	地区	众创空间名称	运营主体
16	浙江省	君山众创	浙江天逸网络科技有限公司
17		新势力创业营	杭州商盈投资管理有限公司
18		嘉善高铁新城·创客邦	嘉善邦客创孵化管理有限公司
19		嵊州北航投星空众创空间	嵊州北航投星空众创科技有限公司
20		ANT 国际联合办公	浙江艾特企业管理有限公司
21		慧谷·蜂巢创客空间	平湖市慧谷创客信息科技有限公司
22		创梦众创空间	杭州麦鲜企业管理有限公司
23		定海创客工厂	舟山巨洋技术开发有限公司
24		凌空东创	杭州空港智慧产业发展有限公司
25		慧空间	慧空(杭州)科技服务有限公司
26		陆港电商小镇孵化中心	义乌市陆港电子商务园区有限公司
27		全要素空间	杭州全要素科技服务有限公司
28		塘巢创客空间	嘉兴塘巢孵化管理有限公司
29		星普乐士创客空间	杭州辛普企业管理有限公司
30		华友会智能制造空间	杭州华翼科技投资有限公司
31		南湖创客家	嘉兴海丰至诚企业管理有限公司
32		创·空间	杭州仓瑞投资管理有限公司
33		纵贯会	杭州纵贯创业服务有限公司
34		本地早青年创客空间	台州市黄岩区橘乡青年服务中心
35		平湖安行无人机遥感众创空间	平湖安行无人机服务有限公司
36		微谷智创园(微谷小镇)	义乌汇海企业管理咨询有限公司
37		工业 Link 创演空间	乐清市创演空间管理有限公司
38		成电 E 创	杭州成盟资产管理有限公司
39		海螺邦众创空间	杭州原谷网络科技有限公司
40		杭州 3W-COFFICE	杭州三大不六孵化器管理有限公司
41		贰捌和辑众创空间	绍兴市上虞区贰捌和辑网络科技有限公司
42		台州乔恩特众创空间	浙江乔恩特工业产品设计有限公司
43		越客创业社区	杭州彩虹物业管理有限公司绍兴分公司

续表

序号	地区	众创空间名称	运营主体
44	宁波市	凤麓新材料众创空间	宁波奉化区凤麓企业孵化器有限公司
45		宁波麟沣医疗科技产业园	宁波麟沣生物科技有限公司
46		8号公园	宁波奥高文化发展有限公司
47		宁波工业物联网众创空间	宁波柯力传感科技股份有限公司
48		汇聚·创业里众创空间	宁波汇聚产业园发展有限公司
49		启迪之星(宁波)众创空间	宁波启迪创业孵化器有限公司

2021年度国家备案众创空间名单

序号	地区	众创空间名称	运营主体
1	浙江省	阿里云创新中心(杭州萧山)	杭州良橙创客商务服务有限公司
2		杭州网易联合创新中心	杭州创工场科技有限公司
3		LinBox滨江创客营	杭州拎包客资产管理有限公司
4		云巢智慧联合办公	杭州云巢智慧科技有限公司
5		天和众创	杭州天陆股权投资管理有限公司
6		创E公社	瑞安日报有限公司
7		佳业天成众创空间	浙江佳成科技发展有限公司
8		台州北大科技园	台州北大科技园有限公司
9		CC梦工场众创空间	杭州浙大城市学院科技园有限公司
10		亿脉通创业实验室	杭州亿脉通科技有限公司
11		niHUB众创空间	杭州你创网络科技有限责任公司
12		梦想E商新零售孵化器	杭州侨嘉投资管理有限公司
13		e游良仓众创空间	绍兴市良仓乐客投资管理有限公司
14		I·STAR众创空间	杭州创客星企业管理有限公司
15		菁创汇	杭州万骏企业管理有限公司
16		创族森林	湖州网新睿研科技服务有限公司
17		如是空间	杭州烈豹科技有限责任公司
18		银江创业工坊(云制造小镇)	杭州临安银江创业梦工场企业管理有限公司
19		运河汇	杭州易策产业运营管理有限公司
20		紫金港创客空间	杭州紫丰创业服务有限公司

续表

序号	地区	众创空间名称	运营主体
21	浙江省	杭州众合农创互联坊	杭州众合电子商务有限公司
22		良仓太炎众创空间	杭州良橙创业服务有限公司
23		启迪之星(嘉兴)	嘉兴启迪之星华瀚科技企业孵化器有限公司
24		浙工大创业梦工场	杭州工享创梦工场企业管理有限公司
25		六度空间	临海市伟星文化传播有限公司
26		UP+DEMO	杭州营尚网络科技有限公司
27		义乌工商职业技术学院创业园青创空间	义乌工商职业技术学院
28		嘉禾地带上虞众创空间	绍兴上虞嘉量科技发展有限公司
29		天台魔方空间	天台魔方投资咨询服务有限公司
30		朴器·AI众创	德清朴德智能科技有限公司
31		G5 Capital	杭州互国创业投资管理有限公司
32		优斯众创空间	杭州优斯创业服务有限公司
33		墨西哥中国中心	浙江墨可科技发展有限公司
34		清竹文创谷	德清兜来网络科技有限公司
35		瓯江7号众创空间	温州理工学院
36		新昌白云文化众创空间	新昌县白云文化艺术村有限公司
37		云创星工场	杭州云台科技有限公司
38		时代先锋众创空间	温州新同创空间管理有限公司
39		一源·极客文化众创空间	杭州一源极客企业管理有限公司
40		美欣达欣创客	浙江美欣达环境产业研究有限公司
41		光华创新空间	临海市光华科技创新服务中心
42		见田湖州物联网众创空间	见田(湖州)众创空间管理有限公司
43		启迪之星(安吉)众创空间	启迪之星(安吉)科技企业孵化器有限公司
44		微果小镇	嘉善微果农村电子商务园区有限公司
45	宁波市	鄞州青柠檬众创空间	宁波慧东教育科技有限公司
46		BM-Lab众创空间	宁波财经学院
47		宁波工程学院众创空间(风华青创园)	宁波工程学院
48		厘米(高新)空间	浙江厘米科技有限公司
49		海中金创业园	海中金有限公司

附录2　浙江省省级众创空间名单(2015—2021年)

第一批众创空间名单(2015年)

序号	地区	众创空间名称	运营主体
1	浙江	青创迭代空间	杭州青创教育科技研究院
2		浙江大学e-works创业实验室	浙江大学国家大学科技园发展有限公司
3		贝壳社	杭州科畅科技咨询有限公司
4		创业定制	浙江火炬创业咖啡有限公司
5		恒创客	杭州恒生百川科技有限公司
6		云咖啡	杭州梧桐云文化发展有限公司
7		楼友会	杭州楼友会创客商务有限公司
8		六和桥	杭州枫惠投资管理有限公司
9		福云创咖	杭州福牛投资管理有限公司
10		西湖创客汇	杭州汇文教育咨询有限公司
11		创业蜂房	杭州网新睿研科技服务有限公司
12		腾讯创业基地(杭州)	杭州兆丰天瑞投资管理有限公司
13		we-Link之“1024”创新基地	杭州市高科技企业孵化器有限公司
14		王道互联网+众创空间	杭州王道电子商务有限公司

第二批众创空间名单(2015年)

序号	地区	众创空间名称	运营主体
15	宁波市	宁波新材料众创空间	宁波新材料科技城创新创业发展有限公司
16		鄞州区大学生创业园7号众创空间	宁波市鄞州鄞创大学生创业园管理服务有限公司
17		宁波集物堂众创平台	宁波集物堂实业投资有限公司
18		西电筋斗云众创空间	西安电子科技大学宁波信息技术研究院
19		Pearl Space众创空间	宁波市大学科技园管委会
20		中物科技园“SOS空间站”	浙江中物九鼎科技孵化器有限公司
21		宁波中科院创客空间	宁波中国科学院信息技术应用研究院

2016 年度省级众创空间名单

序号	地区	众创空间名称	公司名称
1	杭州市	良仓孵化器(B12 创客空间)	杭州良仓投资管理有限公司
2		银江创业梦工场	浙江银江股权投资管理有限公司
3		润湾创客中心	浙江润湾投资咨询有限公司
4		沃创空间	杭州沃创文化创意有限公司
5		极客创业营	杭州极讯投资管理有限公司
6		嘉禾地带	杭州嘉量科技企业管理有限公司
7		湾西加速器	杭州湾西科技有限公司
8		独角兽	杭州独角兽投资管理有限公司
9		拎包客青年创业社区	杭州窝牛资产管理有限公司
10		第七空间	杭州日报华知投资有限公司
11		映创空间	杭州映创科技有限公司
12		经纬创造社	杭州经纬天地创意投资有限公司
13		幼发拉底杭州中心	杭州跨星投资管理有限公司
14		狐仙会联创空间	浙江中科联创工业设计有限公司
15		创盒空间	杭州创盒投资管理有限公司
16		魔豆工坊	杭州魔豆工坊创业投资股份有限公司
17		绩优孵化器	杭州绩优孵化器管理有限公司
18		泰豪创空间	浙江乾华泰豪文化创意股份有限公司
19		唯曦国际创投基地	杭州唯曦企业管理有限公司
20		创业小二(阿里云创业创新基地)	杭州聚场科技有限公司
21		杭州市望江创业大街	杭州望江新媒体产业管理有限公司
22		清创空间	浙江乾青企业管理有限公司
23		123 茶楼	杭州非茶文化策划有限公司
24		希垦创梦空间	浙江智新泽地科技发展有限公司
25		投哪儿	杭州投哪儿网络科技有限公司
26		乐创会	浙江乐创投资管理有限公司
27		正合科技园	浙江浙大正合股权投资管理有限公司
28		颐居草堂众创空间	杭州颐高电子商务有限公司
29		江南 1535	杭州知意诚文化创意有限公司
30		紫牛公社	杭州紫牛社投资管理有限公司

续表

序号	地区	众创空间名称	公司名称
31	宁波市	数字科技园众创空间	宁波经济技术开发区数字科技园开发有限公司
32		正和创新工场	宁波正和汇聚创业服务有限公司
33		梦想 4.0 创新工场	宁波市北仑区智能装备创新服务中心
34		宁波市创新设计众创空间（工业设计孵化中心）	宁波和丰创意广场投资经营有限公司
35		宁波杭州湾同济创客服务中心	浙江同济产业园有限公司
36		宁海电子商务众创空间	宁海县电子商务有限公司
37		复旦大学宁波创客服务中心	宁波复旦创新中心有限公司
38		宁海县求是科创中心	宁海县求是科技创业服务有限公司
39		鼎创．创客商业模式验证及创业综合服务中心	宁波鼎创科技咨询有限公司
40		余姚市电子商务产业园（慧聪电商公园）	余姚慧家电子商务有限公司
41		万里笃创	浙江万里学院
42		镇海科技市场创客服务中心	宁波博士百川信息科技有限公司
43		NEX 新桥创客社区	浙江新桥创客创业投资管理有限公司
44		浙江千人计划余姚产业园管理中心	浙江千人计划余姚产业园管理中心
45		创梦未来	宁波一舟电商企业管理有限公司
46		宁波飞马新立方	宁波飞马旅投资管理有限公司
47		山丘汇众创空间	奉化市东郊中小企业科技创业服务有限公司
48		宁波电商城众创空间	宁波市海曙区城市开发投资有限公司
49		甬创工社	宁波甬港现代创业服务中心
50		宁波众创空间	宁波市创新创业管理服务中心
51		宁波新材料创客中心	中国科学院宁波材料技术与工程研究所
52		无中生有创业咖啡鄞州店	宁波高新区无中生有投资管理有限公司鄞州分公司
53		宁海县创客空间	宁海县才博网络科技有限公司

续表

序号	地区	众创空间名称	公司名称
54	宁波市	宁波市知识产权(专利)众创空间	宁波市科技信息研究院
55		极客兄弟创客服务中心	宁波佰年网络科技发展有限公司
56		宁波市天使投资俱乐部	宁波市天使投资俱乐部
57		宁波乔克兄弟	宁波乔克兄弟三维科技有限公司
58		“海蓝宝”众创社区	宁波工程学院
59	温州市	温州大学众创空间	温州大学
60		温州产业科技众创空间	温州职业技术学院
61		浙江工贸学院众创空间	浙江工贸职业技术学院
62		We+社区	温州源大创业服务股份有限公司
63		温州市科技创新公共服务中心(创客梦工场)	温州市科技合作交流中心
64		薪火工坊	浙江红连文化发展股份有限公司
65		温青汇	温州大门信息技术有限公司
66		梦创汇	温州市鹿城区科技开发公司
67	湖州市	金融客吧	湖州泓创投资管理合伙企业(有限合伙)
68		微总部创业创新基地	湖州微总部科技发展有限公司
69		吴兴众创空间	湖州吴兴区科技发展有限公司
70		湖州七幸孵化器有限公司	湖州七幸孵化器有限公司
71		星创客	长兴星网电子商务有限公司
72		集合智造 4.0	浙江中新力合科技金融服务股份有限公司
73		地信梦工场	浙江梦工场地理信息技术有限公司
74		众创实验室	浙江省长三角生物医药产业技术研究园
75		“蜂巢”众创空间	湖州南浔聚宝电子商务有限公司
76		安吉两山创客小镇	浙江安吉追梦投资有限公司
77	嘉兴市	海宁苏河汇	海宁苏河汇投资管理有限公司
78		贝壳咖啡创客空间	嘉兴创新园发展有限公司
79		北斗创客家	嘉兴北斗创客管理有限公司
80		零一·智慧谷	浙江秀洲科技创业发展有限公司
81		凤岐茶社乌镇创客空间	凤岐(桐乡乌镇)创业服务有限公司
82		创客公社	桐乡市科技创业园区投资开发有限公司
83		UP+THINK 众创空间	嘉兴市向上创业投资管理有限公司

续表

序号	地区	众创空间名称	公司名称
84	绍兴市	微巢空间	绍兴颐高电子商务有限公司
85		e 谷创客空间	诸暨漫游世纪科技孵化器有限公司
86		瑞雪众创空间	绍兴瑞雪联合创业投资有限公司
87	金华市	赛伯乐浙江互联网创新中心	金华赛伯乐绿科投资有限公司
88		北京大学(金华)信息科技园创业孵化营	金华未名信息科技园有限公司
89		万营创客空间	浙江万营科技有限公司
90		微谷众创空间	义乌汇海企业管理咨询有限公司
91		金华电子商务创业园创客空间	浙江电商信息科技有限公司
92		兰溪市科技人才创业园	中共兰溪市委组织部
93		兰溪开发区电子商务创客小镇	兰溪北辰信息科技有限公司
94		义乌市跨境电商创业孵化基地	义乌市吉茂电子商务职业技能培训学校
95		武义科技城孵化器	武义科技城发展有限公司
96	衢州市	衢州苏河汇投资管理有限公司	衢州苏河汇投资管理有限公司
97		衢州市电子商务产业园	杭州文睿投资管理有限公司
98		258 邻客孵化器	衢州林垦网络科技有限公司
99		衢州颐高电子商务产业园(衢州颐高众创空间筹)	衢州颐高电子商务有限公司
100		赏石产业创业中心	常山龙腾石博园管理有限公司
101	舟山市	创客码头	舟山市海创科技发展有限公司
102		舟山市伍邦大学生创业园	舟山市大学生创业服务中心
103		中国舟山“山海雲间—智库”众创总部基地	浙江知青创客文化传播有限公司
104	台州市	楚洲人才梦工场	玉环县楚洲人才科技创新服务中心
105		台州众创空间	台州众创商务服务有限公司
106		云图众创空间	台州市黄岩云图创业服务中心有限公司
107		爱合伙 · 复客中国众创基地	天台昆禾投资发展有限公司
108	丽水市	瓯微 & 跨星创业孵化园	丽水市云境投资管理合伙企业(有限合伙)

2017 年度省级众创空间名单

序号	地区	众创空间名称	依托机构名称
1	杭州市	网尚空间	杭州必迅莱科技有限公司
2		数动空间	云楷智慧园科技(杭州)有限公司
3		星工场	杭州星工场文化创意发展有限公司
4		天地滙众创空间	杭州资森投资管理有限公司
5		拾青众创空间	杭州青筹网络科技有限公司
6		浙阿 O2O 工场	杭州浙阿科技有限公司
7		泛创空间	泛创投资有限公司
8		创客工场	杭州创客加速投资管理有限公司
9		麒麟 V 创	杭州全垒投资管理有限公司
10		Kandi Space 众创空间	杭州森奇电子商务有限公司
11		费米众创空间	杭州费米企业管理有限公司
12		i 影平台	杭州黄华文化创意有限公司
13		Funwork	杭州乐沃投资管理有限公司
14		万创空间	杭州万创商务服务有限公司
15		联亿家众创空间	浙江联亿家科技有限公司
16		运河汇	杭州易策电子商务有限公司
17		创客蜂房	杭州蜂瑞投资管理有限公司
18		不死鸟众创空间	杭州不死鸟投资管理有限公司
19		启娅创客	杭州启娅商务服务有限公司
20		尚客汇众创空间	杭州尚坤文化创意有限公司
21		国智 9 号迭代创空间	杭州国智科技发展有限公司
22		紫金百艺众创空间	杭州章记投资管理有限公司
23		筑梦空间	浙江乾唐科技有限公司
24		西溪创立方	杭州创立方科技有限公司
25		中宙·信天翁跨境电商众创空间	杭州信天翁电子商务有限公司
26		星沉空间	杭州星沉创业投资有限公司
27		ac 天使汇	杭州快投科技有限公司
28		米趣 游戏工厂	杭州趣游科技咨询有限公司

续表

序号	地区	众创空间名称	依托机构名称
29	杭州市	成章创客	杭州成章投资咨询有限公司
30		优创基地	杭州好园科技有限公司
31		德诺的医疗	杭州德诺医疗科技有限公司
32		投医社	杭州五元素投资管理有限公司
33		源动力众创空间	杭州原信科技有限公司
34		慧空间	慧空(杭州)科技服务有限公司
35		海螺邦众创空间	杭州原谷网络科技有限公司
36		贩梦众创空间	杭州兰森网络科技有限公司
37		浙大同创 5U 众创空间	杭州浙大同创管理咨询有限公司
38		杭州硕丰教育咨询有限公司	杭州硕丰教育咨询有限公司
39		星普乐士创客空间	杭州辛普企业管理有限公司
40		汇梦空间	杭州梦航投资管理有限公司
41		We-link 加号创客空间	杭州加号品牌管理有限公司
42		星矢部落零距离创客营	杭州星矢投资管理有限公司
43		尚+众创空间	杭州尚加投资管理有限公司
44		创巢	杭州创巢投资管理有限公司
45		中联创 · 众创空间	杭州中广遥光企业管理有限公司
46		映想空间	杭州映想科技有限公司
47		凌空东创	杭州空港智慧产业发展有限公司
48		新势力创业营	杭州商盈投资管理有限公司
49		蜂聚投资管理股份有限公司	蜂巢创业服务平台
50		浙江青年众创空间	浙江海龟科技有限公司
51		原质创想 · 众创空间	杭州原质趣客投资管理有限公司
52		中国电信创新创业基地	杭州尚翼科技有限公司
53		Plug & Play	杭州爱建投资管理有限公司
54		创梦空间	杭州麦鲜企业管理有限公司
55		纵贯会	杭州纵贯创业服务有限公司
56		银江创业工坊(云制造小镇)	杭州临安银江创业梦工场企业管理有限公司
57		春江渡口 · 设计创客	桐庐易家装装饰有限公司

续表

序号	地区	众创空间名称	依托机构名称
58	宁波市	宁波望春众创空间	宁波春华科技创业服务有限公司
59		宁波市鄞州区工商联创客服务中心	浙江佰事通商务服务有限公司
60		启迪之星(宁波)	宁波启迪创业孵化器有限公司
61		浙药健康创客公社	浙江医药高等专科学校
62		汇聚．创业里	宁波汇聚物资交易市场经营有限公司
63		江北中部创客服务中心	宁波江北中部科技创业服务有限公司
64		宁波博创梦工场	宁波市好味当餐饮股份有限公司
65		镇海 329 软件设计众创空间	宁波青创信息科技有限公司
66		宁波麟沣医疗科技产业园	宁波麟沣生物科技有限公司
67	温州市	云创空间	温州云创空间文化创意有限公司
68		智创汇	温州波弟机器人科技有限公司
69		九山．创客广场	温州创客产业园开发有限公司
70		维度创业工场	温州维度投资管理有限公司
71		火柴亮了众创空间	温州市红太阳设计创意园有限公司
72		鹿城西部极客村	智雅科技温州有限公司
73		创咖空间	温州创咖商务服务有限公司
74		创梦工场	浙江创梦文化发展股份有限公司
75		创意空间	温州市创意设计有限公司
76		氢创社众创空间	浙江氢创投资有限公司
77		温商·众创空间	温州商学院
78		温州文化金融小镇文创空间	浙江浩逸文化发展股份有限公司
79	温州市	温科起点众创空间	温州科技职业学院
80		青年电商产业园	温州经济技术开发区青年电商产业园有限公司
81		创 E 公社	瑞安日报有限公司
82		草根工社	瑞安市草根农业开发有限公司
83		创智坊	瑞安金融创新产业园投资有限公司
84		融社设计交互平台	瑞安市融社文化创意有限公司
85		优客众创空间	温州优客众创空间有限公司

续表

序号	地区	众创空间名称	依托机构名称
86	温州市	华仪众创空间	温州市华仪电子商务有限公司
87		创演空间	乐清市创演空间管理有限公司
88		青创会·众创空间	乐清青创会众创空间投资管理有限公司
89		速搜众创空间	浙江速搜网络科技有限公司
90		创立方众创空间	浙江启明投资管理有限公司
91		龙港乐创梦工厂	温州唐格科技有限公司
92		文成县农 e 众创空间	浙江山哥哥农业开发有限公司
93	嘉兴市	梦创基地	嘉兴市天篷农业休闲有限公司
94		胜因谷众创空间	嘉兴胜因谷科技企业孵化器有限公司
95		嘉兴云创空间	嘉兴云创企业管理有限公司
96		嘉兴学院大学生创业实践园	嘉兴学院
97		易思·同创 IDEA+THINK	同济大学浙江学院
98		楼友会嘉兴众创空间	嘉兴万创创客服务有限公司
99		太库(嘉善)众创空间	太库(嘉善)科技孵化器有限公司
100		嘉善高铁新城创客邦	嘉善邦客创孵化管理有限公司
101		慧谷·蜂巢创客空间	平湖市慧谷创客信息科技有限公司
102		CIFC 乌镇普众创客空间	浙江乌镇普众投资管理有限公司
103	湖州市	湖州职业技术学院众创空间	湖州职业技术学院
104		吴兴梦工场创业基地	湖州吴兴环渚城乡建设发展有限公司
105		湖州师范学院众创空间	湖州师范学院
106		浙北家居建材众创空间	湖州南浔艾易电子商务有限公司
107		南太湖青年电子商务创业园	湖州赛格数码城管理有限公司
108		德清创客邦垂直电商众创空间	德清火种孵化管理有限公司
109		德清泛创空间	德清泛创投资管理有限公司
110		“菁英部落”众创空间	湖州归谷信息科技有限公司
111		莱克空间	长兴莱克孵化器有限公司
112		长兴 Cannova 能创空间	长兴复旦南太湖创新基地发展有限公司
113		安吉星 星创天地	安吉星号电子商务有限公司
114		颐居美丽乡村众创空间	安吉颐居美丽乡村科技有限公司

续表

序号	地区	众创空间名称	依托机构名称
115	绍兴市	越创空间	绍兴市匠越科技有限公司
116		创新创意工场(永和众创空间)	绍兴职业技术学院
117		雷欧·众创空间	绍兴雷欧商务服务有限公司
118		贰捌和辑众创空间	绍兴市上虞区贰捌和辑网络科技有限公司
119		浙江理工大学上虞工业技术研究院众创空间	浙江理工大学上虞工业技术研究院有限公司
120		丝路创客空间	中纺院(浙江)技术研究院有限公司
121		锐创生物众创空间	绍兴锐创生物科技有限公司
122		慧谷创客汇	绍兴慧谷科技孵化器有限公司
123		U-do 青年创客中心	诸暨优渡信息科技有限公司
124		嵊州北航投星空众创空间	嵊州北航投星空众创科技有限公司
125		新昌初心创客	新昌县初心众创企业管理服务有限公司
126	金华市	陆港电商小镇孵化中心	义乌市陆港电子商务园区有限公司
127		义乌市青岩刘创业孵化中心	青岩刘股份经济合作社
128	衢州市	衢州市大学生创业园西区园众创空间	浙江阿帕科技有限公司
129			
130		众创空间·衢盛科创园	浙江衢盛投资管理有限公司
131		衢江区大学生创业基地	衢州市衢江区森博企业管理咨询有限公司
		龙游电商城众创空间	衢州龙珠电商管理服务有限公司
132	舟山市	舟山市富丽岛众创空间	舟山市民泰市场开发有限公司
133		定海伍玖文化创意中心	浙江弘憬文化发展有限公司
134		舟山群岛新区众创空间	舟山市众创电子商务有限公司
135		普陀湾众创码头	普陀区青年大学生创新创业服务中心
136	台州市	羽化众创空间	浙江羽化网络科技有限公司
137		台州湾集聚区众创空间	台州东达资源利用有限公司
138		天台魔方空间	天台魔方投资咨询服务有限公司
139	丽水市	侨乡众创孵化园	青田众创空间投资管理有限公司
140		松阳县农村电子商务创业孵化中心	松阳县起航电子商务服务有限公司
141		中国云和 e 创园	浙江万营科技有限公司云和分公司

2018 年度省级众创空间名单

序号	地区	众创空间名称	依托机构名称
1	杭州市	生创堂	杭州生创投资管理有限公司
2	宁波市	海中金创业园	海中金有限公司
3		创客 157 创业创新园	宁波意吾启投资有限公司
4		宁波恩科创新工场	宁波恩科投资有限公司
5		8 号公园	宁波奥高文化发展有限公司
6		楼友会·宁波云创空间	宁波市鄞州区微巢信息科技有限公司
7		宁波摩米创新工场众创空间	宁波摩米创新工场电子科技有限公司
8		象山橙堡众创空间	象山橙堡文化发展有限公司
9		中意启迪众创工社	宁波中意启迪创业服务有限公司
10		中国(杭州湾)e 设计街区	浙江同天工业设计发展有限公司
11	温州市	心工场	温州心行道合文化创意有限公司
12		DOIT 互联网众创空间	温州市麦田儿网络科技有限公司
13		一棵树众创空间	温州市新视觉企划有限公司
14		胤空间	温州中胤时尚鞋服设计有限公司
15		海纳众创空间	温州海纳教育科技有限公司
16		网易城市创业联盟	温州驰远文化传播有限公司
17		爱魔豆教育众创空间	温州艾豆科技有限公司
18		3W COFFICE·温州云谷店	温州三大不六科技有限公司
19	温州市	东方印创空间	浙江东方职业技术学院创业学院
20		温州海龟之家	温州海龟孵化器管理有限公司
21		青橙玩家 IP 众创	温州慷璐互联网文化发展有限公司
22		侨商之家创客空间	温州侨商之家文化发展有限责任公司
23		温州医科大学众创空间	温州医科大学
24		瓯江 7 号众创空间	温州大学瓯江学院
25		集创星谷众创空间	浙江四目文化发展有限公司
26		星梦众创空间众创空间	永嘉星梦众创空间有限公司
27		时代先锋众创空间	苍南新同创空间管理有限公司
28		联鑫众创空间	温州联鑫众创空间服务有限公司
29		思库众创空间	温州优加工业设计有限公司
30		领客空间	瑞安市领客科技有限公司
31		楼友会·乐清众创空间	乐清友创商务服务有限公司

续表

序号	地区	众创空间名称	依托机构名称
32	绍兴市	虹兴众创空间	乐清市虹兴众创空间管理有限公司
33		“1314”青创空间	浙江工业职业技术学院
34		1051 众创空间	绍兴花谱文化传媒有限公司
35		绍兴米龙谷众创空间	绍兴米龙信息科技有限公司
36		“元·创”空间	绍兴文理学院元培学院
37		众谷·众创空间	绍兴市冠友电子商务有限公司
38		金格尔服务式办公—IFC 中心	金格斯商务信息咨询有限公司
39		工大柯桥众创空间	绍兴柯桥浙工大创新研究院发展有限公司
40		功量·桔子空间	绍兴柯桥中国轻纺城跨境电商产业园企业管理有限公司
41		星谷众创空间	浙江省现代纺织工业研究院
42		浙江瓦栏文化创意有限公司	浙江瓦栏文化创意有限公司
43		白云文化众创空间	新昌县白云文化艺术村有限公司
44		悟空创客	新昌悟空科技有限公司
45		浙江工业大学上虞研究院众创空间	浙江工业大学上虞研究院有限公司
46		凌诺 33 众创空间	绍兴市上虞区凌诺商务服务有限公司
47		嘉禾地带上虞众创空间	绍兴上虞嘉量科技发展有限公司
48		翠溪创新创业空间	诸暨市翠溪生物技术研究院
49		陶朱商学院	浙江农林大学暨阳学院
50		诸暨 2025 创意产业园	诸暨易联众创企业管理服务有限公司
51		诸暨城东跨星中心	诸暨跨星投资管理有限公司
52		诸暨六和桥众创空间	诸暨六和桥投资管理有限公司
53		袜业智库	诸暨市大唐袜业科技创新服务有限公司
54		星源众创空间	浙江嵊州云电商信息科技产业园有限公司
55	湖州市	湖州北航投星空众创空间	湖州北航投星空众创科技有限公司
56		楼友会·人力资源众创空间	湖州楼友会商务服务有限公司
57		南浔创客邦	湖州创客邦孵化管理有限公司
58		德清商汇创客工坊	德清县总商会
59		长兴新能源小镇红色动力众创空间	长兴画溪智慧创业谷园区管理有限公司
60		长兴县公共创业服务中心	长兴县就业管理服务处
61		启迪之星(安吉)众创空间	启迪之星(安吉)科技企业孵化器有限公司

续表

序号	地区	众创空间名称	依托机构名称
62	嘉兴市	南湖创客家	嘉兴海丰至诚企业管理有限公司
63		启迪之星(嘉兴)	嘉兴启迪之星华瀚科技企业孵化器有限公司
64		北智汇善·众创空间	北京大学创新研究院嘉善产学研合作中心
65		平湖安行无人机遥感众创空间	平湖安行无人机服务有限公司
66		腾讯众创空间(乌镇)	桐乡兆丰天瑞投资管理有限公司
67		青创中心·众创空间	嘉兴市青年创业就业促进中心
68		塘巢创客空间	嘉兴塘巢孵化管理有限公司
69		顺丰·丰觅创客中心	嘉兴市丰泰电商产业园管理有限公司
70	金华市	金华创客邦	浙江金华创客邦投资管理有限公司
71		金华腾讯众创空间	金华微播众创空间投资管理有限责任公司
72		智创园众创空间	浙江客林客资产管理有限公司
73		客林客众创空间	浙江省客林客资产管理有限公司
74		众创 e 号	义乌海豹电子商务服务有限公司
75		丰空间	义乌市丰泰电商产业园管理有限公司
76		永康市宏伟电商创业园	浙江宏伟供应链集团股份有限公司
77		金华“菜园”众创空间	金华菜园电商产业发展有限公司
78	衢州市	衢江科技创新孵化园	衢州归谷科技咨询有限公司
79		中国(衢州)网红星耀城	浙江乐雷德投资管理有限公司
80		易云众创空间	开化睿创教育科技有限公司
81		开化县万腾大学生创业园	开化县万腾电子商务有限公司
82	台州市	领创众创空间	台州富岭塑胶有限公司
83		本地早青年创客空间	台州市黄岩区青年服务中心
84		路桥青年创客空间	台州市路桥区青年服务中心
85		三门创客工场	台州优客商务服务有限公司
86		临海市蜂团青年创客空间	临海市耀达电子商务有限公司
87		六度空间	临海市伟星文化传播有限公司
88		金桥众创空间	浙江大漠信息科技有限公司
89		浙东智库	临海市东方永安电子商务有限公司
90		台州市杜桥电商创客空间	临海市合创投资有限公司
91		台州星空众创空间	台州北航投星空众创科技有限公司
92		台州北大科技园众创空间	台州北大科技园有限公司

续表

序号	地区	众创空间名称	依托机构名称
93	丽水市	智慧小镇科创园	丽水薪火工坊科技孵化器有限公司
94		缙云创客学院	浙江龙聚祥文化传媒有限公司
95		龙泉市龙谷青创园	龙泉市龙谷信息技术有限公司
96	舟山市	舟山创客邦	舟山创客邦孵化管理有限公司
97		定海创客工厂	舟山巨洋技术开发有限公司
98		岱山县电子商务创客空间	岱山县经济和信息化局
99		嵊泗金港云商聚众创空间	嵊泗县东海贻贝科技创新服务有限公司

2019 年度省级众创空间名单

序号	地区	众创空间名称	依托机构名称
1	杭州市	全要素空间	杭州全要素科技服务有限公司
2		极地国际创新中心	杭州平方米科技有限公司
3		CC 梦工场众创空间	杭州浙大城市学院科技园有限公司
4		莱克空间	杭州莱克孵化器有限公司
5		硬趣空间	杭州聚匠睿成科技有限公司
6		北部软件园众创空间	杭州市拱墅区经济发展投资有限公司
7		中科软智 D-Space 超级加速时空	缔时空(杭州)企业管理有限公司
8		极点众创空间	杭州致客企业管理有限公司
9		浙工大创业梦工场	杭州工享创梦工场企业管理有限公司
10		远方帮实极客众创空间	杭州远方帮实极客企业管理有限公司
11		全景良仓加速器	杭州全景良仓投资管理有限公司
12		鲲 AI 空间	杭州鱼昆投资管理有限公司
13		MY CRAFT 众创空间	杭州寰银科技服务有限公司
14		3W COFFICE（3W 空间）	杭州三大不六孵化器管理有限公司
15		天和众创	杭州天陆股权投资管理有限公司
16		Forte 孵化器	科迪(杭州)科技服务有限公司
17		湾区孵化器	杭州湾区科技企业孵化器有限公司
18		创・空间	杭州仓瑞投资管理有限公司
19		G5 Capital	杭州互国创业投资管理有限公司

续表

序号	地区	众创空间名称	依托机构名称
20	杭州市	华友会智能制造空间	杭州华翼科技投资有限公司
21		成电 E 创	杭州成盟资产管理有限公司
22		启迪众创空间	杭州启迪万华科技产业发展有限公司
23		唯创空间	杭州唯创企业发展有限公司
24		太炎众创空间	杭州良橙创业服务有限公司
25		ZION·锡安美地研习社	锡安美地(杭州)科技有限公司
26		求橙众创空间	杭州求橙投资管理有限公司
27		工创谷众创空间	杭州市富阳区浙工大银湖创新创业研究院
28		楼友会·临安众创空间	杭州桌面创客商务有限公司
29		杭州众合农创互联坊	杭州众合电子商务有限公司
30		青蓝创客汇	临安易霆科技服务有限公司
31		君山众创空间	浙江天逸网络科技有限公司
32		UP+start 众创空间	杭州爱朴加企业管理有限公司
33		UP+DEMO 众创空间	杭州营尚网络科技有限公司
34	宁波市	BM-Lab 众创空间	宁波财经学院
35		工业物联网众创空间	宁波柯力传感科技股份有限公司
36		微总部众创空间	宁波微总部科技发展有限公司
37		宁波工程学院众创空间	宁波工程学院
38		宁波市创城众创空间	宁波市成人教育学校
39		job+众创空间	宁波思沃信息科技有限公司
40		奉化电子商务产业园	宁波奉化宝韵电子商务产业园管理有限公司
41		凤麓新材料众创空间	宁波奉化区凤麓企业孵化器有限公司
42		大目湾双创园	宁波海龟企业孵化器管理有限公司
43	温州市	LOFT8 创意集成众创空间	温州创吧文化创意产业有限公司
44		久丰众创空间	温州久丰众创空间管理有限公司
45		温州北航投星空众创空间	温州北航投星空众创科技有限公司

续表

序号	地区	众创空间名称	依托机构名称
46	嘉兴市	ANT 国际联合办公	浙江艾特企业管理有限公司
47		平湖 021AUTO	嘉兴银济科技服务有限公司
48		楼友会·海盐众创空间	海盐双创科技服务有限公司
49		蜂鸟汇	嘉兴灵海文化传媒有限公司
50		UP+IDEA 众创空间	海宁市向上创业投资管理有限公司
51		浙江财经大学东方学院众创空间	海宁运和创业园管理有限公司
52		浙江机电职业技术学院长安校区众创空间	海宁市创客投资管理有限责任公司
53		乌镇互联网产业园	桐乡市乌镇互联网产业园投资开发有限公司
54	湖州市	谷堆乡创空间	浙江谷堆乡创旅游发展有限公司
55		佳业天成众创空间	浙江佳成科技发展有限公司
56		聚星 103 众创空间	湖州文创文化产业发展有限公司
57		小西街众创空间	湖州市历史文化街区小西街文化创意产业园区有限公司
58		梦立方众创空间	浙江湖州颂鸣资产管理有限公司
59		浙北绿色家居电子商务众创空间	湖州南浔市场发展投资集团电商股份有限公司
60		蓝博众创空间	湖州锦浩农业科技有限公司
61		新我众创空间	湖州新我电商创业园股份有限公司
62		欣创客	湖州美欣达环保产业研究有限公司
63		中关村领创空间(湖州)	湖州领创科技服务有限责任公司
64		三人行众创空间	浙江华强环境科技有限公司
65		见田湖州物联网众创空间	见田(湖州)众创空间管理有限公司
66		创励谷众创空间	湖州创励谷信息科技有限公司
67		瑞恩易创园	湖州睿恩科技服务有限公司
68		梦慧谷众创空间	湖州红柳投资管理有限公司
69		泗安西湖众创空间	长兴泗安西湖科创园发展有限公司
70		UNI 科创森林	浙江联结器商业运营管理有限公司
71		南太湖艾友汇众创空间	长兴艾易网络科技股份有限公司

续表

序号	地区	众创空间名称	依托机构名称
72	湖州市	和平众创空间	长兴永能建设发展有限公司
73		菁智园	长兴鑫能建设开发有限公司
74		安吉县残疾人电子商务创业服务中心	安吉道远职业技能培训学校
75		经略新创	德清经略万创网络科技有限公司
76		朴器·AI 众创	德清朴德智能科技有限公司
77		华夏联合(雷甸)创客邦	湖州博济堂火种孵化管理有限公司
78		德清县电商创客空间	德清县电子商务协会
79		聚创孵化园	浙江德清聚创孵化园有限公司
80	绍兴市	玖盟众创	浙江玖盟商务服务有限公司
81		绍兴群贤 198 众创空间	绍兴群贤一九八文化发展有限公司
82		工科·众创空间	绍兴市工业科学设计研究院有限公司
83		越客创业社区	杭州彩虹物业管理有限公司绍兴分公司
84		百酷时尚产业园众创空间	浙江百酷服饰有限公司
85		华汇 HUI 空间	华汇工程设计集团股份有限公司
86		绍大青创空间	绍兴文理学院
87		801 创意智谷众创空间	浙江绍兴彤尔尚居家空间有限公司
88		农商众创空间	浙江农业商贸职业学院
89		天丝时尚众创空间	浙江天丝时尚企业管理有限公司
90		新媒部落	绍兴新媒部落传媒有限公司
91		时尚@家众创空间	绍兴市柯桥区纺织工业设计管理服务有限公司
92		绍兴聚势电子商务产业园	绍兴聚势电子商务有限公司
93		中科德商科技创新众创空间	浙江中科德商科技发展股份有限公司
94		蓝色良仓众创空间	绍兴良仓商贸有限公司
95		e 聚众创空间	绍兴市上虞区特色小镇投资建设有限公司
96		上虞驿淘众创空间	绍兴幸韵电子商务有限公司
97		绍兴云创未来加速空间	绍兴铸人为乐人力资源有限公司
98		大集众创空间	绍兴大集企业管理咨询有限公司

续表

序号	地区	众创空间名称	依托机构名称
99	绍兴市	山下湖珍珠众创空间	诸暨华东国际珠宝城有限公司
100		幼发拉底众创空间	诸暨幼发拉底投资管理有限公司
101		联合农创众创空间	诸暨星络网络科技有限公司
102		越创空间	嵊州市职业教育中心
103		木客空间	嵊州市湖头木雕城有限公司
104		繁森众创空间	浙江优森软件股份有限公司
105		云星创客空间	新昌县技工学校
106		浙江理工大学新昌技术创新众创空间	新昌浙江理工大学技术创新研究院有限公司
107		新昌县科技服务中心众创空间	新昌县工业区发展有限公司
108	金华市	金华职业技术学院丽泽空间	金华职业技术学院
109		启迪众创(东阳)	东阳市启迪之星孵化器有限公司
110		上海财经大学浙江学院众创空间	上海财经大学浙江学院
111	台州市	左拎右送众创空间	台州市左拎右送网络科技有限公司
112		台州先锋创客空间	台州聚智众创企业服务有限公司
113		ID 蜂巢社区众创	台州火花商务服务有限公司
114		台州青年创客空间	台州市椒江区青年服务中心
115		台州乔恩特众创空间	浙江乔恩特工业产品设计有限公司
116		梦想+青年众创空间	温岭市青年企业家协会
117		天台青年创新创业·苗圃工场	天台纳车品网络科技有限公司
118	丽水市	企家众创空间	浙江企家信息科技有限公司
119		青瓷创客园	浙江省龙泉市东盛标准厂房经营管理有限公司
120		网智信息电商园	龙泉市网智信息技术有限公司

2020 年度省级众创空间名单

序号	地区	众创空间名称	依托机构名称
1	杭州市	海归驿站	杭州海湃创业服务有限公司
2		创客海投	杭州创客建银企业管理咨询有限公司
3		智汇社众创空间	浙江润蓝企业管理咨询有限公司
4		康臣众创空间	杭州康臣创业服务有限公司
5		艺创零距离创客营	跨域(杭州)科技有限公司
6		一源极客众创空间	杭州蒜泥企业管理有限公司
7		聚盈空间	杭州明立网络科技有限公司
8		譬道众创空间	杭州譬道文化创意有限公司
9		亿脉通创业实验室	杭州亿脉通科技有限公司
10		墨西哥中国中心	浙江墨可科技发展有限公司
11		niHUB 众创空间	杭州你创网络科技有限责任公司
12		招商创库·杭州	杭州信雅达置业有限公司
13		WE+酷窝双城国际空间	杭州帷迦科技有限公司
14		LinBox 滨江创客营	杭州拎包客资产管理有限公司
15		云创星工场	杭州云台科技有限公司
16		达搏客(滨江)创新中心	杭州赛氪科技有限公司
17		十方良仓	杭州十方良仓科技有限公司
18		0 到 1 空间	杭州翊成创服科技有限公司
19		聚翼空间	杭州聚翼科技有限公司
20		极盒 IP 孵化中心	杭州极会投资有限公司
21		杭州网易联合创新中心	杭州创工场科技有限公司
22		阿里云创新中心(杭州萧山)	杭州良橙创客商务服务有限公司
23		梦想 E 商新零售孵化器	杭州侨嘉投资管理有限公司
24		仓远·创新中心	杭州仓远科技有限公司
25		东冠空间	杭州东冠创业管理有限公司
26		紫金港创客空间	杭州紫丰创业服务有限公司
27		蚊子会众创空间	杭州蚊子会创业服务有限公司
28		菁创汇	杭州万骏企业管理有限公司

续表

序号	地区	众创空间名称	依托机构名称
29	杭州市	南方梦立方	浙江南方梦科技有限公司
30		I·STAR 众创空间	杭州创客星企业管理有限公司
31		优斯众创空间	杭州优斯创业服务有限公司
32		如是空间	杭州烈豹科技有限责任公司
33		巢生杭州创新平台	杭州巢生科技管理有限公司
34		安厨众创空间	杭州安厨实业有限公司
35		春江渡口—聚邦智创	桐庐聚邦科技有限公司
36		云巢智慧联合办公	杭州云巢智慧科技有限公司
37	宁波市	江北创新设计中心	宁波甬尚创新企业服务有限公司
38		环宸永星众创空间	宁波环宸永星创业孵化器有限公司
39	温州市	厘米空间	浙江厘米科技有限公司
40		云共享创咖空间	温州创硕创业投资有限公司
41		阿里巴巴创新中心	温州良仓投资管理有限公司
42		温州浙南科技城大学生创业基地（知行派空间）	温州知行派企业管理有限公司
43		两只猴子创客空间	泰顺县两只猴子电子商务有限公司
44		平阳云创空间	温州西约文化发展有限公司
45	嘉兴市	嘉兴国际游戏 &VR 产业园	浙江星芒科技信息咨询有限公司
46		海盐 168·创业小镇	嘉兴引领汇电商园管理有限公司
47		微果小镇	嘉善微果农村电子商务园区有限公司
48		阿里达人数字空间	嘉兴快贷客网络科技有限公司
49	湖州市	吴兴跨境电商众创空间	湖州育星网络技术有限公司
50		月河一号众创空间	湖州双创产业发展有限公司
51		佳和众创智慧园	湖州佳成文化创意园有限公司
52		童装趋势联盟众创空间	湖州织创文化创意有限公司
53		南太湖众创空间	湖州市南浔新城投资发展公司
54		盘古众创空间	浙江湖州阿牛企业管理服务有限公司
55		万联创新服务众创空间	湖州万联科技服务有限公司
56		德联众创空间	湖州德联企业管理有限公司

续表

序号	地区	众创空间名称	依托机构名称
57	湖州市	智车空间	湖州喆大科技服务有限公司
58		创族森林众创空间	湖州网新睿研投资管理有限公司
59		戎创空间	戎创共赢(长兴)企业管理有限公司
60		奥利尔水家电众创空间	长兴奥兴企业管理有限公司
61		长兴银杏叶产业园	长兴开拓置业有限公司
62		布合市宜众创空间	长兴恒烨贸易有限公司
63		夹浦轻创园(电商孵化中心)	长兴轻创信息科技有限公司
64		长兴多木创业谷	浙江森富置业有限公司
65		信天翁跨境电商众创空间	湖州信天翁跨境电商园区管理有限公司
66		杭州电子科技大学安吉智能制造技术研究院众创空间	杭州电子科技大学安吉智能制造技术研究院有限公司
67		安吉碧门村电商众创空间	安吉碧门村电商协会
68		豌豆荚工坊	安吉创客工坊人力资源有限公司
69		清竹文创谷	德清兜来网络科技有限公司
70		空天云创	德清中科卫星应用科技有限公司
71		海英众创空间	湖州海龟谷孵化管理有限公司
72	绍兴市	启迪众创工社	绍兴启迪凤凰庄科技发展有限公司
73		绍兴通纺云跨境电商众创空间	绍兴通纺云电子商务有限公司
74		布码头众创空间	绍兴布码头展览服务有限公司
75		蒲公英电商服务中心	绍兴市迪聪网络科技股份有限公司
76		天恩太阳能创业空间	浙江天恩太阳能科技有限公司
77		女创空间	绍兴双贝生物科技有限公司
78		ACME 众创空间	诸暨市艾克米科技孵化器有限公司
79		诸暨奇创众创空间	浙江诸暨奇创电子科技有限公司
80		造否文化	诸暨造否文化创意有限公司
81		巴普特·新星众创	北京巴普特信息科技有限公司嵊州运营中心
82		e 游良仓众创空间	绍兴市良仓乐客投资管理有限公司
83		武汉理工大学绍兴高等研究院众创空间	绍兴市上虞区理工高等研究院
84		中国计量大学上虞高等研究院量新众创空间	中国计量大学上虞高等研究院有限公司
85		杭州电子科技大学上虞科学与工程研究院众创空间	杭州电子科技大学上虞科学与工程研究院有限公司

续表

序号	地区	众创空间名称	依托机构名称
86	金华市	浙师众创空间	浙江师范大学
87		菁英汇众创空间	浙江菁英创业服务有限公司
88		义乌工商职业技术学院创业园青创空间	义乌工商职业技术学院
89		永康五金众创空间	永康市新创科技有限公司
90		东阳国际汽车城创业园	东阳市中汽市场管理有限公司
91	衢州市	衢州学院大学生创业孵化园	衢州学院
92	舟山市	浙江海洋大学大学生众创空间	浙江海洋大学
93		舟山陆港电子商务产业园区	舟山陆港物流有限公司
94		舟山市定海海洋文创园	舟山市定海区海洋科技产业园管理中心
95	台州市	台州学院大学生创业园	台州学院
96		ID 蜂巢社区众创(现代天地)	台州市云翼科技服务有限公司
97		商商创梦空间	浙江路桥中国日用品商城股份有限公司
98		思想者众创空间	台州市路桥概帮文化艺术有限公司
99		台州市黄岩模塑设计众创空间	台州市黄岩模塑工业设计有限公司
100		光华创新空间	临海市光华科技创新服务中心
101		工联工量刃具众创空间	温岭工联工量刃具科技服务有限公司
102		汇富春天众创空间	浙江汇富春天电商产业园有限公司
103		三门青年创业工坊	台州和沃文化传播有限公司
104		玉环跨界自造融创园	玉环跨界文化发展股份有限公司
105		亿工场众创空间	浙江亿工场电子科技产业有限公司
106	丽水市	浙江浙南茶叶市场电子商务中心	浙江浙南茶叶市场有限公司
107		联动电商众创园	浙江顺联网络科技有限公司
108		丽水市缙云跨境电商园众创空间	缙云澜蓝汇网络科技有限公司
109		云策创业小院	遂昌云策电子商务有限公司
110		庆元电商创业园众创空间	庆元县澜蓝汇电子商务有限公司

2021 年度省级众创空间名单

序号	地区	众创空间名称	依托机构名称
1	杭州市	领航众创空间	领航众创(杭州)企业管理有限公司
2		国际医疗创新中心	杭州锐谷医疗技术有限公司
3		硬功馆云栖众创空间	杭州硬功馆科技有限公司
4		MIRACLE 众创空间	杭州秘珞克科技有限公司
5		H2 中瑞智慧医疗创新中心	跨域(杭州)科技有限公司
6		杭州智慧物联创新中心	杭州蒜泥企业管理有限公司
7		LinBox 中太创业空间	杭州借势科技有限公司
8		Phenix Lab	杭州悦桐科技有限公司
9		Will space 联合办公	杭州弗莱德科技有限公司
10		沃客 Plus 众创空间	杭州河合科技有限公司
11		杭州文创产业创新基地	杭州喜牛文化有限公司
12		筑谷寺众创空间	浙江华媒智谷商业运营管理有限公司
13		中禄众创空间	杭州有序创业服务有限公司
14		朴器工坊	杭州朴器科技有限公司
15		至界 20 空间	浙江好策才智信息技术开发有限公司
16		梦栖智立方众创空间	杭州梦栖智立方企业管理有限公司
17		汇梦良渚众创空间	杭州恒意企业管理有限公司
18		春江潮	杭州春江创新研究院有限公司
19		厘米·慧创	杭州厘想文化传媒有限公司
20		富创未来	杭州富阳富创大数据产业创新研究院有限公司
21		桐庐平悦快牛科创园	杭州平悦科技有限公司
22		大禹众创空间	杭州创巢创业服务有限公司
23		高盟科创空间	浙江高盟科技创新服务中心
24	宁波市	鄞州青柠檬众创空间	宁波慧东教育科技有限公司
25		优创工场	宁波中正控股有限公司
26		“51 创”众创空间	宁波卫生职业技术学院
27		云创产业园众创空间	宁波集星云创商业管理有限公司
28		前洋·智能经济创业园	宁波聚元石信孵化器有限公司
29		前洋恒凯创新工场(Homekey)	浙江恒凯控股有限公司
30		萌恒数字经济众创空间	宁波宏睿企业管理有限公司
31		37°湾—象山科创中心	宁波涌象创业园管理服务有限公司
32		海卫智巢	宁波睿研科技服务有限公司

续表

序号	地区	众创空间名称	依托机构名称
33	温州市	576 众创空间	温州丝绸之路文化艺术有限公司
34		未来巢	浙江恒沃文化创意开发有限公司
35		镜·界众创空间	温州亿家网络管理有限公司
36		华亭众创空间	浙江安防职业技术学院
37		娅莱娅众创空间	温州娅莱娅众创空间管理有限公司
38		超神云创众创空间	温州超神互动网络科技有限公司
39	湖州市	悦米众创空间	君越企业管理咨询(湖州)有限公司
40		哈工大机器人湖州众创空间	哈工大机器人集团(湖州)有限公司
41		慧兰众创空间	浙江慧兰服饰有限公司
42		恒达众创空间	湖州贤阳科技服务有限公司
43		浔之梦电商众创	非你莫属(湖州)人力资源开发有限公司
44		浙工大(湖州)创业梦工场	湖州工享创梦工场科技服务有限公司
45		集采优选众创空间	浙江集采优选信息科技有限公司
46		红魔方艺创园	浙江红魔方服饰有限公司
47		双创金融谷	湖州嗨投企业管理咨询有限公司
48		德清天适力承新创空间	德清天适力承孵化管理有限公司
49		聚米众创空间	长兴致诚物业管理有限公司
50		嗨淘城	长兴县龙山职业技能培训学校
51		翼直播众创空间	浙江抖翼信息科技有限公司
52		杭垓镇电商创业孵化基地	安吉县杭垓镇电商联盟会
53		大地之光文化产业园	浙江大埊之兗文化发展有限公司
54	绍兴市	佰度众创空间	绍兴佰度物业管理有限公司
55		海智汇众创空间	绍兴楼友会人力资源服务有限公司
56		翘楚众创空间	浙江翘楚文化传媒有限公司
57		搏亚众创空间	浙江搏亚信息技术有限公司
58		上虞跨境电子商务众创空间	绍兴毕方数字科技有限公司
59		e 游宇石众创空间	浙江宇石网络科技有限公司
60		上视文创园	浙江上视企业管理有限公司
61		童装城电子商务众创空间	绍兴上虞汤浦童装城开发有限公司
62		江边 21 众创空间	浙江依游企业管理服务有限公司
63		璜山翠溪众创空间	浙江新普投资管理有限公司
64		启迪之星(诸暨)众创空间	启迪之星(诸暨)科技企业孵化器有限公司
65		嵊创汇—青创空间	嵊创汇(嵊州)科技有限公司
66		蜜蜂创客营	浙江都绅领带服装有限公司

续表

序号	地区	众创空间名称	依托机构名称
67	金华市	金华良客工场众创空间	金华良客工场企业管理有限公司
68		浙江交通技师学院众创空间	浙江交通技师学院
69		金华杰算众创空间	金华杰算商务秘书有限公司
70		青桃创客空间	金华市双翼网络科技有限公司
71		快服园	浙江快服集团有限公司
72		信息工程学院 IT 智慧谷	金职云信息技术(金华)有限公司
73		兰溪小城故事电商产业园省级众创空间	兰溪市双欣工贸有限公司
74		兰溪市 OFC 创业园	兰溪市锦新投资管理有限公司
75		东阳浙兴电商众创空间	东阳市浙兴商业运营管理有限公司
76		浙江广厦建设职业技术大学学生创业园	浙江广厦建设职业技术大学
77		东阳红晟众创空间	东阳红晟文化发展有限公司
78		浙江工业大学义乌研究院众创空间	浙江工业大学义乌科学技术研究院有限公司
79		KunLong 众创空间	义乌市昆隆电商产业园运营管理有限公司
80		义乌启迪创梦众创空间	义乌汇启企业管理咨询有限公司
81		永康市星月高新创业园	星月集团有限公司
82		永康市健康医疗器械众创空间	永康国科康复工程技术有限公司
83		廿玖间里众创空间	浦江茜溪旅游产业开发有限公司
84		东来众创园	武义县壶山汽车配件有限公司
85		武义县泉溪电子商务园	浙江百润厨房用品有限公司
86	衢州市	衢州职业技术学院大学生创业园	衢州职业技术学院
87		衢江区农产品电子商务信息中心	浙江衢州新农都实业有限公司
88		江山市工业设计基地众创空间	江山云作工业设计管理有限公司
89		龙商智慧城众创空间	龙游申通实业有限公司
90	舟山市	舟山远洋渔业服务众创空间	舟山国家远洋渔业基地科技发展有限公司
91		舟山市普陀退役军人创业园	舟山市普陀退役军人创业园服务中心

续表

序号	地区	众创空间名称	依托机构名称
92	台州市	神灯众创	浙江神灯教育咨询有限公司
93		光电众创空间	浙江光谱孵化器有限公司
94		ID 蜂巢青年共创	三门县青火科技有限公司
95		和 WO 众创	三门山盟印文化传媒有限公司
96		云谷众创空间	浙江云动力电子商务股份有限公司
97	丽水市	青田石雕小镇众创空间	青田县鹤金山海投资开发有限公司

附录3　创业企业视角下众创空间创业生态系统调查问卷

尊敬的先生/女士

您好!

众创空间的建设发展与各位创业者息息相关，为了能更好地了解各位眼中众创空间创业生态系统的构成和运行情况，从而提出有针对性的对策建议，使得众创空间更好地为创业企业提供服务。我们诚挚地邀请您花费10分钟左右的时间参与本次调查，我们郑重承诺本调查完全匿名，所获数据仅用于科学研究活动，请您协助填写。对您的合作和支持，我们表示衷心的感谢!

一、您的基本信息及企业发展情况

1. 您的性别：(　　)

①男　　②女

2. 您的年龄：(　　)

①19岁以下　　②20~29岁　　③30~39岁　　④40岁以上

3. 您的受教育程度：(　　)

①高中及以下　　②大专　　③本科　　④硕士

⑤博士　　⑥在校本专科生　　⑦在校硕博士生

4. 贵企业所属领域(　　)

①信息经济　　②节能环保　　③健康　　④旅游

⑤时尚　　⑥金融　　⑦高端装备制造　　⑧文化产业

⑨其他行业________________

5. 贵企业所处发展阶段(　　)

①初创期　　②成长期　　③成熟稳定期

④高速发展期　　⑤衰退期

6. 贵企业融资情况(如有下列融资情况请作答)(　　　　)

①无融资　　②一轮融资　　③二轮融资

④三轮融资及以上　　⑤已上市

二、众创空间创业生态系统各要素重要程度评分

在您的创业过程中，请您对以下要素在众创空间中的重要性进行排序：(5. 表示在您心目中特别重要，4、3、2、1 表示重要程度依次递减，请您先对人力资源生态圈、金融生态圈、政策环境生态圈、产业生态圈、服务生态圈各具体要素进行排序，然后对五大生态圈的重要程度进行排序，每个要素对应的数值只能选择一次)

创业生态系统要素		重要程度(5、4、3、2、1)
人力资源(创新)生态圈	高等院校	
	科研院所	
	劳动力市场	
	猎头公司	
	行业组织	
金融生态圈	银行	
	互联网金融(如微众银行)	
	政府扶持资金	
	风险投资机构(人)	
	民间资本	
政策环境生态圈	创业扶持政策	
	税收政策	
	金融信贷政策	
	人才政策	
	科技政策	

续表

创业生态系统要素		重要程度(5、4、3、2、1)
产业生态圈	市场需求	
	龙头企业	
	上下游配套企业	
	行业协会(商会)	
	孵化器、加速器	
服务生态圈	众创空间运营机构	
	生活配套与社交平台	
	政府(政策、金融)咨询服务机构	
	第三方服务机构	
	电商(物流)平台	
五大生态圈	政策环境生态圈	
	金融生态圈	
	产业生态圈	
	人力资源(创新)生态圈	
	服务生态圈	

三、众创空间创业生态系统各要素满意程度评价

在您的创业过程中，请您对以下每个要素的满意度进行评价：(请在符合您实际情况的方框里打“✓”)

创业生态系统要素		满意程度				
		非常满意	比较满意	一般	比较不满意	非常不满意
人力资源生态圈(对各单位、组织提供的人才、技术创新等情况的评价)	高等院校					
	科研院所					
	劳动力市场					
	猎头公司					
	行业组织					

续表

创业生态系统要素		满意程度				
		非常满意	比较满意	一般	比较不满意	非常不满意
金融生态圈（对各机构以及民间资本提供资金支持情况的评价）	银行					
	互联网金融（如微众银行）					
	政府扶持资金					
	风险投资机构（人）					
	民间资本					
政策环境生态圈（对各级各类政策及执行情况的评价）	创业扶持政策					
	税收政策					
	金融信贷政策					
	人才政策					
	科技政策					
产业生态圈（对产业链各要素支持情况的评价）	市场需求					
	龙头企业					
	上下游配套企业					
	行业协会（商会）					
	孵化器、加速器					
服务生态圈（对各类服务要素支持情况的评价）	众创空间运营机构					
	生活配套与社交平台					
	政府（政策、金融）咨询服务机构					
	第三方服务机构					
	电商（物流）平台					

四、众创空间创业生态系统各要素不满意的原因调查

在您的创业过程中，请您对以下每个要素中不满意的原因进行选择（请在符合您实际情况的方框里打“✓”）

创业生态系统要素	不满意的原因(可多选，最多不超过4项)	
人力资源要素(对各单位、组织提供的人才、技术创新等情况的评价)	高校培养的人才与市场脱节，创新创业人才培养不足	
	高等院校、科研院所与创业企业缺乏深度融合	
	高等院校、科研院所技术成果转化难	
	通过劳动力市场、社会招聘难找到企业所需、性价比合适的人才	
	专业型管理人才缺乏	
	猎头公司难找到与企业需求相匹配的人才	
	行业组织人才输送、流动难	
	其他	
金融生态要素(对各机构以及民间资本提供资金支持情况的评价)	融资渠道狭窄，融资门槛高	
	没有抵押和担保，向银行、金融机构融资难	
	互联网金融机构融资成本高	
	政府创业扶持资金申请程序繁琐、获批难	
	天使基金、风险投资获取渠道不足、周期长	
	民间资本进行创业投资的运作保障机制尚未健全	
	其他	
政策环境要素(对各级各类政策及执行情况的评价)	政策门槛过高、执行部门众多	
	创业扶持政策落地难	
	财税减免政策宣传不到位	
	金融信贷政策执行不到位	
	人才配套政策不完善	
	高端人才激励政策波动大，人才流动性大	
	各地区科技政策不均衡，补助金额差异较大，人才队伍不稳定	
	其他	

续表

创业生态系统要素	不满意的原因(可多选，最多不超过4项)	
产业生态圈 (对各产业要素支持情况的评价)	市场需求不旺盛	
	缺乏龙头企业的引领	
	上下游企业融合不够，未能形成产业链配套	
	行业协会(商会)资源对接不足，协同作用不明显	
	孵化器(加速器)体量不足，专业化程度不高	
	其他	
服务生态圈 (对各类服务要素支持情况的评价)	众创空间运营机构管理服务不到位	
	生活配套服务与社交网络不能满足创业者需求	
	政策宣传与咨询服务不到位	
	缺乏第三方服务机构	
	第三方机构不够专业，服务面覆盖不够广	
	电商(物流)平台不能完全满足企业需求	
	其他	

附录 4　浙江省关于众创空间的相关政策文件

序号	文 件 名 称	发文号
1	浙江省人民政府办公厅关于加快发展众创空间促进创业创新的实施意见	浙政办发〔2015〕79 号
2	浙江省人民政府办公厅关于进一步推进企业技术改造和加快发展众创空间促进创业创新实施意见的通知	浙交办〔2015〕159 号
3	浙江省科学技术厅关于印发《浙江省众创空间管理与评价试行办法》的通知	浙科发高〔2015〕193 号(废止)
4	《浙江省人民政府关于强化实施创新驱动发展战略深入推进大众创业万众创新的实施意见》	浙政办发〔2018〕31 号
5	浙江省人民政府关于推动创新创业高质量发展打造“双创”升级版的实施意见	浙政发〔2019〕9 号
6	浙江省人民政府办公厅关于印发浙江省科技企业“双倍增”行动计划(2021—2025 年)的通知	浙政办发〔2021〕1 号
7	浙江省人民政府办公厅关于加强技术创新中心体系建设的实施意见	浙政办发〔2021〕12 号
8	浙江省人民政府关于加快促进高新技术产业开发区(园区)高质量发展的实施意见	浙政发〔2021〕16 号
9	《浙江省科技企业孵化器管理办法》和《浙江省众创空间备案管理办法》	浙科发高〔2021〕24 号
10	浙江省科学技术厅等 7 部门印发《关于推动创新链产业链融合发展的若干意见》的通知	浙科发高〔2022〕16 号

参考文献

1. 中文文献

[1]赵中建．创新引领世界——美国创新和竞争力战略[M]．上海：华东大学出版社，2007.

[2]国家行政学院经济学教研部．中国经济新方位[M]．北京：人民出版社，2017.

[3]夏春阳，戴力新，孙启新．科技创业实践指南　创业百问[M]．南京：东南大学出版社，2015

[4]陶秋燕，何勤主编；李立威，等编著．互联网+小微企业成长研究[M]．北京：中国经济出版社，2019.

[5]张伟良，刘长虹，胡吕平．众创空间广东模式[M]．北京：光明日报出版社，2017.

[6]王庆金，周键作．众创空间生态系统演化及治理研究[M]．北京：中国社会科学出版社，2022.

[7]陈青松，任兵，通振远，宁婧．特色小镇实操指南 策划要点 运营实务 落地案例[M]．北京：中国市场出版社，2018.

[8]唐炎钊，等．科技创业孵化生态系统理论与实践探究[M]．厦门：厦门大学出版社，2020.

[9]杨向荣，沈文青．大学生创业教程[M]．北京：冶金工业出版社，2011.

[10]景俊海，靳辉，等．科技企业成长与企业孵化器[M]．西安：西北工业大学出版社，1998.
[11]叶托，周婷，吕杰．政府购买公共科技服务研究——基于中国经验的分析[M]．广州：华南理工大学出版社，2017.
[12]马永霞，等．高校筹资多元化研究[M]．北京：北京理工大学出版社，2013.
[13]颜永才．产业集群创新生态系统的构建及其治理研究[M]．北京：新华出版社，2015.
[14]唐炎钊，等．科技创业孵化生态系统理论与实践探究[M]．厦门：厦门大学出版社，2020.
[15]黄佳佳，陈小慧，宋滔，卢彦君．“互联网+”下的信息、系统、平台与创新[M]．上海：同济大学出版社，2018.
[16]刘根节．开放式创新多视角研究[M]．合肥：中国科学技术大学出版社，2017.
[17]中华人民共和国科学技术部．国家创新型城市创新能力监测报告2019[M]．北京：科学技术文献出版社，2019.
[18]王继民．Web用户查询日志挖掘与应用[M]．北京：知识产权出版社，2014.
[19]张伟良，刘长虹，胡吕平．众创空间广东模式[M]．北京：光明日报出版社，2017.
[20]毛大庆．中国众创空间行业发展蓝皮书——中国众创空间的现状和未来[M]．杭州：浙江人民出版社，2016.
[21]黄育华．中国特色小镇发展报告(2018—2019)：中国特色小镇竞争力评价[M]．北京：社会科学文献出版社，2020.
[22]长城企业战略研究所．孵育未来：孵化器发展与创新研究[M]．南宁：广西人民出版社，2002.
[23]孙久国．质量人工作手册：从华为质量工程师到海信质量副总的质量之路[M]．青岛：中国海洋大学出版社，2019.

[24]宋文官. 电子商务概论(第3版)[M]. 北京：清华大学出版社，2012.

[25]应天煜. 筑梦成镇[M]. 杭州：浙江大学出版社，2021.

[26]乔宝刚. 初创企业创业者素质冰山模型的构建与应用[M]. 青岛：中国海洋大学出版社，2017.

[27]陈夙，项丽瑶，俞荣建. 众创空间创业生态系统：特征、结构、机制与策略——以杭州梦想小镇为例[J]. 商业经济与管理，2015(11)：35-43.

[28]贾天明，雷良海. 众创空间的内涵、类型及盈利模式研究[J]. 当代经济管理，2017，39(6)：13-18.

[29]董国栋."三足鼎立"：中国众创空间观察[J]. 杭州科技，2015(3)：49-52.

[30]戴春，倪良新. 基于创业生态系统的众创空间构成与发展路径研究[J]. 长春理工大学学报(社会科学版)，2015，28(12)：77-80.

[31]向武，黄成兵. 众创空间创业生态系统要素研究[J]. 河南教育(高教)，2018，157(5)：102-105.

[32]卫龙宝，史新杰. 浙江特色小镇建设的若干思考与建议[J]. 浙江社会科学，2016，235(3)：28-32.

[33]叶慧，宦建新. 浙江"众创空间"为何活跃[J]. 今日浙江，2015(5)：44-45.

[34]王佑镁，叶爱敏. 从创客空间到众创空间：基于创新2.0的功能模型与服务路径[J]. 电化教育研究，2015，36(11)：5-12.

[35]曾建勋. 从创客空间到众创空间[J]. 数字图书馆论坛，2015(6)：1.

[36]李威. 美国企业孵化器发展的成功经验与启示[J]. 石河子科技，2012，204(4)：12-14.

[37]贾天明，雷良海，王茂南. 众创空间生态系统：内涵、特点、结构及运行机制[J]. 科技管理研究，2017，37(11)：8-14.

[38]锁箭，张霓. 基于共享经济视角的众创空间生态系统构建研究[J]. 当代经济管理，2018，40(12)：12-21.

[39]王丽平，刘小龙．价值共创视角下众创空间“四众”融合的特征与运行机制研究[J]．中国科技论坛，2017(3)：109-116.

[40]胡海波，卢海涛，王节祥，等．众创空间价值共创的实现机制：平台视角的案例研究[J]．管理评论，2020，32(9)：323-336.

[41]胡海波，卢海涛，毛纯兵．开放式创新视角下众创空间创意获取及转化：心客案例[J]．科技进步与对策，2019，36(2)：10-19.

[42]高良谋，马文甲．开放式创新：内涵、框架与中国情境[J]．管理世界，2014，249(6)：157-169.

[43]张洁，安立仁，张宸璐．开放式创新环境下创业企业商业模式的构建与形成研究[J]．中国科技论坛，2013，210(10)：81-86.

[44]郭海，王超，黄冉．开放式创新对数字创业企业绩效的影响研究[J]．管理学报，2022，19(7)：1038-1045.

[45]徐思彦，李正风．公众参与创新的社会网络：创客运动与创客空间[J]．科学学研究，2014，32 (12)：1789-1796.

[46]2017年十大民生热词发布：老幼受关注 安居成焦点[J]．新闻知识，2018，403(1)：73.

[47]贾天明，雷良海，王茂南．众创空间生态系统：内涵、特点、结构及运行机制[J]．科技管理研究，2017，37(11)：8-14.

[48]魏亚平，潘玉香．高校“众创空间”创业生态系统内涵与运行机制[J]．科技创新导报，2017，14(2)：234-237.

[49]众创空间研究课题组．众创空间的“前世今生”[J]．科技智囊，2017 (11)：62-79.

[50]李燕萍，陈武．中国众创空间研究现状与展望[J]．中国科技论坛，2017 (5)：12-18，56.

[51]陈夙，项丽瑶，俞荣建．众创空间创业生态系统：特征、结构、机制与策略——以杭州梦想小镇为例[J]．商业经济与管理，2015 (11)：35-43.

[52]向永胜，古家军．基于创业生态系统的新型众创空间构筑研究[J].

科技进步与对策，2017，34（22）：20-24.
[53]赵黎明，张涵．基于Lotka-Volterra模型的科技企业孵化器与创投种群关系研究[J]．软科学，2015，29(2)：136-139，144.
[54]戴亦舒，叶丽莎，董小英．创新生态系统的价值共创机制——基于腾讯众创空间的案例研究[J]．研究与发展管理，2018，30(4)：24-36.
[55]张玉利，白峰．基于耗散理论的众创空间演进与优化研究[J]．科学学与科学技术管理，2017，38（1）：22-29.
[56]崔祥民，田剑．众创空间利益相关者协同度研究[J]．科技进步与对策，2018，35(5)：134-139.
[57]赖晓南．中关村核心区创业生态系统的发展现状[J]．高科技与产业化，2015(8)：98-100.
[58]向美来．一流大学创新创业生态系统构建与启示——以佐治亚理工学院为例[J]．职业技术教育，2020，41(21)：68-73.
[59]卢凤君，金琰，李志军，赵淑红．基于创业生态系统理论的“星创天地”的运行模式与演化研究[J]．农业科技管理，2017，36(5)：50-52，70.
[60]杨琳，屈晓东．众创空间研究综述：内涵解析、理论诠释与发展策略[J]．西安财经学院学报，2019，32(3)：121-128.
[61]王节祥，田丰，盛亚．众创空间平台定位及其发展策略演进逻辑研究——以阿里百川为例[J]．科技进步与对策，2016，33(11)：1-6.
[62]杨艳娟，应向伟，叶灵杰．众创空间生态体系：理论检视、系统建构与发展策略——以浙江省为研究视域[J]．科技通报，2017，33(1)：254-258.
[63]王亚煦．粤港澳大湾区建设背景下高校众创空间的发展策略研究[J]．科技管理研究，2019，39(24)：72-77.
[64]陈通，乔云雁，王双明．基于生态位理论的龙头骨干企业专业化众创空间发展策略研究[J]．科技管理研究，2020，40(13)：234-239.
[65]李国才，潘敏．天津市专业化众创空间发展现状及对策研究[J]．天

津科技，2022，49(6)：20-23.
[66]薛俊义，战炤磊．双循环新发展格局下众创空间高质量可持续发展的动因与路径[J]．学术论坛，2021，44(2)：84-92.
[67]刘艺．孵化器、众创空间与高职院校创新创业教育生态系统研究[J]．工业技术与职业教育，2020，18(3)：65-67.
[68]李红莎．“双创”背景下的高职院校创新创业教育研究[J]．商丘职业技术学院学报，2021，20(4)：52-55.
[69]陈延良．系统论下基于创客空间加强大学生创新创业教育的对策研究[J]．学校党建与思想教育，2018(16)：55-57.
[70]汪红梅，焦爽．北美高校创新创业教育对我国的启示——以斯坦福大学、马里兰大学和瑞尔森大学为例[J]．高教论坛，2017(10)：112-117.
[71]易伟松，向美来．世界一流大学创新创业教育透视与启示——以麦克马斯特大学为例[J]．创新与创业教育，2019，10(5)：123-127.
[72]向美来，易伟松．世界一流大学创新创业教育透视与启示——以滑铁卢大学为例[J]．创新与创业教育，2019，10(1)：94-101.
[73]向美来，闫华飞，易伟松．世界一流大学创新创业教育生态系统特征与启示——以加拿大多伦多大学为例[J]．世界教育信息，2021，34(10)：40-46.
[74]谭志，曹红玉．英属哥伦比亚大学创新创业教育生态系统构建及启示[J]．高等理科教育，2020(4)：90-95.
[75]胡玲，李艳杰．中美高校创新创业教育比较研究——基于关键性指标因素视角[J]．黑龙江高教研究，2022，40(4)：75-85.
[76]梁云志，司春林．孵化器的商业模式研究：理论框架与实证分析[J]．研究与发展管理，2010，22(1)：43-51，67.
[77]许慧珍．平台视角下众创空间商业模式研究[J]．商业经济研究，2017(13)：147-150.
[78]李慧清，王颖．高校众创空间的价值主张与运行逻辑分析——基于商

业模式画布框架[J]. 创新与创业教育，2021，12(1)：72-80.
[79]刘睿君，唐璐乔. 商业生态系统视域下众创空间构建策略[J]. 科技与创新，2021(3)：61-64，67.
[80]刘娟，黄玉. 打造杭州城西科创大走廊创新发动机——浙江大学产学研创新生态系统探索[J]. 杭州科技，2017(3)：35-39.
[81]蒋洪新，孙雄辉. 大学科技园视阈下高校科技成果转化路径探索——来自英国剑桥科技园的经验[J]. 现代大学教育，2018(6)：53-57.
[82]许斌. 高校众创空间生态系统运行机制研究[J]. 国际公关，2019(9)：258-259.
[83]项国鹏，周洪仕，罗兴武. 核心企业主导型创业生态系统构成与运行机制：以杭州云栖小镇为例[J]. 科技进步与对策，2019，36(22)：10-19.
[84]陶小龙，黄睿娴. 区域创业生态系统视角下众创空间运行机制研究[J]. 云南大学学报(社会科学版)，2021，20(3)：123-132.
[85]秦笑. 特色小镇产城融合发展路径及其核心竞争力评估模型构建[J]. 江苏商论，2018，408(10)：112-118.
[86]王峰. 高校众创空间创业生态系统运行绩效调查与评价——以重庆三峡学院太阳鸟众创空间为例[J]. 现代交际，2017，465(19)：5-6.
[87]朱思因，杜海东. 初创企业孵化器运营绩效评价的实证研究——创业生态系统视角[J]. 科技管理研究，2020，40(7)：82-87.
[88]陈章旺，黄惠燕. 区域众创空间绩效评价——基于因子分析角度[J]. 科技管理研究，2020，40(2)：73-78.
[89]张继宏，王婷. 创新生态系统视角下众创空间高质量发展评价研究——以山西省为例[J]. 科技和产业，2022，22(11)：45-52.
[90]颜振军，李静，石俊锋，等. 生态位视角下北京市科技企业孵化器发展评价[J]. 中国科技论坛，2022(5)：136-146，166.
[91]赵宣. 杭州众创空间发展探析[J]. 杭州学刊，2017，145(3)：29-41.
[92]段浩，陈颖. 中国创客空间地图与发展模式[J]. 中国工业评论，

2015，7(7)：58-65.

[93]李泽众．“众创空间”发展的浙江路径[J]．浙江经济，2015，570(16)：25-26.

[94]众创空间在中国：模式与案例[J]．国际融资，2015，176(6)：47-51.

[95]俞义，王柏军，范海霞．杭州“众创空间”发展现状研究[J]．杭州科技，2015，213(3)：17-22.

[96]盛世豪，张伟明．特色小镇：一种产业空间组织形式[J]．浙江社会科学，2016，235(3)：36-38.

[97]郁建兴，张蔚文，高翔，等．浙江省特色小镇建设的基本经验与未来[J]．浙江社会科学，2017，250(6)：144.

[98]众创空间在杭州：百家争鸣[J]．杭州科技，2016，217(1)：31-35.

[99]汪群．众创空间创业生态系统的构建[J]．企业经济，2016，434(10)：5-9.

[100]陈夙，项丽瑶，俞荣建．众创空间创业生态系统：特征、结构、机制与策略——以杭州梦想小镇为例[J]．商业经济与管理，2015，289(11)：35-43.

[101]刘芹良，解学芳．创新生态系统理论下众创空间生成机理研究[J]．科技管理研究，2018，38(12)：240-247.

[102]裴蕾，王金杰．众创空间嵌入的多层次创新生态系统：概念模型与创新机制[J]．科技进步与对策，2018，35(6)：1-6.

[103]黄可立．崇左市高职院校众创空间发展情况及问题分析[J]．大众科技，2021，23(6)：151-153.

[104]林毅夫，李永军．中小金融机构发展与中小企业融资[J]．经济研究，2001(1)：10-18，53-93.

[105]许吉振．互联网金融行业风险研究及建议[J]．营销界，2021(26)：68-69.

[106]盛玉雪，蒋承．网络借贷提升大学生创业意愿了吗？——基于全国高校调查的实证分析[J]．华中师范大学学报(人文社会科学版)，

2021，60(3)：161-173.
[107]易晓文．民间资本的集聚对区域经济增长的影响——基于温州的实际经验[J]．江西社会科学，2010，289(12)：76-80.
[108]郭珮茹，张贵．税收政策、制造业转型升级与创新[J]．内蒙古财经大学学报，2021，19(4)：88-90.
[109]吴峰，李银生，聂永川．基于 ESVM 的科技政策文本标签分类研究[J]．河北省科学院学报，2018，35(1)：1-10.
[110]袁政．产业生态圈理论论纲[J]．学术探索，2004(3)：36-37.
[111]邹发伟．市场化是发展众创空间的必然途径[J]．商，2016(5)：70，39.
[112]万娟秀，蒋建平，管庆玲．制造业产业链高质量发展评价指标体系构建初探[J]．中国标准化，2022，612(15)：50-53，71.
[113]张高陵．行业协会商会社会责任研究[J]．社团管理研究，2010，37(10)：17-19.
[114]陈晨．浅谈电子商务在国际贸易中的影响[J]．现代营销(经营版)，2020，326(2)：102.
[115]赵涛，刘文光，边伟军．区域科技创业生态系统的结构模式与功能机制研究[J]．科技管理研究，2011，31(24)：78-82.
[116]汪洋．传媒经理人的自我法律保护[J]．传媒，2012，155(6)：66-68.
[117]魏鲁霞，王哲，陈清华．企业发展与竞争情报[J]．情报杂志，2003(7)：46-49.
[118]唐根丽．乡村创业环境评价指标体系研究[J]．赤峰学院学报(汉文哲学社会科学版)，2013，34(12)：74-75.
[119]黄敏．论企业文化激励功能及实现途径[J]．武汉理工大学学报，2005(8)：113-115.
[120]杨俊宴，曹俊．动·静·显·隐：大数据在城市设计中的四种应用模式[J]．城市规划学刊，2017，236(4)：39-46.

[121]张鹏，李刚，吕立杰．高等教育顾客感知价值[J]．高教发展与评估，2016(6)：62-67.

[122]王文礼．美国高校教育创业人才培养研究[J]．比较教育研究，2022(6)：91-92.

[123]周正柱，周鹃．劳动力市场分割的经济效应：研究综述与展望[J]．劳动经济研究，2022(2)：121.

[124]赵新宇，郑国强．劳动力市场扭曲与创业活动的异质性——基于中国综合社会调查数据的实证研究[J]．江海学刊，2019(5)：93.

[125]张建民，江华．国外行业组织政策参与研究及对我国的启示[J]．南京社会科学，2012(2)：81.

[126]刘根华，胡彦．行业组织参与职业教育的问题及路径研究[J]．高等工程教育研究，2016(4)：147.

[127]王晓莉．试论猎头公司在区域人才竞争中的作用[J]．中国集体经济，2012(19)：121.

[128]高超，蒋为．中小银行、金融结构与居民创业[J]．南开经济研究，2021(3)：17.

[129]张光利，秦丽华，杨长汉，焦敏智．银行分支机构扩张与地区创业行为[J]．中央财经大学学报，2022(10)：22.

[130]翟一擎．大学毕业生借助互联网金融进行创业的思考[J]．中国集体经济，2018(10)：98.

[131]刘敏．“双创”视角下的互联网金融发展及商业实践研究——评《互联网金融创新与创业》[J]．江西财经大学学报，2023(1)：封面二.

[132]赵振宇，王斐俊．解决民间资本参与创业投资瓶颈的对策[J]．经济纵横，2013(12)：53.

[133]盖凯程．引导民间资本融入创新创业[J]．财经科学，2015(12)：6.

[134]文亮，刘炼春，何善．创业政策与创业绩效关系的实证研究[J]．学术论坛，2011(12)：128.

[135]薛志谦．我国青年创业扶持政策的现状、价值及优化[J]．中国青年

研究，2017(2)：86.
[136]郑曙光．论促进中小微企业成长的金融政策支持体系[J]．宁波大学学报(人文科学版)，2012(6)：8-9.
[137]杜跃平，马晶晶．科技创新创业金融政策满意度研究[J]．科技进步与对策，2016(9)：96.
[138]周培岩，杨艳．创业税收政策研究综述[J]．学习与探索，2011(6)：160.
[139]王宝顺．创业、经济增长与税收政策[J]．中南财经政法大学学报，2017(3)：80.
[140]瞿晓理．"大众创业，万众创新"时代背景下我国创新创业人才政策分析[J]．科技管理研究，2016(17)：41.
[141]瞿晓理．"大众创业，万众创新"时代背景下我国创新创业人才政策分析[J]．科技管理研究，2016(17)：45-46.
[142]刘鸿渊，姚娟，彭新艳，刘菁儿．中国科技政策研究的回顾与展望[J]．科学管理研究，2021(6)：18.
[143]李兆友，刘冠男．科技政策对国家高新区创新驱动发展的影响路径——一个定性比较分析[J]．科技进步与对策，2020 (6)：17-18.
[144]豆士婷，刘佳，庞守林．科技政策组合的技术创新协同效应研究——供给侧—需求侧视角[J]．科技进步与对策，2019(22)：124-125.
[145]李春艳，孟维站，徐喆，刘宇佳．对我国1985—2017年科技政策的数量、效力及效果的评价[J]．东北师大学报(哲学社会科学版)，2019(1)：摘要.
[146]段忠贤，詹召芮．科技政策碎片化现象及治理机制[J]．科技管理研究，2018(11)：21.
[147]周怀峰．国内市场需求对技术创新的影响[J]．自然辩证法研究，2008(8)：42.
[148]方忠民，陈治亚．基于信息共享的核心生产企业与上下游企业的协

同分析[J]. 湘潭大学学报(哲社版), 2013(3): 25.
[149]王吉林, 季建华, 刘丽萍. 供应链上下游企业技术创新投入与收益分析[J]. 管理技术, 2008(2): 99.
[150]金明, 钟键能, 黄进良. "龙头企业"、"产业七寸"与产业链培育[J]. 中国工业经济, 2007(1): 54.
[151]金岳, 岳亚静. 行业创新水平是决定龙头企业创新能力的条件吗——基于异质性与中介效应传导机制的检验[J]. 宏观经济研究, 2022(10): 45.
[152]叶振宇, 庄宗武. 产业链龙头企业与本地制造业企业成长: 动力还是阻力[J]. 中国工业经济, 2022(7): 141.
[153]张冉, 楼鑫鑫. 中国行业协会研究热点与展望: 基于知识图谱的分析[J]. 治理研究, 2021(1): 47, 52.
[154]阳毅, 游达明. 产业集群创新中行业协会的构成体系与运行机制[J]. 经济地理, 2012(5): 104.
[155]杨进, 张攀. 加入行业协会能促进企业技术创新吗?——中国民营企业的微观证据[J]. 经济管理, 2021(1): 59.
[156]张炜, 王重鸣. 企业孵化器创业机制的理论研究[J]. 科技进步与对策, 2004(5): 110.
[157]陶秋燕, 孟猛猛, 李鑫伟. 创业导向对在孵企业创新绩效的影响——基于孵化器所有权性质的调节作用[J]. 科技管理研究, 2017(17): 151.
[158]张延平, 冉佳森, 黄敬伟, 郭波武. 专业孵化器主导的创业生态系统价值共创: 基于达安创谷的案例[J]. 南开管理评论, 2022(3): 105.
[159]赵峥, 刘杨, 杨建梁. 中国城市创业孵化能力、孵化效率和空间集聚——基于2016年中国235座地级及以上城市孵化器的分析[J]. 技术经济, 2019(1): 112.
[160]潘涌, 茅宁. 创业加速器研究述评与展望[J]. 外国经济与管理,

2019(1): 30-40.
[161]吴杰，战炤磊，周海生."众创空间"的理论解读与对策思考[J]. 科技管理研究，2016(11): 38-39.
[162]宋卿清，穆荣平. 创新创业：政策分析框架与案例研究[J]. 科研管理，2022(11): 85.
[163]米银俊，许泽浩. 全过程融合　构建创客教育生态系统[J]. 中国高等教育，2016，566(11): 46-48.
[164]白延虎. 行业协会参与高校创业教育探究[J]. 黑龙江科技信息，2017(11): 293-294.
[165]陶言诚. 互联网金融助力小微企业创业孵化不足及对策[J]. 山西农经，2020，278(14): 120-121.
[166]陈金波. 互联网金融支持融资创业策略研究[J]. 产业创新研究，2022，84(7): 97-99.
[167]任变英. 小议政府扶持资金管理及运行的问题与对策分析[J]. 中国管理信息化，2011，14(23): 30-31.
[168]覃丽平. 高新技术产业发展中政府扶持资金运行模式评析[J]. 山西科技，2015，30(2): 12-13，15.
[169]钟春平，魏文江. 创新加速器何以失效？——中国创业投资与创新的关系、成因及建议[J]. 征信，2022，40(7): 6-13.
[170]吉云. 风险投资进入能提升创业型企业的创新绩效吗？[J]. 科学学与科学技术管理，2021，42(5): 32-50.
[171]徐匡迪. 加快我国创业投资体系建设[J]. 中国投资，2002(6): 42-43.
[172]李源潮. 促进人才创业与风险投资有效对接　推动战略性新兴产业加快发展[J]. 中国人才，2011，391(19): 4-5.
[173]方晓红. 新常态背景下我国民间投资发展初探[J]. 中外企业家，2017，576(22): 52-54.
[174]盖凯程. 引导民间资本融入创新创业[J]. 财经科学，2015，333

(12)：5-7.
[175]王振国，徐艳．关于我国小微企业金融支持的问题与对策[J]．中国集体经济，2016，503(27)：84-86.
[176]张九玲，杨东丽．大学毕业生小额创业贷款制度的问题与对策[J]．智富时代，2016，B375(9)：35.
[177]蒙启华．促进科技创新税收政策研究——基于广西统计数据的分析[J]．经济研究参考，2017，2811(35)：6-12.
[178]牟可光，徐志，钱正平，等．对我国创业创新税收优惠政策的探讨[J]．经济研究参考，2017，2785(9)：25-43，59.
[179]李腾飞．当前小微信贷业务的问题与改进路径[J]．上海金融，2019，471(10)：82-87.
[180]曹希敬，袁志彬．新中国成立70年来重要科技政策盘点[J]．科技导报，2019，37(18)：20-30.
[181]袁永，李妃养，张宏丽．基于创新过程的科技创新政策体系研究[J]．科技进步与对策，2017，34(12)：92-98.
[182]王晖，郑宏涛．特色小镇产业生态圈：要素、特征与运行机制[J]．生态经济，2023，39(1)：115-120.
[183]单大明．创新需求——企业生存与发展的源泉[J]．商业研究，1999(1)：7-9.
[184]刘建国．政府和市场参与众创空间创设的生态机制——基于全国52个市级行政区域的证据[J]．华东经济管理，2018，32(7)：55-64.
[185]贾生华，杨菊萍．产业集群演进中龙头企业的带动作用研究综述[J]．产业经济评论，2007，11(1)：129-136.
[186]刘春香．产业集群条件下中小企业的配套协作行为研究——以温州产业集群为例[J]．科技进步与对策，2007，204(8)：71-73.
[187]张超．中小企业为大企业协作配套研究——机制体系的设计与构建[J]．科技管理研究，2015，35(6)：150-155.
[188]陈建国．行业性社会组织推动区域创新发展的作用思考——以中关

村的经验为例[J]. 理论探索，2014，209(5)：81-85.
[189]熊丽君. 创业生态系统视角下众创空间创业环境对新创企业绩效的影响研究[D]. 上海：上海大学，2020.
[190]徐礼佳. 创新主体视角下众创空间发展特征及策略研究[D]. 南京：东南大学，2018.
[191]刘畅. 众创空间的运行模式研究及实证分析[D]. 武汉：湖北大学，2017.
[192]史明纯. 上海市众创空间的发展现状与模式探究[D]. 上海：华东师范大学，2016.
[193]杨娇. 芜湖市众创空间发展研究[D]. 芜湖：安徽工程大学，2018.
[194]黄苗苗. 中国众创空间分布特征及影响因素研究[D]. 武汉：武汉大学，2021.
[195]王汉光. 科技企业孵化器网络化运营创新研究[D]. 武汉：武汉理工大学，2012.
[196]杨文焕. DJK 众创空间运营模式研究[D]. 昆明：云南大学，2020.
[197]梁云志. 孵化器商业模式创新：关于专业孵化器参与创业投资的研究[D]. 上海：复旦大学，2010.
[198]杨义兵. 创业孵化器运行效率与商业模式研究[D]. 长春：吉林大学，2020.
[199]徐敏赛. 竞争优势培育视角的商业孵化机制[D]. 杭州：浙江工业大学，2019.
[200]倪慧. 众创空间生态系统模型及运行机制研究[D]. 武汉：武汉大学，2019.
[201]魏莞月. 疫情冲击下众创空间适应性机制研究[D]. 成都：电子科技大学，2021.
[202]胡文彪. 众创空间运行机制及效率评价研究[D]. 南昌：江西师范大学，2020.
[203]许俏俐. 众创空间之社区环境研究[D]. 广州：广东工业大学，

2019.
[204]邢喻．众创空间生态系统的构建与生态赋能机制研究[D]．杭州：浙江工业大学，2020.
[205]余杰．创业企业视角下众创空间创业生态系统运行与优化研究[D]．杭州：杭州师范大学，2021.
[206]张晨琦．创业生态系统中新创企业成长演进机制研究[D]．天津：天津大学，2018.
[207]李明洙．众创生态系统发展模式及其绩效评价体系研究[D]．杭州：浙江工业大学，2016.
[208]刘文光．区域科技创业生态系统运行机制与评价研究[D]．天津：天津大学，2012.
[209]黄嘉伟．基于创业生态系统的众创空间孵化能力评价体系研究[D]．兰州：兰州理工大学，2018.
[210]王钧叶．郑州市众创空间创业生态系统运行机制与评价研究[D]．南昌：南昌航空大学，2018.
[211]黄睿娴．创业生态系统视角下众创空间运行机制研究[D]．昆明：云南大学，2020.
[212]李林凤．高新区创新创业生态系统绩效评价研究[D]．绵阳：西南科技大学，2019.
[213]高嵩．大连理工大学众创空间的构建与运行研究[D]．大连：大连理工大学，2018.
[214]陈博文．基于空间句法和POI数据的特色小镇空间形态研究[D]．杭州：浙江农林大学，2019.
[215]王添乐．长沙市众创空间发展现状及对策研究[D]．长沙：湖南大学，2018.
[216]纪传贵．HC人力资源公司猎头服务体系优化研究[D]．济南：山东财经大学，2022.
[217]李敬聪．互联网金融对大学生创新创业意愿影响分析[D]．济南：山

东大学，2022.
[218]傅元媛. 南京市众创空间发展策略研究[D]. 南京：南京航空航天大学，2018.
[219]俞蔚. 基于产业生态圈理论巴城昆曲小镇规划研究[D]. 苏州：苏州科技大学，2017.
[220]黄坤明. 深刻认识新发展理念的重大理论意义和实践意义[N]. 光明日报，2016-07-25(6).
[221]范颖华. 众创空间或将成特色小镇标配[N]. 中国企业报，2017-03-14(37).
[222]张司飞，王生玺. 遵循双创规律　发展众创空间[N]. 光明日报，2015-12-08(11).
[223]秦一. 拓展众创空间　优化创业生态[N]. 浙江日报，2016-04-19(15).
[224]本报评论员. 向改革开放要动力[N]. 光明日报，2019-03-11(1).
[225]程晓刚. 杭州梦想小镇：打造世界级互联网创业高地[N]. 中国文化报，2022-08-13(3).
[226]李昌禹. 我国行业协会商会数量达 11.39 万[N]. 人民日报，2022-08-25(4).
[227]朱克力：数据要素市场培育与产业数字化新场景[EB/OL].[2023-02-22].https://kjj.huaibei.gov.cn/zwgk/public/21/60359061.html.
[228]《国家创新驱动发展战略纲要》政策解读[EB/OL].[2023-02-28].http://www.scio.gov.cn/34473/34515/Document/1478593/1478593.htm.
[229]习近平：高举中国特色社会主义伟大旗帜　为全面建设社会主义现代化国家而团结奋斗——在中国共产党第二十次全国代表大会上的报告[EB/OL].[2023-02-28].http://www.gov.cn/xinwen/2022-10/25/content_5721685.htm.
[230]浙江省人民政府办公厅. 浙江省人民政府办公厅关于加快发展众创空

间促进创业创新的实施意见[EB/OL].[2023-02-28].http://www.gov.cn/zhengce/2016-03/24/content_5057407.htm.

[231]国务院办公厅关于发展众创空间推进大众创新创业的指导意见[EB/OL].[2023-05-14].http://www.gov.cn/gongbao/content/2015/content_2835233.htm.

[232]浙江省科学技术厅关于印发《浙江省科技企业孵化器管理办法》《浙江省众创空间备案管理办法》的通知[EB/OL].[2023-05-19].http://kjt.zj.gov.cn/art/2021/6/2/art_1229080140_2300444.html.

[233]我国将培育1000个特色小镇[EB/OL].[2023-05-19].http://www.gov.cn/xinwen/2016-07/19/content_5092569.htm.

[234]"互联网+"思维营造众创空间 特色小镇点亮创客梦想[EB/OL].[2023-05-19].http://www.cac.gov.cn/2015-04/09/c_1114916092.htm.

[235]科技部 教育部关于印发《国家大学科技园管理办法》的通知[EB/OL].[2023-05-21].http://www.gov.cn/xinwen/2019-04/15/content_5382972.htm.

[236]李克强主持召开国务院常务会议(2015年1月28日)[EB/OL].[2023-04-30].http://www.gov.cn/guowuyuan/2015-01/28/content_2811254.htm.

[237]中华人民共和国2019年国民经济和社会发展统计公报[EB/OL].[2023-04-30].http://www.gov.cn/xinwen/2020-02/28/content_5484361.htm.

[238]中华人民共和国2020年国民经济和社会发展统计公报[EB/OL].[2023-04-30].http://www.gov.cn/xinwen/2021-02/28/content_5589283.htm.

[239]中华人民共和国2021年国民经济和社会发展统计公报[EB/OL].[2023-04-30].http://www.gov.cn/xinwen/2022-02/28/content_5676015.htm.

[240]中华人民共和国2022年国民经济和社会发展统计公报[EB/OL].

[2023-04-30]. http://www. gov. cn/xinwen/2023-02/28/content_5743623. htm.

[241]浙江省新增 14 家"国字号"科技企业孵化器[EB/OL].[2023-03-08]. https://www.most.gov.cn/dfkj/zj/zxdt/202205/t20220512_180646.html.

[242]大众创新创业呈现出新特点[EB/OL].[2023-03-10].https://www. safea. gov. cn/ztzl/lhzt/lhzt2015/twbblhzt2015/twdzcxcy/201503/t20150303_118370.html.

[243]沈志群：时代呼唤天使投资人[EB/OL].[2023-03-10].http://js-vc. org/article-34710-105252.html.

[244]小区公共配套设施有哪些[EB/OL].[2023-03-10]. http://www. wendangku.net/doc/2c896709.html.

[245]杭州梦想小镇七周年：双创梦生根鱼米之乡　花开科技新城[EB/OL].[2023-03-10].http://www.zj.chinanews.com.cn/jzkzj/2022-03-28/detail-ihawzavp3865122.shtml.

2. 外文文献

[1]Vogel P. The Employment Outlook for Youth: Building Entrepreneurship Ecosystems as a Way Forward[M]. Social Science Electronic Publishing, 2013.

[2]Timmons J A. New Venture Creation: Entrepreneurship for 21 Century[M]. Illinois, Irwin, 1999.

[3]Tansley A G. The Use and Abuse of Vegetational Concept Sand Terms[J]. Ecology, 1935, 16(3): 284-307.

[4]Zahra S A, Nambisan S. Entrepreneurship and Strategic Thinking in Business Ecosystems[J]. Business Horizons, 2012, 55(3): 219-229.

[5]Dunn K. The Entrepreneurship Ecosystem[J]. MIT Technology Review, 2005 (9): 23-35.

[6] Cohen B. Sustainable Valley Entrepreneurial Ecosystems [J]. Business

Strategy and the Environment,2010,15(1):1-14.

[7]Prahalad C K,Ramaswamy V. Co-creation Experiences:The Next Practice in Value Creation[J].Journal of Interactive Marketing,2004,18(3):5-14.

[8]Borges A, Lopes J, Carvalho C, et al. Education as a Key to Provide the Growth of Entrepreneurial Intentions[J].Education and Training,2021,63(6):809-832.

[9]Goswami K, Mitchell J, Bhagavatula S, et al. Accelerator Expertise: Understanding the Intermediary Role of Accelerators in the Development of the Bangalore Entrepreneurial Ecosystem[J]. Strategic Entrepreneurship Journal,2018,12(1):117-150.

[10]Maritz A, Nguyen Q, Hsieh H, et al. Exploring the Strategic Intent and Practices of University Accelerators:A Case of Australia[J].Sustainability,2021,13(19):10769.

[11]Hayter C, Nelson A, Zayed S, et al. Conceptualizing Academic Entrepreneurship Ecosystems: A Review, Analysis and Extension of the Literature[J].Journal of Technology Transfer,2018,43(4):1039-1082.

[12]Sciarelli M, Landi G, Turriziani L, et al. Academic Entrepreneurship: Founding and Governance Determinants in University Spin-off Ventures[J].Journal of Technology Transfer,2021,46(4):1083-1107.

[13]Ben letaifa S. How Social Entrepreneurship Emerges, Develops and Internationalises During Political and Economic Transitions[J].European Journal of International Management,2016,10(4):455-466.

[14]Donaldson C, Donaldson C. Culture in the Entrepreneurial Ecosystem: A Conceptual Framing[J]. International Entrepreneurship and Management Journal,2021,17(1):289-319.

[15]Brush C, Edelman L, Manolova T, et al. A Gendered Look at Entrepreneurship Ecosystems[J].Small Business Economics,2019,53(2):393-408.

[16] Huang-saad A, Fay J, Sheridan L, et al. Closing the Divide: Accelerating Technology Commercialization by Catalyzing the University Entrepreneurial Ecosystem with I-corps™[J].Journal of Technology Transfer,2017,42(6): 1466-1486.

[17] Hagebakken G, Reimers C, Solstad E, et al. Entrepreneurship Education as a Strategy to Build Regional Sustainability[J].Sustainability,2021,13(5): 2529.

[18] Neumeyer X, Santos S, Neumeyer X, et al. Sustainable Business Models, Venture Typologies, and Entrepreneurial Ecosystems: A Social Network Perspective[J].Journal of Cleaner Production,2018(172):4565-4579.

[19] Urbaniec M, Soltysik M, Prusak A, et al. Fostering Sustainable Entrepreneurship by Business Strategies: An Explorative Approach in the Bioeconomy[J].Business Strategy and the Environment,2022,31(1):251-267.

[20] Elia G, Margherita A, Passiante G, et al. Digital Entrepreneurship Ecosystem: How Digital Technologies and Collective Intelligence Are Reshaping the Entrepreneurial Process[J].Technological Forecasting and Social Change,2020(150):119791.

[21] Fernandes C, Ferreira J, Veiga P, et al. Digital Entrepreneurship Platforms: Mapping the Field and Looking Towards a Holistic Approach[J].Technology in Society,2022(70):101979.

[22] Pustovrh A, Rangus K, Drnovsek M, et al. The Role of Open Innovation in Developing an Entrepreneurial Support Ecosystem [J]. Technological Forecasting and Social Change,2020(152):119892.

[23] Iglesias-sanchez P, Fayolle A, Jambrino-maldonado C, et al. Open Innovation for Entrepreneurial Opportunities: How Can Stakeholder Involvement Foster New Products in Science and Technology-based Start-ups? [J].Heliyon,2022,8(12):e11897.

[24] Grama-vigouroux S, Saidi S, Berthinier-poncet A, et al. Influence of Entrepreneurial Ecosystems on Innovation Ecosystems in Peripheral Regions: The Case of the Champagne-ardenne Region [J]. Industry and Innovation, 2022, 29(9): 1045-1074.

[25] Yun J, Won D, Park K, et al. Growth of a Platform Business Model as an Entrepreneurial Ecosystem and Its Effects on Regional Development [J]. European Planning Studies, 2017, 25(5): 805-826.

[26] Lamine W, Mian S, Fayolle A, et al. Technology Business Incubation Mechanisms and Sustainable Regional Development [J]. Journal of Technology Transfer, 2018, 43(5): 1121-1141.

[27] Audretsch D, Belitski M, Audretsch D B, et al. Towards an Entrepreneurial Ecosystem Typology for Regional Economic Development: the Role of Creative Class and Entrepreneurship [J]. Regional Studies, 2021, 55(4): 735-756.

[28] Qian H. Knowledge-based Regional Economic Development: A Synthetic Review of Knowledge Spillovers, Entrepreneurship, and Entrepreneurial Ecosystems [J]. Economic Development Quarterly, 2018, 32(2): 163-176.

[29] Thomas E, Faccin K, Asheim B, et al. Universities as Orchestrators of the Development of Regional Innovation Ecosystems in Emerging Economies [J]. Growth and Change, 2021, 52(2): 770-789.

[30] Van Weele M, Van Rijnsoever F, Eveleens C, et al. Start-eu-up! Lessons From International Incubation Practices to Address the Challenges Faced By Western European Start-ups [J]. Journal of Technology Transfer, 2018, 43(5): 1161-1189.

[31] Breznitz S, Zhang Q, Breznitz S M, et al. Fostering the Growth of Student Start-ups From University Accelerators: An Entrepreneurial Ecosystem Perspective [J]. Industrial and Corporate Change, 2019, 28(4): 855-873.

[32] Del Sarto N, Isabelle D, Di Minin A, et al. The Role of Accelerators in Firm

Survival: An Fsqca Analysis of Italian Startups[J]. Technovation, 2020(90-91): 102102.

[33] Gueguen G, Delanoe-gueguen S, Lechner C, et al. Start-ups in Entrepreneurial Ecosystems: The Role of Relational Capacity [J]. Management Decision, 2021, 59(13): 115-135.

[34] Loganathan M, Subrahmanya M, Loganathan M, et al. Technological Outcome Achievements By Start-ups at University-based Incubators: An Empirical Analysis in the Indian Context [J]. Technology Analysis & Strategic Management, 2022, 34(9): 1004-1019.

[35] Tabas A, Kansheba J, Komulainen H, et al. Drivers for Smes Participation in Entrepreneurial Ecosystems: Evidence From Health Tech Ecosystem in Northern Finland[J]. Baltic Journal of Management, 2022, 17(6): 1-18.

[36] Bichler B, Kallmuenzer A, Peters M, et al. Regional Entrepreneurial Ecosystems: How Family Firm Embeddedness Triggers Ecosystem Development[J]. Review of Managerial Science, 2022, 16(1): 15-44.

[37] Yague-perales R, Perez-ledo P, March-chorda I, et al. Keys to Success in Investment Rounds By Immigrant Entrepreneurs in Silicon Valley [J]. International Entrepreneurship and Management Journal, 2019, 15(4): 1153-1177.

[38] Fubah C, Moos M, Fubah C N, et al. Exploring Covid-19 Challenges and Coping Mechanisms for Smes in the South African Entrepreneurial Ecosystem[J]. Sustainability, 2022, 14(4): 1944.

[39] Rehman Z, Arif M, Gul H, et al. Linking the Trust of Industrial Entrepreneurs on Elements of Ecosystem with Entrepreneurial Success: Determining Startup Behavior as Mediator and Entrepreneurial Strategy as Moderator[J]. Frontiers in Psychology, 2022(13).

[40] Isenberg D J. The Big Idea: How to Start an Entrepreneurial Revolution[J]. Harvard Business Review, 2010(36): 128-142.

[41]Suresh J, Ramraj R. Entrepreneurial Ecosystem: Case Study on the Influence of Environmental Factors on Entrepreneurial Success[J]. European Journal of Business and Management, 2012, 4(16): 95-101.

[42]Cohen B. Sustainable Valley Entrepreneurial Ecosystems [J]. Business Strategy and The Environment, 2006, 15(1): 1-14.

[43]Stokan, Thomson L, Mahu R J. Testing the Differential Effect of Business Incubators on Firm Growth [J]. Economic Development Quarterly: The Journal of American Economic Revitalization, 2015, 29(4).

[44]Council on Competitiveness. Innovate America: Thriving in a World of Challenge and Change (Interim Report) [EB/R]. [2023-05-27]. https://compete.org/2005/05/11/innovate-america/.

[45]Isenberg D J. The Entrepreneurship Ecosystem Strategy as a New Paradigm for Economic Policy: Principles for Cultivating Entrepreneurship [C]. Presentation at the Institute of International and European Affairs, 2011.

[46]Mason C, Brown R. Entrepreneurial Ecosystems and Growth Oriented Entrepreneurship[C]. Final Report to OECD, Paris, 2014.

[47]Den Hartigh E, Tol M, Visscher W. The Health Measurement of a Business Ecosystem [C]//Proceedings of the European Network on Chaos and Complexity Research and Management Practice Meeting, 2006: 1-39.

致　谢

本书是教育部人文社会科学研究青年基金项目“众创空间创业生态系统的理论与实践研究——以浙江省为研究视域”(项目批准号:17YJC630181)的主要研究成果，也是本人撰写的第一本学术著作，历时两年有余，今天，终于要为此书画上一个句号。在写作的这段时间里，我深感自身科研能力的欠缺，同时也体会到了学术研究的艰辛。在书稿付梓之际，心中充满无限感慨，更有道不完的感谢。

原以为写完专著会欣喜若狂，真到此时，心情却异常的平静，唯有庆幸工作20余载，没有放弃对科研的追求。在忙碌的工作之余，每每来到育英图书馆，总能让我找到坚持的方向。从确定专著题目的“喜悦”，框架设计的“纠结”，数据收集的“艰辛”，写作过程的“漫长”，到最终完成书稿时的“如释重负”，整个过程让我收获的不仅仅是一篇论文、一本书，而是更加丰厚的知识，更重要的是在阅读和调研实践过程中所培养的思维方式、表达能力和广阔视野，这些将让我受益终生。

文末搁笔，最先要感谢的是潘玉驹教授，他不仅是我科研上的引路人，也是我工作和人生之路上的导师。为人，他善良友好、豁达、朴实，有魅力；做事，他认真负责、干练、高效，有思路；做学问，他勤于思考、博学、严谨，有毅力。无论是做人做事，还是做学问，潘教授独特的人格魅力和严谨的治学态度深深地影响着我，也是我学习的榜样。

感谢挚友周志峰博士、万荣根博士、丁强副教授在专著写作过程中给予的指导和帮助。无论是专著的选题、大纲的敲定还是初稿的完成和最终的定稿，如果没有三位挚友的指导、帮助和陪伴，也就没有这本专著的诞生，在此特别感谢。还要感谢沈国敏老师、胡震鹏老师在图表制作、排版校对方面给予的帮助。

感谢人文社科处的胡瑜教授、陈勇副教授和林玉双老师对我在项目申报、结题等方面的指导和帮助，正是因为有了你们的支持、鼓励以及耐心细致的工作，才使得项目得以结题。感谢教育部人文社会科学研究青年基金项目和温州大学对专著出版的资助。

感谢父母含辛茹苦地养我长大，供我读书，无条件地、默默地支持我的人生选择。儿行千里母担忧，你们是我前进的动力，也是我避风的港湾；父爱如山，母爱如水，养育之恩终生难忘。感谢岳父岳母照料生活，帮忙带孩子，为我专心写作创造了条件。衷心祝愿四位长辈身体健康，晚年幸福！

最后，要特别感谢我的妻子，感谢你给予我的快乐和幸福，让我保持对生活的热爱，尤其是在写作烦闷与煎熬之时，给予了我极大的支持、关心与鼓励，濡沫情缘十五载，相随一路手同牵，此生幸得佳人偶，不负卿心不羡仙。同时，也要感谢聪明可爱的宝贝女儿辰辰，因为有了你，一切变得更加美好，是你给了我努力进取、积极向上的意义与动力。希望我们的三口之家越来越好！

熊　琳

2023 年 9 月 9 日于温州大学育英图书馆